Descartes

笛卡爾

近代哲學之父

孫衛民 著

崧燁文化

目　錄

作者簡介

孫衛民，北京大學哲學學士、碩士，美國康乃狄克大學哲學博士，美國加州州立北嶺大學（California State University Northridge）哲學教授。

年輕的笛卡爾（畫家：匿名）

序

記得有一次和幾個同事飯後閒聊，說起當前英美學界最有影響的哲學家。對此大家見解不一，有的說羅爾斯（John Rawls），有的說克里普克（Saul Kripke）或者路易斯（David Lewis），有的說帕菲特（Derek Parfit）。談起上個世紀（二十世紀）最有影響的哲學家，也很難達成一致意見；維根斯坦、羅素、維也納學派，以及奎因等等都可以說對二十世紀哲學有關鍵性的影響，而這還只是在分析哲學的傳統裡來考慮，若加上大陸哲學，候選人還會更多。但是，說到近五百年來最有影響的哲學家，則眾人一致認為這非笛卡爾莫屬。再往上推個一千年，也是如此。笛卡爾是繼柏拉圖和亞里斯多德之後最重要最有影響的哲學家。

笛卡爾的哲學開創了哲學史上認識論的轉向，奠定了從十七世紀以來的現代哲學的基本走向。但笛卡爾不僅是一個偉大的哲學家，還是一個偉大的科學家，在數學、物理學、生理學等學科上做出了傑出的貢獻。可以說，笛卡爾對人類文明的進程有著重要的影響，他的思想在其在世的時候已經被廣泛討論和激烈爭辯，而在他身後的相當長一段時間內仍左右著歐洲的思想界。因此，笛卡爾理論的歷史價值是毋需置疑的。一個人要想徹底地理解現在，必須要明白自己的過去。笛卡爾的思想是人類精神旅途中必須經過的一站。

在哲學上更是如此。每一個學哲學的學生都知道，不瞭解笛卡爾，我們無法充分理解笛卡爾之後的現代哲學。笛卡爾哲學重新定義了哲學的基本問題，確定了哲學發展的基本框架。即便在當前，雖然哲學的種種流派之間有著多麼嚴重的衝突，爭論的基本框架仍然是笛卡爾哲學所提供的。例如，從存在主義（不論是海德格還是沙特）到羅蒂的新實用主義都試圖開創一種新的哲學體系，但他們的出發點都是笛卡爾。他們的新哲學反叛的目標是笛卡爾開創的哲學傳統，因而他們或多或少必須直接面對笛卡爾哲學。實際上，只有清楚地理解笛卡爾哲學，我們才能更好地理解這些反笛卡爾的新哲學。

對於當前西方學界的主流哲學——分析哲學來說，笛卡爾的影響就更大了。即便在今天，笛卡爾的哲學仍然有著巨大的價值。這個價值主要體現在兩方面。一方面，笛卡爾所關注的哲學問題仍然是當前分析哲學的核心問題。對於認識論是如此，對於形而上學是如此，對於心靈哲學、語言哲學、宗教哲學甚至科學哲學等也是如此。而且，笛卡爾提出的論證至今仍有活力，值得當前的哲學家認真對待。儘管笛卡爾的很多論證和結論帶有明顯的時代侷限，但當今的分析哲學家大多是把笛卡爾視為一個同代人來討論問題。因此，笛卡爾哲學是我們學習哲學必須邁越的一道門檻。另一方面，笛卡爾的著作非常精練嚴謹。尤其是笛卡爾的《第一哲學沉思錄》（以下簡稱《沉思錄》），更是哲學史上的名篇。其寫作的清晰優美，論證的嚴謹建構，結論的小心細緻，即便在今天以清晰嚴謹著稱的分析哲學的著作裡也是少見的。因此，笛卡爾的著作提供了一個學習哲學最好的訓練途徑。哲學思維並不是天生的，就像數學系的學生要做好的練習題一樣，哲學學生也要有好的方法來訓練如何進行哲學論證。認真閱讀笛卡爾的著作就是一個非常好的修煉方法。在英美大學的哲學系裡，笛卡爾的《沉思錄》是哲學本科生的必讀書目，而且要在不同的課上，在不同的層次上，讀上好幾遍。

在這本書裡，我將向大家介紹一下笛卡爾的哲學。這個介紹主要是以《沉思錄》為框架來展開的，因為這是笛卡爾最精心寫作的著作，也是他最成熟的著作，是他的哲學的權威表述。而且，與該書同時出版的對《沉思錄》的反駁以及笛卡爾的答辯使得我們對笛卡爾的思想能夠有更精緻細微的理解。但是為了對笛卡爾的哲學以及笛卡爾這個人有一個全面的瞭解，我對笛卡爾的早期教育和時代背景也做了簡短介紹，而且對笛卡爾的生活和他在科學上的貢獻也有針對地做一些簡單介紹。這些方面，雖然與笛卡爾的哲學不能說有直接的關係，但它們的很多方面和笛卡爾的哲學緊密相關。如果我們對此不作交代，不僅喪失了一個瞭解笛卡爾之人和他的時代的契機，而且我們也無法完整地理解笛卡爾的哲學思想。在這些介紹中，我力求準確，儘量做到說有所本，論有所據。我的理想是讓這本小書明了易讀，同時準確可靠。若能有些想法引起學界的興趣，則是意外之喜。受個人知識、能力和時間所限，書中錯誤是少不了的，在此歡迎大家不吝指正。雖然我不是專門做笛卡爾研究的，但多年以來對笛卡爾哲學有著濃厚的興趣，而笛卡爾其人是我的哲學偶像，因此我會繼續關注笛卡爾哲學的研究。

對於笛卡爾的哲學思想，這本書的介紹偏重於笛卡爾的論證，而不是笛卡爾的結論。在這本書裡，對《沉思錄》裡的一些關鍵論證我試圖給出一個較為詳細的分析。雖然很多論證很複雜，分析的過程也很煩瑣，但是只有這樣我們才能充分理解笛卡爾的哲學，才能充分體會笛卡爾的思路，也才能充分認識笛卡爾的天才。很多的論證仍然是當前學者研究的問題，不少學者對這些論證給出了很多新奇的深入的解釋。我在這本書裡的介紹也是建立在當前學者的研究成果之上的。即便如此，這本書不要求讀者有任何的哲學基礎（當然一定的哲學訓練應該會帶來更好的理解），只需要對哲學有一定的興趣和對思考有一點點耐心。哲學問題其實並沒有什麼神秘的。每個人每天都會面臨很多哲學的問題，只是有些人會認真地思考這些問題，有些人則對它們視而不見。這本小書力求自足，不要求讀者熟悉笛卡爾的著作或思想。當然我希望有心的讀者能夠認真去讀笛卡爾的原著，只有那樣才可以真正地自己體會和領悟笛卡爾思想的精髓。所有的二手介紹都無法傳達原著的全部精華，並且不可避免地受到譯著者本身水平的限制。它們就像一張濾紙，不論有多精細，原著之中總有一些東西是抓不住的。而若與原著一起讀，這本書也許會有更好的效果。

現在談一下該書資料選擇上的一些問題。我對拉丁語和法語都是一字不識，因此我對笛卡爾的瞭解全部來自於笛卡爾著作的英文翻譯和英語學界的笛卡爾研究。因此，書中的所有翻譯都是按照英文譯本翻成漢語的。目前國內對笛卡爾的著作只有兩個完整的譯本。一個是龐景仁先生翻譯的《第一哲學沉思集》，於1986年由商務印書館出版。另一個是王太慶先生譯出的《談談方法》，於2000年由商務印書館出版。本來我應該利用龐景仁先生的譯本，並且在本書中給出中文譯本的頁數。但是有兩個原因使我沒有這麼做。一是龐景仁先生的譯本是從亞當和塔納里編輯的《笛卡爾全集》第一版中譯出的，而現在常用的亞當和塔納里版本是於六十年代開始出版的第二版。這個原因不是主要的，因為這兩版之間的差別主要是編排上的，內容相差不是很大。但是龐先生的譯本是從法文第一版（亞當和塔納里第九卷的第一部分）譯出的，但當前公認的權威版本是拉丁文版的《沉思錄》（亞當和塔納里的第七卷），結果這不僅造成了在引文上的麻煩，還可能有內容上的區別。由於我不能讀法文，因此不知道到底在具體的地方差別有多大，因此我決定以英文譯本為主，而用亞當和塔納里的《笛卡爾全集》作為引用的出處。這也是當前英語界笛卡爾研究的慣例，不論是翻譯還是研究文章大家一般都會給出在亞當和塔納里《笛卡爾全集》的出處（這也使得我引用亞當和塔納里的全集成為可能），同時給出所用的英譯本的出處。但在這本書裡似乎沒有必要給出英譯本的出處，因此為了方便我將其略去。目前的《沉思錄》英文譯本有數個，我除了參考Cottingham，Stoothoff和Murdoch編輯的三卷本（當前的權威英譯本）之外，還利用了Ariew的2000年較新的譯本。在有問題的地方，再參考Haldane的早期譯本。對笛卡爾其他著作的翻譯也是類似的情況。

在我的翻譯之中，很多地方我參考了龐景仁先生和王太慶先生的譯法。在可能的情況下，我儘量採用兩位先生的譯文，尤其是採用相同的人名和術語的翻譯。但是，除了在我清楚說明直接引用的地方之外，在很多地方為了更好地傳達原意，我的譯文有些變化。當然，任何翻譯上的錯誤由我自己來承擔。

最後，我想把這本小書獻給我的母親。在我母親去世的時候，我仍在美國攻讀博士學位。家裡人為了不打擾我的學習，沒有將母親病危的情況告訴我。我是在母親過世三天之後才得到消息的，是在三個月之後才回到家鄉的。母親對我一生關懷掛念，但未能看到我博士畢業，也未能看到我有了自己的孩子，而我自己也未能在母親臨終之前陪伴，實在是人生之大憾。我要感謝我的妻子對我的默默支持和對我寫作過程的極大耐心；還要感謝我的兒子，他的歡樂時時刻刻感染並教育著我：在這個世界上並不需要太多東西就可以擁有真正的快樂。感謝丁子江教授：是他的邀請和鼓勵使這本書成為可能。

孫衛民

於洛杉磯北嶺

引子·三個夢

1619年11月10日，烏拉姆（Ulm），德國。

一個對戰爭和教派之爭都沒有什麼興趣的法國人，加入了德國麥西米林公爵（Duke Maximilian of Bavaria）的天主教軍隊，在烏拉姆與波黑清教徒的軍隊相持於多瑙河邊。戰爭並沒有打起來，因而兩邊的軍隊都無所事事。但這個法國兵不去喝酒鬥毆找女人，卻把自己關在一間租來的帶有火爐的房間裡，每天沉思冥想著哲學問題。這個人就是本書的主人翁，勒內·笛卡爾。

一年前的這一天，笛卡爾在布雷達（Breda）遇到貝克曼，一個愛好科學的荷蘭醫生。當時的笛卡爾隨軍隊駐紮在布雷達的軍營裡，開始對單調的軍隊生活產生厭倦。這一天笛卡爾看到牆上貼著一張告示懸賞一道數學難題。當時的笛卡爾還不懂荷蘭語，因此向旁邊的一個人詢問告示的具體內容。這個人正是幾週前才來此地的貝克曼（有一種說法是說當時還單身的貝克曼到此地嘗試一下他的桃花運）。貝克曼給這個好奇的士兵做了翻譯並留下他的住址，說笛卡爾一旦有了答案可以找他聯繫。我們不知道笛卡爾是否解決了這個難題，也不確定這個難題的具體內容，但有一點是確定的：透過這次見面，笛卡爾和貝克曼彼此欣賞並立刻建立了深刻的友誼。[1]

貝克曼比笛卡爾大八歲，對當時新興的自然科學研究很有興趣。在他們的交往初期，貝克曼與笛卡爾是半師半友的關係。貝克曼向笛卡爾介紹對落體問題、液壓問題等各種幾何和力學問題的最新研究，而笛卡爾立刻為研究這些問題的新方法所吸引。在他的日記中，笛卡爾寫道，貝克曼是他所知道的將數學方法和物理問題結合地最為細緻的一個人，而這正是笛卡爾最為欣賞的方法。從一開始，笛卡爾就顯示出過人的天賦，這一點在貝克曼的日記裡有清楚的記載。他們兩人用新的方法合作寫了一本論音樂的小冊子。他們對音樂的興趣是聲學上的而不是美學上的。笛卡爾，不論在其他方面如何有天才，但沒能擁有兩個音樂的耳朵，常常分不清音調間的區別。不過這並不影響他對和弦的研究，以及發現音調和長弦之間的關係。和貝克曼分手不久，笛卡爾寫了一本名為《音樂概要》的小冊子，並把這本書獻給貝克曼作為新年禮物。[2]

與貝克曼的交流喚醒了笛卡爾對科學研究的巨大熱情，也給了他充分的自信。因此笛卡爾對貝克曼是深懷感激的。見面幾個月後，笛卡爾寫給貝克曼：「實實在在地說，你一個人就把我從懶散中拉出來，讓我記起我所學過的和所忘記的；當我在徘徊猶豫於我的方向的時候，是你把我領到正確的道路上；如果我做出任何有價值的東西，那都全部屬於你。」[3]這一段時間裡，笛卡爾主要研究的是數學問題。例如，1619年3月，笛卡爾告訴貝克曼，他已經發現了一個全新的方法來解決所有關於數量的問題（不論是連續的還是不連續的數量）。這個時候的笛卡爾把貝克曼當作自己最好的朋友，把自己所有的發現都立刻與他分享。

1619年4月，笛卡爾厭倦了布雷達單調的軍營生活，準備前往德國找點新鮮的刺激。由於波希米亞的清教徒和週遭的天主教徒的衝突日漸加劇，兩邊的軍隊都開始集結。笛卡爾決定去德國加入麥西米林公爵的天主教軍隊。對笛卡爾來說這是一個很自然的決定，因為他是一個天主教徒，而且麥西米林公爵和法國是同盟。離開前的一天，笛卡爾寫信向貝克曼告別。這時候的笛卡爾處在做出重大發現的邊緣，但同時對未來也充滿著疑惑。信中寫道：「我仍不能確定我的未來。我的命運將引我去何方？我將於何處安歇？」笛卡爾沒有急於趕往德國去參戰，似乎仍然沉浸在剛剛被貝克曼所喚醒的對科學研究的熱情中而整日思考各種問題。同時也遵循他讀世界大書的願望，在九月份的時候去法蘭克福觀摩了德皇費迪南德的皇帝加冕典禮。等到笛卡爾最終趕到烏拉姆的時候，外交調停的努力已經減緩了戰爭的威脅，笛卡爾因而再次無仗可打。但笛卡爾卻沒有感到任何的失望。笛卡爾在烏拉姆的郊區租了一個有火爐的溫暖小屋，繼續他的科學探索，並開始系統地反思他所學習過的一切知識。烏拉姆是當時德國數學研究的中心，也有一個工程學院。笛卡爾和當地的學者很可能有著一定的聯繫。但真正的突破是在他那溫暖的小屋裡獨立完成的。在他的反思中，笛卡爾發現除了數學知識之外，任何的科學知識都不是確定無疑的；而數學知識本身的確定性並不能延伸到其他科學中去。過去提出的種種理論往往是建立在可疑的假設之上，而非來自於確定無疑的證明。即便是看起來最明顯的真理，例如太陽繞著地球轉，也可能是錯誤的；即便是最權威的理論，如亞里斯多德的學說，也不一定都是正確的。在笛卡爾看來，這些權威理論並不比一個小孩子的猜測高明多少。那麼，我們如何才能建立起確定無疑的科學知識呢？如何能夠讓科學理論具有和數學一樣的確定性呢？

要回答以上的問題，笛卡爾認為必須放棄以往所有的理論，而從根本上考察知識的源泉。笛卡爾說我們必須將以往的知識大廈徹底推倒，從頭再建一個輝煌的知識聖殿。為什麼必須徹底推倒重建呢？笛卡爾用過兩個比喻來說明。比方說，一間大屋子，如果只是門窗破了或者屋頂漏水，修修門窗和屋頂就可以了；但是如果地基就沒打好，結果屋子晃來晃去，那就必須推倒整個屋子，重新打地基，徹底重建。再比方說，如果一幅畫最初的構圖就錯了，即便是大畫家也無法把它改好。最好的辦法是拿一塊抹布把舊畫徹底擦掉，從頭再來。

這個想法固然是偉大的，但是否可能成功呢？如何才能建立結實牢靠的知識大廈？這無疑是一個十分困難的問題。在這種竭盡全力的思考過程中，笛卡爾遇到了他一生中最重要的轉折點。11月

10日這一天，在他溫暖的房間裡，在數小時連續集中的思考之後，笛卡爾突然發現了獲取絕對真理的最終方法。多年之後，笛卡爾在《談談方法》中回憶到這一發現：「幾何學者常用一個長鏈推理來推出其最為困難的結論，而鏈條的每一步都是簡單明瞭的；這使我相信所有人類知識都可以從類似的途徑達到。若我們能避免把假的東西視為真的，並遵循推理的必然次序，則沒有什麼遙遠的知識我們無法達到，也沒有什麼隱秘的知識我們無法發現。」只要我們能找到一個確定無疑的知識基點，則遵循邏輯的推理法則，一步一步地，我們能夠可以發現並確認所有的知識。人類的知識大廈若能建立在一個絕對牢靠的基礎之上，而每一步的發現都由邏輯推理法則來保證真確，則整個知識體系都將是確定無疑的。這是笛卡爾從數學體系裡得到的靈感。因為不論多麼複雜的數學命題，一旦我們將它證明，我們就可以確認它必然是真的。而證明只不過是對基本的公理和已經證明的命題一步步運用邏輯法則的過程，這裡的每一步都是清楚分明的。因此，推廣出去，不論在任何領域，只要我們能找到簡單自明的基本原則，從這些原則出發，運用邏輯的推理法則，一步一步地我們就可以得到這個領域裡所有的確定知識。

這時候的笛卡爾既快樂又疲倦，他的大腦在睡眠中仍然高度興奮。那一天夜裡他做了三個夢。第一個是噩夢。在夢中，可怕的幽靈出沒在他的周圍，逼迫他向左邊傾斜著行走。狂風大作，他感覺到他走的每一步都要摔倒。終於他看到了一所開著門的學院。他走進門，想到學校的教堂裡去祈禱。在路上他看到了一個熟人卻忘了打招呼，但當笛卡爾試圖回頭招呼他的時候一陣狂風把他摔到教堂的牆上。這時院子裡面另外一個人叫他的名字，讓他到N先生那裡去取東西。他覺得那是一種產自外國的瓜。人越來越多，風卻越來越小。這時候他醒了。醒來之後他換了一個姿勢睡覺，從左邊換到右邊。接下來的兩個小時他向上帝祈禱，並思索世上的善惡。再次入睡之後，馬上又做了第二個夢。這次在夢中他只是聽到如同雷鳴般刺耳的噪音。笛卡爾立刻就被嚇醒了，睜開眼睛後看到的是滿眼金花。但眼冒金花的事以前也發生過，所以他讓自己平靜下來，過了一會之後他又睡著了。

第三個夢一點也不讓人害怕，但卻讓人費思。這一次他在桌子上看到一本書。他不知道是誰放在那裡的。打開之後他很高興地發現是一本百科全書性質的字典。同時他又發現另外一本書，這是一本詩集。他隨手打開，一眼看到「人生的道路我要怎麼走」（Quod vitae sectabor iter）。這時出現了一個陌生人與笛卡爾討論一首以「是，還是不是」（Est et non）開頭的詩。笛卡爾說他對那首詩很熟悉，是羅馬詩人奧索尼烏斯（Ausonius）的田園詩。笛卡爾試圖在剛才的那本詩集裡找到這首詩，但一時半會卻找不到。他告訴那個人他知道更好的一段，以「人生的道路我要怎麼走」來開頭。這時書和人都不見了。笛卡爾這時並沒有醒來，而是在夢中開始懷疑是否只看到了一些幻覺還是真實的體驗。身在夢中的笛卡爾試圖理解發生了什麼事。他認為字典代表所有科學的總體，而詩集代表哲學與智慧的統一。

徹底醒來之後，笛卡爾繼續分析這些夢的啟示。笛卡爾覺得那首詩中的第一句「是，還是不是」，代表著人類知識的正與誤。三個夢之間似乎有著緊密的內在聯繫，笛卡爾因此斷定這些夢是真理的精靈給他的啟示。前兩個夢警告他過去的生活，而後一個夢則指引他的未來。第一個夢中的瓜代表這世俗生活的誘惑，而第二個夢則是對其的警告，第三個夢給笛卡爾指出了未來的方向：他的使命是建立一個統一的新科學。[4]

笛卡爾對這些夢是認真對待的。在他記錄這些夢的手稿裡，笛卡爾強調當時的他是非常清醒的。他甚至專門指出在過去的三個月裡他滴酒未沾，因此不可能是由於醉酒而導致的幻象。在笛卡爾看來，這些夢是神諭，是上帝派遣真理的精靈來指引他的人生方向。

因此笛卡爾還向聖母許願說要去教堂參拜。現在看來，不論這些夢真是上帝的召喚還是笛卡爾自己的覺醒，它們對於笛卡爾一生都有著巨大的影響，從結果而言是一樣的。從此以後，笛卡爾明確了自己一生的努力方向，對自己的未來再不迷惘。這時的笛卡爾儘管在形式上還沒有脫離軍隊，但他的心已經專注於對真理的探求，他已經確定了自己一生的使命。接下來的幾個月裡，笛卡爾研究各類科學，如天文學、音樂、光學，試圖發現其中的一般規律。他所追求的是確定性的知識，他所要求的是最普遍的原則。笛卡爾這時已經發現他的哲學的基本出發點，並在以後的時間裡不斷加深他的思考，也和朋友們交流他的想法。這以後的一個時期是笛卡爾科學創造的高峰，在很短的時間內笛卡爾在數學、物理學以及生理學上都做出了傑出的貢獻。[5]不過，由於種種的原因，外面的世界要等到十幾年之後才能知道笛卡爾的革命性的思想。在這個過程中，笛卡爾慢慢地轉向對哲學問題的研究，對哲學發展做出了重大的貢獻。這本小書的重點是介紹笛卡爾的哲學，但笛卡爾在科學上的成就同樣突出，並和他的哲學有著不可分割的聯繫，因此我們也會在稍後作些簡單介紹。在此之前，我們先來看一下笛卡爾的早期教育和時代背景。

註釋：

[1]按照笛卡爾最早的傳記作者巴耶（Baillet）的說法，這個懸賞的題目要求證明角是不存在的。這樣古怪的題目在當時是很正常的，但出乎呼貝克曼意料的是，笛卡爾這個大兵第二天就給出了答案。雖然這個說法很合理，但缺少足夠的旁證。巴耶的傳記材料非常豐富，據他所說是在他廣泛的採訪和求證基礎上寫成的。但現在可以確切地知道巴耶經常根據自己的想像添加一些東西。因此這

裡不能確定巴耶的說法一定是準確的。不過我們可以肯定地說，這次偶然的相遇把笛卡爾和貝克曼兩個人的生活軌道聯結在一起了，從而徹底改變了笛卡爾一生的方向。

[2]這本小冊子大約四十頁左右，收在亞當和塔納里的《笛卡爾全集》的第十卷中。笛卡爾在這裡的工作還是很有意義的，不過在這裡就不介紹了。

[3]亞當和塔納里：《笛卡爾全集》，通信集，第一卷，第14頁。

[4]笛卡爾的三個夢最早記錄在他的一篇手稿《奧林匹克》裡，不過這個手稿早已失傳。巴耶對此有詳細的記述。萊布尼茲在巴黎的時候從麥爾塞納那裡看到過這個手稿，對這三個夢作了擇錄，其中的描述和巴耶的記述相吻合。後來有不少學者試圖理解和詮釋笛卡爾的夢，尤其是在發現精神分析方法之後的二十世紀很多解釋和笛卡爾自己的解釋截然不同，有些甚至導致荒唐的結論，如宣稱笛卡爾有同性戀的傾向等等　勒瓦（Leroy，Descartes，le philosopheaumasque，第89—90頁）曾經將笛卡爾的夢向當時著名的精神分析學家們求教，其中包括佛洛伊德。佛洛伊德對此並沒有給出他典型的深層分析，而是認為笛卡爾自己的解釋很可能是合理的原因是這種類型的夢是由白日的事件直接引起的，屬於表層的夢（也就是說屬於意識的領域，而與深層潛意識沒有直接關係），因此做夢者自己可以作出合理的分析。

[5]在笛卡爾遺留下來的手稿裡，他稱在這三個啟示性的夢一年之後的同一天，他再次取得了突破性的進展（用他的話說：「重大發明」）。但根據目前的資料我們不清楚這個突破性進展所指的是什麼。一種可能是笛卡爾在數學上有所突破，很可能是如他在

《談談方法》裡所說的，發現了將幾何和代數統一的方法。11月10日這個日子似乎在笛卡爾的早期生活中有著特殊的意義。

第一章　笛卡爾的早期教育和時代背景

1596年3月31日，勒內·笛卡爾出生於法國一個叫做圖賴訥拉海的小鎮上。這個小鎮後來改稱為笛卡爾鎮，用來紀念我們的哲學家。[1]笛卡爾的母親讓娜·布羅夏德（Jeanne Brochard）在笛卡爾出生大約一年後因肺病死去。笛卡爾的父親約阿希姆·笛卡爾（Joachim Descartes）是布勒丹省的法官，其家族在當地甚有名望。笛卡爾是由他的外婆帶大的。

拉弗萊什的教育

從笛卡爾的早年生活中很難看出他會成為一個改變世界的人。年少的笛卡爾身體很虛弱，但很喜歡讀書，並顯示出很強的好奇心。在1606年，笛卡爾十歲的時候，他的父親送他去當時法國最好的學校——拉弗萊什學院（College of La Fleche）讀書。在當時，這樣的學院包括中學教育和大學教育，是學生接受高等教育的主要方式。至於當時以大學命名的教育機構，除了巴黎大學之外，都是在學院學習結束之後進一步修習的職業學校，如法學院、醫學院、神學院等。

拉弗萊什學院得到了當時的法王亨利四世的全力支持。亨利四世要把拉弗萊什辦成全法國以至全歐洲最好的學校。他把學校交給耶穌會教士來創辦和管理。耶穌會是天主教的一支，由羅耀拉的依納爵（St.Ignatius of Loyola）於十六世紀初期創建。它的主要目的是向異教徒傳播基督教的信仰，同時在基督教的國家裡重建對耶穌的信仰。後者在當時的環境下尤其重要，因為天主教的信仰受到了宗教改革運動的強烈挑戰。後來的歷史表明耶穌會徒在保護羅馬教廷的權威上立功至偉，他們被稱為教皇的精英衛隊。耶穌會的信徒們對前者做得也是盡心盡力。他們到世界的各個地方，不論是什麼樣的自然環境和社會文化，去大力推廣基督教。著名的耶穌會傳教士利瑪竇於十六世紀末的時候抵達中國，以其精湛的數學和天文知識並憑其聰明才智對中國古典文獻的瞭解，給當時的中國讀書人留下深刻印象，而利瑪竇也借此在中國為耶穌會建立了一個基地，從此耶穌會的教士接連來華，他們當中的不少人與中國皇帝有直接聯繫，也發展了不少中國信徒。明代著名科學家徐光啟曾師從利瑪竇和其他傳教士學習幾何、天文學以及西方科學，後來受洗成為基督教徒。[2]學院的學生也與中國有直接的聯繫。例如，1688年，拉弗萊什學院的數學、天文老師洪若翰（Jean de Fontaney）和學院哲學系的學生白晉，來到北京見到了康熙皇帝。據說洪若翰治好了康熙的瘧疾，而白晉成為康熙的幾何講師，並於1693年為康熙所派出使法國。

和其他教派不同，耶穌會教士非常重視學術研究。他們不但強調對古典文獻的學習，而且重視對新興的自然科學的研究。這一方面是出於傳教的需要，可以更好地瞭解異教徒的想法並用新興的科學顯示基督教的優越性；另一方面，從信徒自己的角度來說，一個受過教育的人能夠更好地認識和堅守真理。耶穌會教七同時又是極好的老師，善於運用靈活的教學方法來讓學生更好地掌握知識。在拉弗萊什學院，老師的傳授杜絕教條的束縛，鼓勵自由公開的討論。老師和學生住在一起，既是導師也是朋友。老師往往是根據學生的能力和興趣來組織課程，而不是不論學生能否接受而灌輸知識。學生之間是相互平等的，不論是貴族還是平民都受到一樣的對待。學生來自全國各地，也包括各個階層。學校不但不收學費，還對低收入家庭的子女提供獎學金。例如，笛卡爾後來的好朋友，麥爾塞納，是一個農民的兒子，但他也能夠進入拉弗萊什學習。他的在校時間是從1604年至1609年之間，和笛卡爾的在校時間有交叉，但沒有什麼跡象表明他和笛卡爾在拉弗萊什的時候就開始了他們的友誼。他們正式的交往是1622年以後在巴黎開始的。拉弗萊什還鼓勵它的學生從事體育運動，尤其是游泳、騎術和擊劍。

拉弗萊什的圖書館是全歐洲最好的之一，特別是收藏了當時最新的科學研究的成果。儘管耶穌會是天主教的一支並極其忠於教皇，但其對新興的科學研究不但毫不排斥而且盡力研究，伽利略於1610年用望遠鏡發現木星的四顆衛星；在此之後的第二年，拉弗萊什的教授們就開始討論這一發現，並和他們的學生一起用望遠鏡來觀察天空。

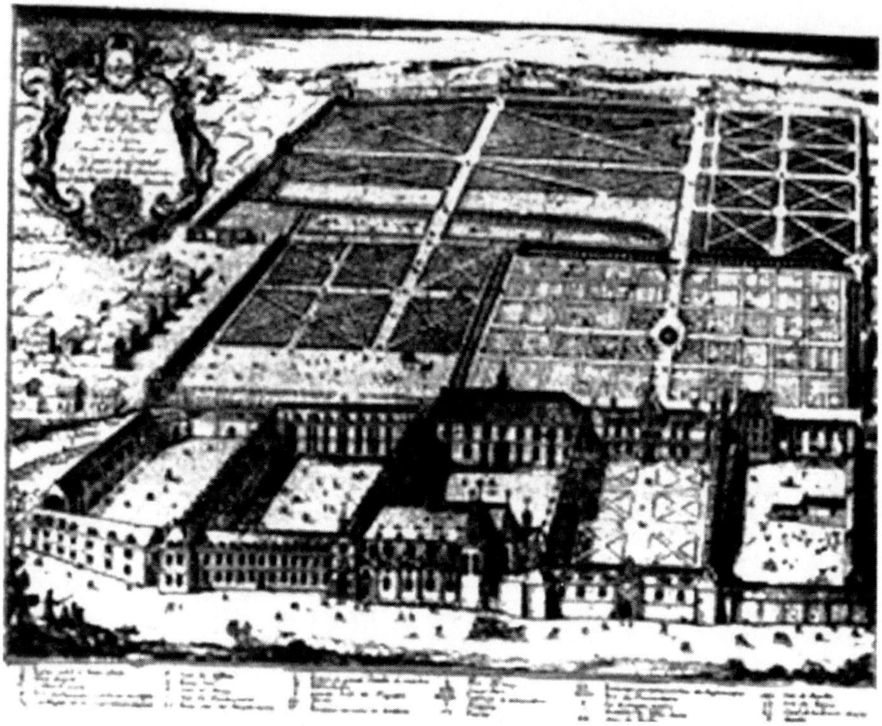

拉弗萊什的校園

學校的名聲傳播得很快，其規模迅速增長。拉弗萊什於1604年建校，到笛卡爾1606年10月進入拉弗萊什學習的時候，拉弗萊什已經擁有一千多名學生和教師。[3]功課對於笛卡爾應該是比較輕鬆的，他的成績也很優秀。在他的第一部出版的著作《談談方法》裡，笛卡爾提到了他在拉弗萊什的生活。笛卡爾說他不認為自己的才智有什麼勝於常人的地方，自己還常常渴望有更敏銳的思考，更清晰的想像，更好的記憶力，但是他對自己的功課是相當自信的。他說他去的是全歐洲最有名的學校，在這裡他把別人所學的功課全部學完，「甚至不以學校講述的學問為滿足，凡是大家認為十分稀奇、十分古怪的學問，只要找的到講它們的書，我統統讀了。此外，我也知道別人對我的評判，我沒有見到任何人認為我不如我的同學，雖然他們當中已經有幾位被選定為老師的接班人了。」[4]

拉弗萊什學院的前五年教授語言和文學，主要是希臘文和拉丁文。在這段時間裡學生們學習語法，閱讀古典名著，並練習用這些語言寫作。拉丁文是當時歐洲學者的通用語言。笛卡爾的拉丁語非常好，他的主要著作如《沉思錄》和《哲學原理》都是用拉丁文寫的，而且文字極其優美。學院的後三年主要學習哲學，包括邏輯、數學、和物理學。笛卡爾似乎是個天生的數學家，但對當時基於亞里斯多德系統之上的物理學並無太大興趣。幾何證明的確定性和每一步的嚴謹推理給笛卡爾留下了深刻的印象，也對後來笛卡爾的哲學思想有直接的影響。而亞里斯多德的物理學則充滿了獨斷的教條和模糊不清的命題，與數學知識形成了鮮明的對比。笛卡爾後來立志要為人類知識重新打造一個堅實基礎，從而使得所有人類知識都是確定無疑的，這在他的早期教育裡就已經埋下了種子。

有趣的是笛卡爾後來對拉弗萊什頗有批評。他知道拉弗萊什是全歐洲最好的學校，他也是拉弗萊什最好的學生之一，但笛卡爾認為學院所教授的所有學科要嘛是徹底沒有用處，要嘛需要大幅度地變革。在《談談方法》的回憶中，笛卡爾提到他在拉弗萊什的功課，說希臘語、拉丁語有一定的用處，透過它們我們可以學習經典著作，而且讀一本好書就像和一個智者交談，我們還可以從書中瞭解各種不同的風俗習慣等等，但是學生在語言學習上花費的時間太多。再說讀歷史書就像旅行，久了就不再有新鮮感，反而會感到厭倦；寓言故事之類只不過是些想像；文學和詩歌雖然有趣但沒有什麼實際用處，況且笛卡爾認為詩人是天生的而不是培養出來的。至於其他學科，數學的推理清晰明了，但其應用範圍太窄，只是被人用於機械工程等實際領域，而沒有被用於人類知識的其他方面。其他的科學（如物理、醫學等）都沒有一個堅實的基礎，因而和猜測沒有什麼區別。至於哲學，雖然教人無所不談而博得庸人的讚賞，但是幾千年來最傑出的人物都在爭論著同樣的問題，而從來不能解決其中的任何一個，以至於沒有一個問題是沒有爭議的，沒有一個理論是確定無疑的。因此，笛卡爾覺得他所學的這些東西要嘛是沒有多大的用處，要嘛不是確定的真理。

這些批判當然不僅僅是針對拉弗萊什的了，而是針對整個傳統經院學術和其教育體系而來的。這些批評也是笛卡爾從自己新建立的哲學方法角度上做出的。如果單純從當時的教育和學術研究的角度來說，拉弗萊什絕對是當時歐洲最好的學校之一。拉弗萊什的哲學課程是非常完備的。這一點笛卡爾也承認。在後來的一封書信中，笛卡爾比較荷蘭學校的哲學教育和拉弗萊什的課程，認為前者大大不如後者。在《談談方法》出版後的第二年，笛卡爾仍建議他的一個朋友送他的兒子去拉弗萊什學習哲學：「我相信系統地學習哲學，就像耶穌會教士教授的那樣，還是有用的，」並且說：「我必須承認，世界上沒有任何比拉弗萊什的哲學教育更好的地方。」在離開學校之後，笛卡爾和他的哲學老師們仍保持聯繫。在《沉思錄》完成之後，笛卡爾把它寄給他的老師尋求評論；他的老師諾爾（E.Noel）也曾把自己的著作寄給笛卡爾。因此笛卡爾後來對拉弗萊什的批評應該被視為對當時的知識體系的批判，或者說是對傳統的經院哲學的挑戰。笛卡爾的目的是要建立一個新的知識體系來取代傳統的經院哲學。

不過，在他離開拉弗萊什的時候，十八歲的笛卡爾還遠遠沒有明確自己的方向，更談不上是一個偶像破壞者了。按照他父親的意願，笛卡爾後來讀了一年的法學院，拿到了律師證書。不過笛卡爾對法律沒有任何的興趣，他自己也從不提起他的這段經歷。這個時候的笛卡爾還沒有清楚自己的方向，還正在找尋他的人生的道路。笛卡爾自己在《談談方法》裡說，當他離開拉弗萊什的時候，他決定不再鑽研這些書本上的學問。他決心從自己的心裡和世界這本大書裡尋找真正的知識。

笛卡爾選擇了作為自願兵參加各式軍隊，遊歷各國。自願兵是沒有薪水的，甚至連裝備都要自己配備。顯而易見，笛卡爾的目的不是想成為一個偉大的將軍，而是要透過遊歷來確定自己一生的方向。笛卡爾後來談到這段生活的時候說，他想趁年紀還輕的時候去訪問各國的宮廷和軍隊，和各種各樣的人打交道，在所面對的各種局面裡考驗自己，並用心地思考各種事情，以便從中有所收益。借用杜甫的話說，在讀了萬卷詩書之後，現在是行萬里路的時候了。

笛卡爾在拉弗萊什的收穫不僅僅是書本上的。在剛進入拉弗萊什的時候，笛卡爾的身體很虛弱，以至於他需要有自己單獨的房間，還被特許可以早晨晚點起床。在離開拉弗萊什的時候，笛卡爾已經不是一個病弱的少年，而更像是一個劍客。他的身體在這八年期間有了根本的好轉。年輕的笛卡爾不太像常人想像中的哲學家那樣文質彬彬，一副書卷氣，而更像個俠客。他喜歡交朋友，對朋友十分忠誠，也曾和人決鬥。他自己動手做實驗，設計實用的裝備（據說輪椅便是笛卡爾發明的）。在拉弗萊什的最後一年裡笛卡爾迷戀上軍事，自己成為了一個擊劍高手，據說還寫了一本論擊劍的書（現已失傳）。再也不是當年那個病弱的小男孩，離開了拉弗萊什的笛卡爾開始了他探索世界和社會的終身旅程。

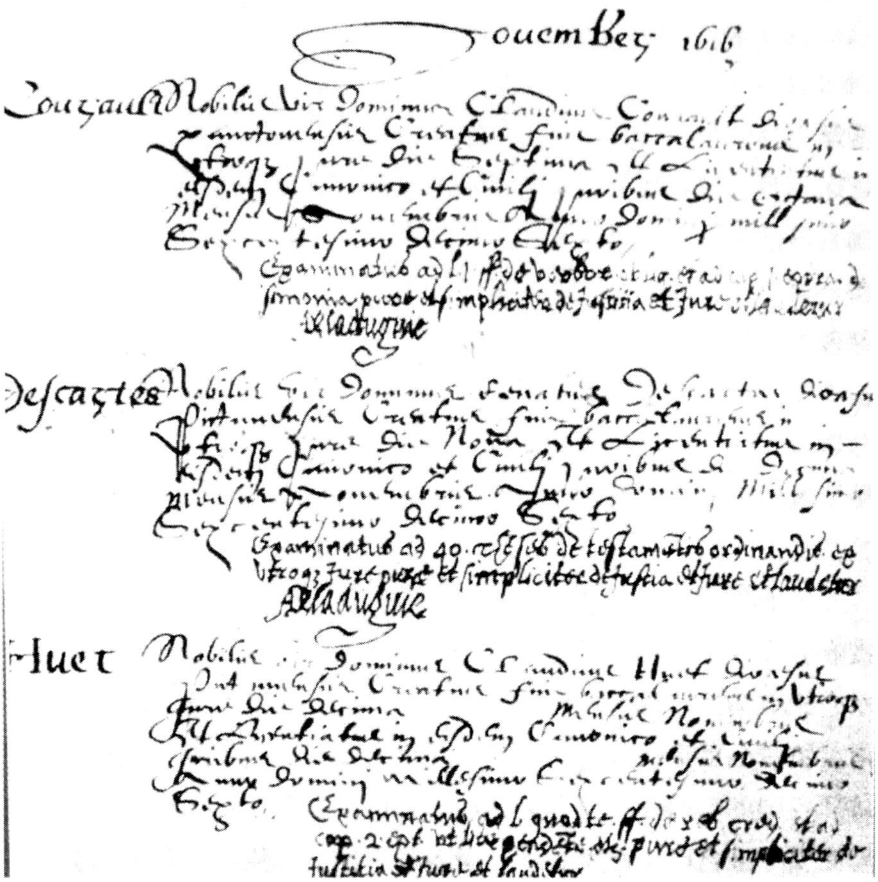

笛卡爾拉弗萊什學院畢業紀錄（1616年）

經院哲學

笛卡爾所批評的經院哲學到底是什麼樣的東西呢？我們這裡簡單介紹一下經院哲學的內容。這樣我們一來可以知道笛卡爾在拉弗萊什所學的是什麼東西和當時的思想背景，另外，更重要的是，我們可以更好地瞭解笛卡爾的哲學思想和其革命意義。經院哲學（scholasticism）的直譯是學者們（scholars）研究的學問。經院哲學和中世紀哲學是兩個不同的概念。經院哲學是中世紀哲學的一部分，但中世紀哲學包含的內容要更為廣闊。一般認為中世紀跨越了從羅馬帝國之後到文藝復興之前的一段時間，但很難對中世紀哲學或者中世紀給出一個確定的界限。作為一個參考，這段時間大致是從羅馬的陷落（公元410年）開始到義大利城邦戰爭的爆發（1494年）結束。中世紀哲學的主要內容是將基督教的神學思想和古希臘哲學傳統加以融合。這是因為中世紀的歐洲普遍信仰基督教，而歐洲唯一的哲學傳統是古希臘哲學。儘管如此，在中世紀的早期，由於希臘語在當時基本上是一個死掉的語言，當時的人們對古希臘典籍無法直接的瞭解，而只能透過有限的翻譯著作來接觸古典文獻，以至於當時人們對柏拉圖和亞里斯多德的原著基本上一無所知。當時柏拉圖主義是很流行的，因此柏拉圖的思想仍為當時的學者所熟知。這個時期最傑出的哲學家是聖奧古斯丁（Saint Augustine，大約在公元354—430年）。聖奧古斯丁試圖融合柏拉圖主義的思想和基督教的信仰，他的理論對後來的基督教神學有著極大的影響。這種影響甚至延續到當前的神學研究。

在中世紀的後期，對古希臘文獻的研究，尤其是對亞里斯多德的研究有了很大的改觀。一方面，基本上所有的古希臘文獻都被翻譯為拉丁語，其中的絕大多數都是從阿拉伯語翻譯過來的，同時也翻譯介紹了伊斯蘭世界在此基礎上作出的新的貢獻。同時，歐洲各國開始形成一個新的教育體系，大學（University）開始出現。大學的前身可能只是教會培養神職人員的教會學校，但逐漸擴大規模，以至於成為所有學者討論和研究問題的所在。大學之名（University）實際上就是指所有學者聚集之地，而一開始的那些大學也確是名副其實。巴黎大學（創建於1215年）就是這樣的一所大學，基本上全歐洲最好的學者都曾在這裡逗留過。牛津和劍橋大學也是在十三世紀早期創立的，儘管它們真正地發揮影響要晚一些。大學裡除了教授文理知識之外（Faculty of Art），還常常設有職業學院，如法學院、醫學院、神學院，但這些學科是在修完基礎知識之後才開始學習的。一開始建立的大學大多強調基礎學科的教育，但後來創建的大學有很多只設置職業學院或不重視基礎教育，這時候的大學已經不是嚴格意義上的大學了。例如笛卡爾後來攻讀法學的普瓦捷大學（University of Poitiers）就是這樣的一個職業學校，而非嚴格意義上的大學了。與此相反，拉弗萊什對基礎學科的教育非常重視，哲學和科學問題的研究是課程的重要部分。

聖奧古斯丁Philippe de Champaigne畫（大約畫於1645—1650年）

大學裡的老師和學生統稱為學者（scholars），而經院哲學則就是這些學者所研習的學問。不過，這時候的學者研習的東西和中世紀早期的時候有很大的不同。這個時期最有影響的學者有托馬斯

·阿奎那、鄧斯·司各脫和奧康的威廉。尤其是阿奎那的哲學後來在很長的一段時期裡是教廷的官方教義。阿奎那（1225—1274年）是一個義大利人，先在那不勒斯大學學習，後來到巴黎大學進一步深造。阿奎那受亞里斯多德的影響很大（他也受到其他哲學家如奧古斯丁的影響）。他的學說試圖將亞里斯多德的理論與基督教義相融合，將信仰與理性視為不是相互對立而是相互支持的兩種力量。阿奎那的哲學對後來的耶穌會教派有很大的影響。拉弗萊什的哲學課程主要講授亞里斯多德（包括邏輯學、物理學、形而上學及倫理學）和阿奎那的《神學大全》（Summa Theologiae——注意這本書雖然名為神學大全，但它不僅僅是一本神學著作，同時也是一本哲學和科學著作）。因此笛卡爾早年所學的哲學主要是阿奎那的哲學，即後來所稱的托馬斯主義阿奎那的哲學體系裡也包括亞里斯多德的科學體系，因為阿奎那完全接受了亞里斯多德的物理學。在這個時候科學和哲學還沒有清楚地分開，兩者經常是在一起研究的。我們可以因此推斷笛卡爾後來批評的經院哲學是當時流行的托馬斯主義。

托馬斯·阿奎納的光輝Benozzo GozzoIi畫於1471年

當時的經院哲學面臨著很多的問題，例如，上帝存在的證明，惡的存在與上帝至善至能的屬性之間的矛盾，以及上帝的全知和人的自由意志之間的矛盾等等都是困擾中世紀哲學的棘手問題。這些問題經過多年的爭論仍然無法得到完滿的解決，這也可能是笛卡爾對哲學感到沮喪的原因。中世紀哲學，尤其是經院哲學，進一步發展了亞里斯多德的邏輯研究，使其更加完善。笛卡爾十分熟悉亞里斯多德的三段論邏輯，他對三段論的態度也是很明確的。一方面他承認三段論推理的有效性，另一方面他也認為三段論推理不能給出新的知識。經院哲學的內容涵蓋甚廣，我們在這裡無法作全面的介紹。至於與笛卡爾理論有關的經院哲學的部分，我們會在介紹笛卡爾的相關思想的時候作簡單介紹。

機械哲學

在笛卡爾的時代，歐洲的科學研究已經蓬勃展開。哥白尼（Nicolaus Copernicus，1473—1543年）的日心說已經廣為流傳，這是對經院科學的第一個大衝擊。培根（Francis Bacon，1561—1626年）對亞里斯多德的知識理論進行了系統的批判，並開始提倡科學研究的新方法，即歸納的方法。培根在1620年出版了《新工具》（Novum Organum），這本書的名字對應著亞里斯多德的邏輯著作《工具論》（Organon）。在這本書中，培根抨擊亞里斯多德的三段論並不能給人類帶來新知識，我們必須尋找新的工具來發現新知識。這個新的工具就是歸納的方法。歸納方法要求我們收集大量的觀察數據，而從這些數據中歸納出合理的普遍原則，並進一步地實驗檢驗這個理論。因此培根特別強調實驗的方法，用他的話說，我們不能等待自然來告訴我們什麼是真理，而必須強迫自然向我們顯示其真面目。透過實驗我們就能夠迫使自然向人類揭示她的秘密。培根的歸納方法是一個革命性的想法，他對觀察經驗現象的特別強調使得科學的研究明確了方向，並積累了大量的經驗知識。

培根

笛卡爾承認培根的思想對他影響巨大。同時，笛卡爾也通曉哥白尼複雜的天體理論，知道伽利略（Galileo Galilei，1564—1642年）和開普勒（Johannes Kepler，1571—1630年）在天文學上的突破性工作，以及吉爾波特（William Gilbert，1544—

1603年）對磁的研究等等。這些都為笛卡爾自己的科學貢獻打下了基礎。拉弗萊什的教育相當鼓勵對科學的研究，包括研究當時最新的科學發現，而且拉弗萊什所鼓勵的追求真理的氣氛也給笛卡爾帶來相當大的個人影響。因此笛卡爾的早期教育對他後來的革命性思想是一個很好的準備。和貝克曼（他對當時新興的自然科學充滿熱情）的結識使得笛卡爾瞭解到當時最新的科學進展和研究方法，而後來笛卡爾在巴黎結交了一批志同道合的朋友，因此可以斷定笛卡爾對當時的科學思想非常熟悉。其中，麥爾塞納對笛卡爾的思想形成應該有著很大的影響。麥爾塞納是一個非常博學的人，有著極好的記憶力，通曉很多種語言，對當時幾乎所有的科學研究都有所瞭解。麥爾塞納是個神父，一開始是從神學的角度來考慮自然科學的問題，但逐漸地，麥爾塞納為新興的自然科學所吸引，對自然科學（尤其是他感興趣的聲學）作了很多研究。在這個過程中，麥爾塞納慢慢地形成了機械哲學的思想，認為對於自然現象的解釋並不需要像亞里斯多德理論所假定的隱秘性質，而只需要清晰簡明的力學性質。這應該是笛卡爾機械哲學思想的直接來源。麥爾塞納的朋友很多，和當時歐洲很多重要的學者，尤其是法國的思想家，保持著緊密的學術的交往。麥爾塞納的圈子幾乎囊括了巴黎科學界所有的明星，例如笛卡爾、伽桑狄、費馬以及年輕的帕斯卡[5]等等。即便後來笛卡爾遠居荷蘭，他仍透過他在巴黎的朋友（麥爾塞納）和其他學者保持著通信聯繫。實際上，麥爾塞納和很多學者保持著通信聯繫，他的通信集結起來有一萬頁。

麥爾塞納

科學研究的逐步深入導致了機械哲學思想的興起。實際上，很多科學家在發現新的科學理論的過程中，也開始尋求新科學的哲學基礎。伽利略就是其中一個極好的例子。在他對運動的研究之中，伽利略發現亞里斯多德的理論有著很多的問題。例如，亞里斯多德斷定事物有兩類不同的本性，重和輕，決定著不同的運動性質（重物下落，輕物上升）。但是伽利略發現輕的本性實際上是不需要的，因為一個東西的上升運動可以被其他東西的下落運動而解釋。類似地，伽利略發現很多為經院理論所假設的東西實際上是不必要的，而且實際上可能並不存在，而只是我們主觀的認識或者想像。結果伽利略在我們認識到的世界性質之中作出區分，認為顏色、味道等等只是主觀的感覺，而不是客觀的存在。只有形狀、大小、速度、數量等才是事物真正擁有的屬性。

笛卡爾將機械哲學提高到了一個新層次。笛卡爾認為，對於所有的自然現象，我們都可以透過機械力學的基本原則給以完全的解釋。對於笛卡爾的機械力學，我們會在介紹笛卡爾的科學貢獻的時候再做具體的介紹。簡單地說，笛卡爾認為所有的物質本身是完全惰性的，它們只能保持自己的狀態而不能改變這些狀態。任何的變化都是由外在的物體，透過機械的碰撞引起的。所有這樣的碰撞都遵循著特定的自然規律。笛卡爾給出了三個基本的力學定律。所有的物質都是由三類基本元素組成：火、水、地。這些基本元素比傳統的希臘理論少了一個（氣），因為笛卡爾認為氣可以被火來解釋。這三類不同的東西對應著我們常見的三類不同的狀態：氣體、流體和固體。對於物質，它們只有在形狀、大小、運動和數量上的區別，這些性質是物質事物的全部屬性。因此，只要我們瞭解了這些性質，我們也就瞭解了全部的自然世界。

這是一個非常大膽的假設。自然界中的現象千千萬萬，我們對自然界的認識也是五彩繽紛，但按照笛卡爾的假設，自然界的所有一切都只不過是三類基本元素之間的機械運動。那麼，我們看到的顏色呢？我們聞到的香味呢？我們聽到的雷鳴呢？等等——這些現象應該作何解釋呢？笛卡爾認為所有這些現象都可以歸結到這些微小粒子的機械運動。作為科學家，笛卡爾還用這個理論解釋了很多具體的自然現象。這個我們也將留到以後再做具體的介紹。

笛卡爾的思想是革命性的，笛卡爾的同代人大多都不相信這樣的理論。笛卡爾的思想對後來人也是影響深遠。隨著科學研究的不斷深入，機械哲學的觀點也為越來越多的人所接受，不僅成為科學研究的一個基本原則，也成為啟蒙運動的一個重要理論基礎。不過我們應該注意到笛卡爾的機械哲學和其他機械論者的觀點不盡相同。笛卡爾的理論是很有特色的。他的機械哲學和當時以及後來流行的原子論不太一樣。和笛卡爾同時代的伽桑狄便是一個原子論者。原子主義和古希臘伊比鳩魯（Epicurus）的原子論有很多相似的地方，除了認定自然界的所有現象都可以被機械力學的原則來解釋之外，而且進一步斷定世界是由一些非常微小的不可再分的原子組成的。伽桑狄仔細研究了伊比鳩魯的原子學說，認為這個理論能夠比亞里斯多德的理論更好地解釋自然現象，而因此試圖將原子論與基督教教義貫通起來。但笛卡爾堅信物質和廣延是同一個概念，因此，由於廣延是無限可分的，因此物質也必然是無限可分的。同時，笛卡爾也斷定另外一個非常有爭議的論斷：真空是不存在的，因為沒有了物質，也就沒有了廣延，因此空間也就不存在了。這個論斷也為原子論者所反對。[6]

同時應該注意的是，在對於機械哲學的應用範圍上，笛卡爾和其他機械哲學家有著很大的區別。霍布斯可能是最為徹底的機械論者了，因為他願意將機械哲學的解釋延伸到所有的存在，包括人本身。伽桑狄看起來和霍布斯很類似，但伽桑狄似乎承認人的自由意志，因此不可能完全採納機械決定論。而笛卡爾則更為保守，認為人是由心靈和身體組成的共同體，儘管身體的所有官能都可以被機械力學來解釋，但心靈是非物質的東西，因此完全超越了機械力學的範圍。對於笛卡爾的心身理論我們接下來要詳細地介紹。

如上所述，我們應該可以看到，歷史上的任何一個天才都是在一定的社會文化環境下成長的。如果後來的人忽視了這樣的背景，或者想當然地以當前的環境去理解這樣的人，只會給我們帶來歪曲的理解和過於簡單的解釋。

笛卡爾是一個革命性的人物，他給歐洲思想界帶來根本性的改變。謙虛的牛頓後來說他之所以能夠作出一些發現（例如萬有引力理論），是因為他站在巨人的肩膀上。毫無疑問，笛卡爾就是那些巨人中的一員。當時有很多人強烈地反對笛卡爾的理論，認為他的理論離經叛道，顛覆社會，最終笛卡爾的著作，不論他是多麼的小心，在他死後還是被放上了教廷禁書的名單。同時也有很多人遵循笛卡爾的理論和方法，奉笛卡爾為他們的精神領袖。從這樣強烈的反應中我們也可以看到笛卡爾思想在當時的革命性影響。

但同時我們也不能脫離時代來理解笛卡爾。笛卡爾不是從真空中產生的。一方面，雖然他最終背叛並顛覆了經院哲學的傳統，但他是在這個傳統下長大的，他的思想受到經院哲學很大的影響。這一點常常被人所忽視，甚至有人認為笛卡爾對傳統哲學不甚瞭解，而且說正是因為這種無知笛卡爾才可能作出革命性的突破。這是一種誤解。其實，如果不瞭解經院哲學的背景，我們很難充分理解笛卡爾的哲學體系。笛卡爾是現代哲學的創始人，是經院哲學的終結者，但現代哲學是在經院哲學的土壤上長出來的。笛卡爾的哲學是承前啟後的，因此如果完全脫離經院哲學來瞭解笛卡爾的哲學，我們不可能得到完整的理解。另一方面，我們也看到當時新興的科學研究已經對經院哲學帶來了很大的衝擊，而科學研究的蓬勃發展和突飛猛進使得我們對世界每天都有新的認識。無可否認，笛卡爾對科學和哲學的發展都作出了突出的貢獻，但我們會發現他的工作也有相當的侷限性。因此，只有將笛卡爾的思想放在時代背景的大框架下，我們對笛卡爾的理論才能有一個準確的理解，也會對笛卡爾的天才有一個更深刻的認識。

註釋：

[1]在該鎮上現建有笛卡爾的紀念館。關於笛卡爾的出生地有些爭議。以上說法的依據是笛卡爾的外婆住在圖蘭的拉埃，而笛卡爾出生在他的外婆家中。有些學者認為笛卡爾生於他的母親趕往他的外婆家中的路上，因此斷定笛卡爾應該是生於與圖蘭接壤的布瓦杜省。

[2]徐光啟生於1562年，於1603年受洗。他是一個非常聰明的人，思維敏捷，頭腦清晰。徐光啟在1607年和利瑪竇合作翻譯出版了歐幾里德的《幾何原本》的前六卷。徐光啟對中國的數學傳統也作了整理，同時自己也從事各種科學研究，並進行農業實驗，後來寫成《農政全書》。同時徐光啟也是明朝的重臣，在崇禎年間曾出任禮部尚書。1633年徐光啟去世，於1641年歸葬於他的家鄉上海。現在上海的徐家匯便是從早先徐家墓地形成的村落演變而來的，現仍存有徐光啟的墓。

[3]對於笛卡爾進入拉弗萊什的日期至今仍有爭議。巴耶的說法是1604年的復活節，但這個說法已經由當前的笛卡爾研究證明是不正確的現在接受的有兩個說法：一個是如這裡所說的，笛卡爾於1606年10月入學（見Gaukroger，Descartes：An Intellectual Biography，1995），這個說法為大多數人所接受；另一個說法是說由於身體的原因，笛卡爾等到1607年的復活節才正式入學（見Rodis—Lewis，Descartes：His life and Thought，1995）。同樣，對於笛卡爾離開拉弗萊什的日期也有爭議按照巴耶的說法，笛卡爾於1612年9月離開拉弗萊什。可以確認的是笛卡爾在拉弗萊什學習了八年，因此現在接受的說法是笛卡爾於1614年或者1615年離校。

[4]亞當和塔納里：《笛卡爾全集》，第六卷，第5頁。這裡古

怪的學問大概指的是煉金術、星象學之類這裡的翻譯採用了王太慶的譯本，第6頁。

[5]帕斯卡 Blaise Pascal 1623—1662），是繼笛卡爾之後的法國思想界的領袖人物，他的父親也是麥爾塞納圈子裡的一員

[6]笛卡爾在《哲學原理》的第二部分對機械哲學作了詳細的描述。對這裡提到的這些命題，笛卡爾在那裡都有仔細的解釋，並作了論證。

第二章　笛卡爾的新方法

與貝克曼的交往喚醒了笛卡爾對科學研究的熱情，而三個夢的指引使笛卡爾明確了自己一生的方向。在1619年之後，笛卡爾全身心地投入到對科學和哲學問題的思索之中。一開始，笛卡爾和貝克曼的合作以及他自己的研究主要是數學和物理學中的一些重要問題，但逐漸地，笛卡爾的思考不再侷限於具體問題和具體學科，而是試圖發現一個可以用到所有學科的普遍方法。鑑於當時的時代背景，笛卡爾所面臨的任務是艱鉅的。當時對經驗科學的研究雖然已經在很多領域裡廣泛開展，但是所有的知識體系，除了有限的一些學科如數學之外，都沒有一個確定的基礎，都不擁有確定的知識。因此，僅僅解決一些具體問題並不能給我們的知識帶來根本性的改變。而且這樣的具體問題太多，一個人不可能有時間去解決所有這樣的問題。更重要的是，我們是否能夠獲得確定知識本身還是一個沒有解決的問題。所以笛卡爾要尋求一種普遍的方法，這樣的方法不僅告訴我們確定知識的存在，而且能夠指出獲得知識的普遍途徑。這樣，對於所有的領域，至少在那些我們能夠獲得確定知識的領域，我們都可以用這樣的方法來得出正確的不容置疑的結論，而且可以發現所有這樣的知識。一旦我們發現了這樣的方法，具體科學的知識只是這個方法在不同領域裡的具體應用而已。[1]

問題是有沒有這樣的方法呢？若有的話，這到底是個什麼方法呢？這是個非常重要的問題。笛卡爾對這個問題的思索似乎是斷斷續續的，而且也是不斷深入的。笛卡爾很早就對這一問題開始思考。在寫於1619年的一個手稿裡，笛卡爾說道：「在我年輕的時候，每當我看到聰明的發現的時候，我總是在讀作者的說明之前先嘗試自己去發明它。慢慢地，在這樣（成功解決問題）的過程中，我發現我遵循著確定的法則。」[2]同樣的，大多數的書，只要讀上幾頁，看看它的圖表，笛卡爾就能夠明白它們要說些什麼。這時的笛卡爾大概剛剛發現了他的解析幾何，因而對未來充滿信心。他認為他所發現的數學方法將提供一個能夠解決所有能夠被解決的問題的普遍原則。儘管對經驗科學的問題我們現在還不能清楚地理解，但是可以透過類似的方法來解決。很顯然笛卡爾腦中追尋的是一個適用於所有學科的普遍方法，不過在這篇手稿裡笛卡爾只是提到了具體科學（數學）中的一般法則，並沒有給出一個指導科學研究的一般方法。

指導心靈的法則

從他死後出版的一篇早期手稿《指導心靈的法則》裡，我們可以看到笛卡爾對這個問題的繼續思考。這本書大約寫於1619年至1628年之間，但這本書不是一次完成的，而是在不同的階段分開寫作的。最早的部分可能寫於1619年左右，一年之後笛卡爾大概完成了這本書的基本部分，即該書前面的一些原則。後來很長的一段時間內笛卡爾都沒有繼續這本書的寫作。一直等到1628年的時候，笛卡爾才重新開始寫這本書。但笛卡爾很快就放棄了這本書的寫作和出版，直到他死後這個手稿才得以見世。

在這個手稿裡，笛卡爾給出了一系列共21條規則。在這裡笛卡爾試圖系統地說明他的方法。這個方法，就是能夠給我們帶來確定知識的方法。在第十條規則裡，笛卡爾提到上面講述的他年輕時經歷的故事。其目的是說在他自己思索的過程中他發現了得到確定知識的一般方法，而不需要像一般人那樣盲目試探。那些人即便是發現了真理也只是因為運氣。在這裡，笛卡爾明確地說這本書將對如何能夠發現確定知識詳加解釋。因此我們可以從這本書裡看到笛卡爾早期的方法論。從這本小冊子裡可以看出，儘管笛卡爾的基本思想在他年輕的時候已經形成，但對照笛卡爾後來的著作，我們可以看到笛卡爾思想有一個發展的過程。這本書應該是笛卡爾最早的對哲學方法的系統反思，對於我們理解笛卡爾哲學的整體發展有著較大的幫助。

第一條規則說：「學術研究的目標應該是指引心智從呈現給它的萬千現象中探明確定的真理。」[3]這裡笛卡爾強調所有的理性活動都有其共性，這和藝術創造不一樣。藝術家們也許不能在多個領域裡都出類拔萃，例如好的詩人很難是很好的畫家或者音樂家，反過來也一樣。但科學研究是不一樣的。笛卡爾說，「所有的科學是緊密地聯繫在一起的，因而一起學習比分開研究更為容易。如果一個人想認真探索事物的真理，他不應選擇任何單一學科；因為它們是互相關聯和相互依賴的。」也就是說，要想成為一個好的科學家，不能獨專於一門而要關注所有科學的共同點。笛卡爾認為科學研究依賴於人類理智，和藝術創造依賴於人的特別才能不同。因為人類理智是是普遍的不可分的，所以科學也是普遍的不可分的。有人會反駁說這個要求在笛卡爾的時代也許是可能的，因為當時的很多科學家是通曉一切科學的；但從今天的科學研究來看，這個想法有點過於簡單了，忽視了具體科學研究中的複雜性和創造性。今天的科學分工已經十分專門化，一個學者不但難以充分掌握學科外的新知識，即便是對同一學科不同領域的東西，也往往不能瞭解到最新的研究動態。一個生物學家不見得比一般人更懂得電路或電腦，一個物理學家不見得比一般人更明白金融分析。

不過，笛卡爾這裡的意思不是說好的科學家會同時精通所有的經驗科學，而是說所有的科學研究遵循著同樣的法則。掌握了這樣的法則，我們就找到了科學發現的鑰匙，而具體的科學研究只是這種方法的簡單應用。用現在的話說，笛卡爾要找的是一個一般的科學方法。這樣一個科學方法不但可以指引我們發現真理，而且可以保證所發現的科學理論確定為真。笛卡爾認為他在幾何學、物理學等具體學科上的工作便是這樣得到的。因此笛卡爾的以上論斷，人類知識有其共同基礎，應該被理解為一個方法論上的要求，是強調所有科學研究都遵循著同樣的科學方法。這樣的要求，一般地說，在今天仍然是正確的。我們所有的科學研究仍然遵循著一定的科學方法，這個方法不會因為不同學科而變化。不過，今天對科學方法的理解和笛卡爾的理解有了較大的不同。笛卡爾要求科學方法既能給出發現真理的最佳途徑，又能確保所發現的基本理論正確無疑，但現在發現這樣的要求是達不到的。今天的科學方法在原則上允許所有的理論以及各種發現理論的途徑。科學家不需要遵守一個嚴格的方法來發現真理。科學方法強調的是我們能夠有客觀的理性的方法來評價和選擇那些被經驗證據所充分支持的科學理論。

這一條規則同時對科學研究給出了一個具體的指導。笛卡爾要求從眾多的經驗現象中發現普遍的基本原則（universal wisdom），而不要僅僅糾纏於細枝末節（例如天體的運動和金屬的變化）。這實際上是要求對這些經驗現象加以理論上的統一解釋。理論和經驗是很不相同的。理論是由很簡單的基本原理刻畫的，而且為理論所假定存在的東西往往是直接經驗觀察不到的。但是一個好的理論可以解釋看似沒有關聯的萬千經驗現象，使得這些經驗成為科學理論的邏輯推論。例如笛卡爾相信的機械力學斷定了微小顆粒的存在，而且所有物體的運動都可以歸結到這些微粒的運動上去。這樣的系統就是一個理論，其原理十分簡單明瞭但可以用來解釋很多運動現象。類似的，牛頓的萬有引力理論斷定一種不能直接觀察的引力的存在，而由此對眾多的看起來沒有任何關係的現象作出了統一的解釋，例如潮汐、重物的下落、天體的運行規律，甚至於光的性質。笛卡爾的方法要求對看起來雜亂無章的經驗現象給出統一的理論解釋，這一點即便是在今天，即便是對具體的科學領域，仍然是一個很重要的指導原則。愛因斯坦對統一場論的苦苦追求正是這一原則的當代樣本。

笛卡爾的第二條規則強調我們只應該研究那些我們能夠獲得確定知識的學科。人類知識必須是確定無疑的認識。笛卡爾難以容忍傳統知識系統（除了數學）的不確定性，而要求人類知識必須是絕對的不容置疑的。這並不是說除了數學之外我們沒有什麼可以研究的，而是說數學知識是科學研究的標本。

科學知識一定要是確定無疑的嗎？笛卡爾代表的無疑是一個普遍的信念。很久以來，不論是科學家和哲學家都堅定地認為真正的科學知識必須是確定為真的。培根如此，笛卡爾如此，即便是康德，也不遺餘力地試圖為經驗科學建立其必然基礎。牛頓力學在歷史上一度被視為絕對的真理，牛頓也被視為上帝派來為人間傳播光明的聖人。但二十世紀初期的科學革命徹底動搖了人們的這一信念。牛頓力學最終被愛因斯坦的相對論理論所取代。而如果輝煌的牛頓力學都不能是最後的真理，則我們對任何科學理論，包括當前廣為接受的理論（如相對論和量子力學），都無法保證它們的確定無疑。透過對科學革命的反思，現代科學哲學宣告從培根和笛卡爾以來對確定知識的追求是無法實現的。我們必須承認任何科學理論，即便是當前最好的科學理論，都不是絕對的真理，而是有可能錯誤的，是有可能被新的觀察所證偽的。從某種程度上說，當前的科學方法論已經放棄對確定知識的追求。如果是這樣，是不是說笛卡爾的這個規則是個錯誤，或者在今天已經不再適用呢？

儘管科學知識不能保證是永真的，但這並不是說我們無法確認當前最好的科學理論。從廣義的角度上說，笛卡爾的要求是一個理性選擇科學理論的方法。具體地說，在已知的證據範圍之內，我們有一個可靠的方法來確定哪一個科學理論是最可能為真的。從這個角度說，笛卡爾的理念仍為今天大多數哲學家和幾乎所有的科學家所堅守。他們相信有一個統一的客觀的科學方法，而且所有的經驗科學研究都應該遵循這個方法來評判什麼樣的理論是最好的，是我們應該接受的。在某種程度上說，當前最好的科學理論給出了關於世界的真理，而這是我們當下能得到的最好的知識。[4]再者，笛卡爾這裡所說的確定知識是相對於當時流行的經院哲學的相關內容而言的。後者主要來源於亞里斯多德的物理學理論。這個理論對經驗現象的解釋常常不能自圓其說，又經常假定各種隱秘的屬性，因而這樣的解釋無法給出真正的知識。實際上，從笛卡爾後來的著作可以看出，笛卡爾清楚地知道經驗科學的知識和數學知識在確定性上有一定的差別。數學知識研究概念之間的關係，因而這樣的知識是必然為真的；但科學知識不具有這種必然性。但是，真正的科學知識，從任何實用的角度來說，是確定無疑的；正是在這一點上科學知識和傳統的經院哲學大不相同。笛卡爾用來論證科學知識的確定性的理由和當前的科學方法論並無本質的區別。例如笛卡爾在回答友人的類似疑問的信中陳述，儘管我們的心靈不能直接斷定科學知識的確定為真，但是由於這些原理的簡單明瞭和它們對經驗現象的完全解釋，而且沒有任何其他的理論可以做得更好，因此我們可以斷定它們一定是真確的。這些理由仍然是今天的科學家在評估科學理論中用到的標準。

幾何和算術是具有確定性的學科，因此成為笛卡爾所追求的確定知識的樣板。但笛卡爾考察了其他的學科，它們並不能達到這樣的要求。只有數學是確定無疑的知識。為什麼會這樣呢？笛卡爾分析說，這是因為數學的對象極其簡單，不牽涉任何經驗的對象，而且數學知識的每一步都是由理性來推導出來的，因此不會因為經驗的不同和不確定而導致知識的不確定。但如何將這種確定性推廣到其他學科呢？什麼樣的學科能夠產生確定知識呢？笛卡爾說對此我們不能依賴古人的著作，因為它們常常互相矛盾；我們也不能聽從多數意見，因為真理，尤其是關於艱深複雜的問題的真理，往往是掌握在少數人手裡。我們只能從我們心靈的內部來發現，看看我們的心靈是否擁有一些機制和官能，它們永遠不會產生錯誤。這個問題是第三條規則的核心問題，也是笛卡爾哲學的關鍵。笛卡爾認為經院哲學的一個根本問題就是它將一些模糊不清的假設視為確定無疑的真理，而使得整個哲學體系喪失了可靠性。

在第三條規則裡，笛卡爾斷定人類的確定知識有兩個來源。一是直覺，二是推理。直覺知識是一切確定知識的基礎。笛卡爾這裡所講的直覺和一般理解的直覺不太一樣，笛卡爾也清楚地知道他的思想的獨創性。笛卡爾的直覺是一種理性的直覺，不是來自感官的直覺或來自想像力的直覺。笛卡爾說：「對於直覺，我所理解的既不是轉瞬即逝的感覺經驗，也不是由想像來構造的虛假判斷，而是一種純粹專注的心靈的認識，它是這樣的簡單和分明，以至於我們對它不會有任何的懷疑。」[5]理性的直覺這一概念是笛卡爾哲學的一個核心部分，關於理性的認識法則我們在以後還要多次闡述。簡單地說，理性的直覺是我們能夠清楚認識事物並發現真理的基礎：凡是理性能夠清楚分明認識的對象一定是真確無疑的。這是人類心智的一種天賦屬性，笛卡爾也稱這種直覺為理性之光或者自然之光。憑藉著這種理性之光我們知道那些清楚分明的觀念必然是正確的。例如，對於笛卡爾來說，以下的這些命題對於每一個人都是可以直覺的自明真理：他自己的存在；他自己在思考；三角形有三條邊，等等。這些命題由理性之光來直接保證它們的真確。

推理則把直覺知識進一步擴充，而同時能夠保證知識的確定性。這裡的推理顯然指的是演繹推理中的有效論證（valid argument）。笛卡爾理解的推理規則不僅僅侷限於傳統三段論推理，因此他的邏輯體系超出了亞里斯多德邏輯的範圍。但笛卡爾並沒有專門給出這些推理的規則，而只是說它們也是由理性的直覺直接保證的。笛卡爾認為每一個有理性的人都會發現這些規則是自明的確定真理。十七世紀著名的邏輯教科書《皇港邏輯》受到笛卡爾很大的影響，其作者之一阿爾諾神父曾對笛卡爾的《沉思錄》提出一系列有力的駁難，對笛卡爾的思想非常熟悉，也受到笛卡爾哲學的深刻影響。現代邏輯的先驅——萊布尼茲，是笛卡爾的崇拜者，提出建立一個普遍語言來構造人類思想的演算，後來這個想法成為現代符號邏輯的出發點。因此可以說笛卡爾對後來邏輯學的發展有著相當大的間接影響。

直覺並不能帶給我們所有的人類知識，而推理對於人類知識是必須的。複雜的命題是不能由直覺直接得到的。即便是數學知識，很多數學命題相當的複雜，是無法被直覺直接把握的。不要說費馬猜想的證明用了幾百頁，就是簡單的勾股定理也不能被直接直覺，而需要精巧的論證來證明它的真確。但推理和直覺一樣能夠帶來確定無疑的知識。從有效推理的定義可以得知，只有一個有效推理的所有前提都是真的，則這個推理的結論一定是真的。也就是說，只要我們能夠確定知道一個有效推理的前提，則我們就能夠確定地知道這個推理的結論。因此，如果有一個堅實的知識基礎，而我們運用有效的推理規則，則我們就可以建立起確定無疑的人類知識大廈。

這就是笛卡爾要構建的人類知識體系的基本框架。任何確定性的知識，不論是關於什麼樣的學科，必然來自直覺或者是推理。只有推理的前提命題是確定為真的，才能保證結論的確定性。同時推理的規則也來自於理性的直覺，所以所有的確定知識都是建立在直覺知識基礎之上的。推理提供了通往新知識的橋樑。數學知識是這個方法的最好的說明。不論是幾何還是算術，其中再複雜的定理，都是從一些簡單自明的基本原則中推導出來的。一旦我們找到了這樣的一個推理過程，這些數學命題就成為確定無疑的真理。笛卡爾要做的是把這樣的方法推廣到其他科學研究中去。顯然這裡的關鍵是如何發現那些簡單的自明的基本原則。因為對於推理規則而言，邏輯學家已經給出出了比較完善的解釋，而我們的直覺本身對此也沒有什麼疑惑。

這個想法實際上並不是什麼新鮮的東西。任何知識體系，要想確定它的堅實可靠，必須要建立在堅實的基礎之上，並且推導新知識的每一步都要是確定無疑的。亞里斯多德的知識體系也遵循這同樣的方法。也許這對於當時年輕的笛卡爾來說這是一個重要的靈感，但這個觀點本身並不能解決具體問題。我們知道舊的系統已經瀕臨崩潰，而急切需要為知識大廈發現新的堅實基礎。但是我們如何才能找到這樣的基礎呢？

在下面的幾條規則裡笛卡爾開始回答這個問題。在第四條規則中笛卡爾強調我們應該有一個系統的方法來建立人類的知識大廈。笛卡爾強調的是這些知識的確定性和全面性。對於笛卡爾而言，我們要試圖發現所有的確定知識。而這明顯的需要一個明確的方法，而不是去碰運氣。他舉例說，若一個人夢想找到寶藏，那麼在大街上溜躂希望碰巧能撿到別人丟了的東西不是一個有效的方法。這樣的方法肯定不是達到目的的最好辦法。笛卡爾把當時所有的化學家、大多數的幾何學家和不少的哲學家都劃歸到這一類裡。並不是說這樣的方法不能發現真理，但它們顯然不是最有效的方法，既不能保證所發現的命題確定為真，也不能保證發現全部的真理。而一旦有了正確的方法，即使一個人思考得很慢，但終究會達到目的。相反，若沒有正確的方法，即使一個人思考得很快，也無法達到目標。這和中國古代南轅北轍的故事所說的道理一樣。

這一點即便在數學上也是如此。發現所有的數學知識也需要有一個系統的方法來支持。在這個小冊子裡笛卡爾主要關注的是數學知識，後面的很多規則牽扯到具體的數學方法。笛卡爾認為在他之前的幾何和代數是混亂的，而他的解析幾何的方法則提供了在數學領域發現所有知識的新工具。

第五條規則說，我們要將那些模糊不清的命題，一步一步地，歸結到較為簡單的命題；然後，遵循同樣的方法，把這些簡單的命題歸結到那些最簡單的，可以被理性的直覺直接認識的原則上。笛卡爾舉例說，要明白機械製造則必須要研究物理學；要研究星象學則要先搞明白天體運行的具體位置。但什麼是簡單的東西呢？如何理解「簡單」這一個概念呢？在第六條規則裡，笛卡爾對此作了具體分析。笛卡爾首先對絕對的存在和相對的存在作了區分，說絕對的東西是那些只包含純粹的絕對本性的東西，例如：那些獨立的，屬於原因的，簡單的，普遍的東西，相等，相似，直等性質。這些東西是所有東西里最簡單最容易的。相對的東西則是透過某種關係依附於絕對的存在或者是由絕對的存在推導而來。笛卡爾說只有少數的純粹簡單的本質，對它們可以直覺地領悟或者從經驗中清晰地認識。

笛卡爾這裡並沒有清楚地交代「簡單」概念到底是一個認識論上的概念還是一個本體論的概念。對於經驗論者來說，認識上的簡單對象是那些我們能夠直接認識的東西，因此是我們日常所見的東西；而形而上學或者本體論意義上的簡單概念則大不相同，是指那些基本的獨立實體。原子或者更小的基本粒子，可能是本體論上的簡單實體，但不是認識論上的簡單實體。笛卡爾上面給出的簡單對象的標準並不很一致：普遍的東西不一定是獨立的或者簡單的；獨立的東西不一定是簡單的或者普遍的。

從笛卡爾的機械哲學來看，笛卡爾似乎是從本體論的角度來考慮的，因為機械哲學所假定的簡單的微小顆粒是不能為肉眼直接觀察的，同時笛卡爾的機械哲學斷定來自於感官的感覺是不可靠的，很多屬於感覺的屬性如顏色、聲音、氣味等等都不是真正地屬於對象本身。不過，不能否認笛卡爾也從認識論的角度出發來理解簡單這個概念。首先笛卡爾說對於這些簡單對象和它們的屬性的認識是直接的，而對於其他東西的認識是可以由這些對於簡單東西的認識推導出來這正是我們能夠獲得確定性知識的根本原因，因為我們對於簡單東西的認識是確定的，而推導的每一步都是可靠的。但這樣一個認識論的理解和以上本體論的理解並不矛盾，因為笛卡爾的認識論和經驗主義的認識論很不一樣。對於經驗主義來說，直接觀察到的東西是最簡單的，其他概念都可以歸結到感覺經驗。但對笛卡爾來說，簡單對象是由理性的直覺來決定的，而不是由人們的觀察經驗之先後來決定。從這個角度說，不論是從本體論還是從認識論來說，笛卡爾對簡單概念的理解是一致的。不過，笛卡爾對「簡單」這個概念的刻畫是較為模糊的。在這本手稿裡，笛卡爾還使用數學意義上的簡單概念，如直線是最簡單的曲線。在第六條規則結束時討論的對於代數方程的複雜度的討論也是一個數學意義上的簡單概念，而不是嚴格意義上的認識論概念。直到今天，關於簡單概念的澄清和討論還在進行。

對於簡單對象的認識仍然是一個非常複雜和閒難的問題，這一點笛卡爾也清楚地知道　如何才能得到正確的關於簡單對象的知識呢？笛卡爾認為這樣的認識來源於理性的直覺。在這裡笛卡爾認為理性提供了一種獨特的能力，使得我們對於簡單東西的性質和它們之間的關係能夠有清楚分明的認識，對這樣的真理能夠直接領悟而對於那些我們無法清晰認識的東西，我們就不能得到確定的知識，而且我們應該放棄對這類東西的確定知識的探求。笛卡爾在第八條規則裡強調對於理智無法清晰認識的東西，我們應該停止對它們的思索；在第九條規則裡強調心靈要長時間地專注於最小的最簡單的東西，直到我們能夠清楚分明地直覺到關於它們的真理。對理性直覺的強調是理性主義的基礎，在這一點上和經驗主義明確對立。理性主義和經驗主義的論爭是現代哲學的一個主旋律，在雙方陣營裡群星閃耀，幾乎聚集了所有著名的哲學家。例如，笛卡爾、萊布尼茲和史賓諾莎是理性主義陣營裡的主將，而洛克、貝克萊、休謨則為經驗論大力辯護。他們之間的互動大力推動了現代哲學的發展。即便是在今天，雖然很多核心問題成為科學的問題，但哲學上的爭辯仍然存在。在這本書中，對於它們之間的爭論以後我們還會繼續交代。

如何評價笛卡爾的方法論呢？笛卡爾試圖找到一種發現所有確定知識的方法。他先是從複雜的事物中分析出簡單的元素，一步步地找出最簡單的基本對象；再依賴理智對這些簡單對象透過直覺得出確定的知識；最後再透過演繹推理一步步推出關於所有的確定真理。這個思路當然是很清楚的，但人類知識是否能夠如此確立，則是很有爭議的。

首先對於簡單對象的認識能否從理性直覺得到，而且即便我們有直覺的官能，這樣的直覺認識是否是確定無疑的，都是大可爭議的。例如，笛卡爾常舉的例子，任何物體之間的作用力都必須透過它們之間的東西一步步地實現；也就是說，沒有超距離的作用。這樣的命題笛卡爾說可以透過對簡單對象（如石頭、棍子等力學對象）的直覺而清楚地認識。從而我們可以進一步地推廣到複雜的對象，如磁鐵等，來斷定它們也必然遵守著同樣的原則。我們可以看出這裡存在的問題：並不是每個人都能夠從對簡單對象的觀察得到這樣的認識；而且即便得到了這樣的認識，這樣的命題也不一定是確定無疑的。再者，從對簡單對象的認識到對複雜對象的認識的推論過程也有很大的問題。也許透過類比我們可以對某一類事物作這樣的推論，但是類比推理不能保證結論的普遍有效。而且是否對所有的事物都這麼推理是個不小的疑問。笛卡爾的方法用在數學上可以說有效（笛卡爾似乎想用此方法來解釋他發現解析幾何的過程），但是一旦牽涉到自然科學中的例子，問題就很明顯。最後，簡單和複雜的概念本身就不是很清楚，這樣對於這個原則的應用也就不是十分清楚確定。因此笛卡爾方法論的基礎是有問題的。

另一方面，笛卡爾的思路是說，如果我們有了對於簡單對象的認識，則對透過邏輯推理，我們可以得到全部的對其他對象的知識。但是後者並不像笛卡爾想像的那麼簡單。邏輯推理實際上是一個創造性的過程，儘管其過程可以被機械性地鑑定是否正確，我們並不一定有一個機械的方法來找到全部的正確知識。對於一個較為複雜的數學系統，從哥德爾的不完全性定理可以知道，即便是我們知道所有的公理，我們也不能夠證明所有在這個系統裡為真的命題。笛卡爾以為我們一旦清楚了命題之間的關係，尤其是複雜命題和簡單命題之間的推理關係，我們就可以知道複雜命題的真假，而且一旦將這樣的步驟用到所有人類理解的對象上，我們就可以獲得全部的科學知識。在這一點上笛卡爾是過於樂觀了。

笛卡爾的歸納方法？

笛卡爾在第七條規則裡談到一種枚舉的方法，也就是歸納的方法，說這是發現基本原理的根本方法。第七條規則這麼說：「為了得到完全的科學知識，必須將與我們認識對象有關的所有東西，都一個一個地、在思維之中連續不斷地檢查一遍；這些東西必須被一個充分的有序的枚舉所涵蓋。」[6]這條規則包含了幾個不同的方面。一個是強調思考要連續進行，其中的每一步都要清清楚楚地呈現在心靈的面前。而且思考的過程不能被打斷，因為一旦在一個小小的環節有了疏漏，推理的鏈條便斷開了，從而結論的確定性就沒有了保證。另一方面，笛卡爾強調枚舉方法的重要性。笛卡爾如是說：「枚舉是為了取得完全的科學知識所必須的。當然，有其他的方法可以幫助解決問題；但是只有枚舉的方法才可以做到，對於我們思考的所有問題，我們總能作出真確的判斷，因此沒有什麼東西能夠逃脫我們的認識，從而我們對所有的事情都會知道一些。」[7]笛卡爾接下來解釋說，「這個枚舉的方法或者說歸納的方法，就是對所研究的問題相關的所有東西的一一清查——這樣的清查是如此的仔細和準確，我們可以確信沒有任何東西會被我們所忽略。因此，每一次運用這個方法，一旦我們沒有發現我們要找的東西，我們至少可以斷定它是不能為我們所瞭解的；如果一旦我們成功地研究了所有為人類所知的領域，則我們可以大膽地宣布關於這個東西的知識是完全在人類理智之外的。」[8]

笛卡爾對這個歸納方法極其推崇。他說，除了理性的直覺之外，枚舉的方法是最確定的，能夠給我們帶來非常確定的知識。但這個歸納的方法到底指的什麼呢？是不是培根所提倡的歸納方法呢？的確有一些人會這樣理解，但這和笛卡爾的原意相差甚遠。這裡的主要問題是看一看笛卡爾是否在此提出了一個發現真理的新方法，以及和傳統的歸納方法之間有無區別。在此節之前和此節之後，笛卡爾都認為直覺是認識基本原理的唯一方法，而透過邏輯推理我們可以得到對其他真理的認識。在以後的章節裡，如在第十一條規則裡，笛卡爾提到枚舉或者歸納的方法時，僅僅是說要對推理中的每一個步驟都要清楚地專注而不能遺漏。在這些地方笛卡爾強調的是推理和直覺的區別，因為直覺是一目瞭然的，而推理則是需要透過心靈的操作一步步地得到結果。這個過程往往會牽涉到記憶，因此有可能會出錯。所有心靈在這裡要特別小心，需要將所有的過程一一檢查，才能確認推理結果的真確。這樣理解的歸納或者枚舉方法只是要求窮盡推理的每一個步驟，從而確保推理結論的正確。這個當然是沒有什麼問題的。

但是在第七個規則的陳述中，笛卡爾對歸納方法有更寬泛的理解。這裡講的不僅僅是關於推理的步驟，而是說一個發現真理的獨特方法，是可以與直覺相提並論的方法。在笛卡爾之前，培根已經提出了歸納的方法，並認為相比於傳統的亞里斯多德邏輯，這樣的方法才是科學發現的真正方法，能夠給我們帶來新的知識。笛卡爾這裡所談的歸納方法是否和培根的歸納方法類似呢？

在同一節裡，笛卡爾提供了一些例子來說明他的歸納方法應該如何運用，它們可以幫助我們的理解。笛卡爾說，「這個枚舉有時應該是完全的，有時應該是分別的，有時兩者都不需要。」[9]例如若要論證有多少種物質屬性的類別（或者多少東西可以為感官所察覺），我們要對所有的東西一個個地做出考察；若要證明理性的心靈不屬於物質，我們只需清楚地將心靈和所有物質性的類分別開來就足夠了，而不需要對所有東西一個個考察；在證明圓是相同周長的圖形裡面積最大的命題的時候，我們沒有必要考慮所有的圖形，而只需要考察一些具體的圖形就足夠了。

從這些例子可以看出，這個方法不是普通意義上的完全歸納法。按照一般的理解，完全歸納法是對於一個全稱論斷所斷定的全部東西考察研究之後得到的普遍結論。如果每一個對象都具備某一屬性，則可以斷定這個全稱命題為真。例如說「所有的美國總統都是男的」，要想知道該全稱命題是否為真，只要查一下到今為止的所有美國總統是否都是男性。若是，則這個命題就是真的。按照這樣的理解，完全歸納法是一個有效的演繹論證。在以上的例子裡，笛卡爾似乎只是要求對第一個命題（什麼東西是物質性的）要作完全歸納，而對於後兩個例子笛卡爾說並不需要考察所有的對象。再者，完全歸納法在科學推理中的作用是很有限的。人類經驗是沒有止境的，對於具體對象的認識是無法窮盡的，因而完全歸納基本上不適用。例如對於以上的第一個例子，我們可以一個個地考察事物來斷定它們的屬性並加以分類，但我們無法保證我們窮盡了所有的物類。科學發現總是能給我們帶來一些驚奇。我們所能認識的對象是有限的，而我們所作出的歸納結論所論斷的對象確常常是無窮的。舉一個更簡單的例子，「所有的天鵝都是白色的」這一論斷便無法由完全歸納直接推論，因為我們所能看到的天鵝終究不是全部的天鵝。

正如笛卡爾所說，他所要求的歸納只需要是充分的（sufficient），而不必是完全的。笛卡爾似乎將充分的歸納方法理解成一種演繹推理。完全歸納法，嚴格地講，便是一種演繹推理的有效論證。笛卡爾的其他例子雖然不能理解為完全歸納，但仍然可以視為一種帶有普遍性的演繹推理。例如，幾何證明雖然基於一個具體的圖形，但證明的有效性並不侷限於該圖形，而是普遍有效的。不過，笛卡爾認為他的枚舉歸納方法和傳統的三段論推理不同。他認為他的方法既能發現真正的新知識，又能確保結論的真確。相比之下，笛卡爾認為三段論並不能帶來什麼新的知識，而只不過是一種語詞上的變化而已。對三段論這樣的批評在當時是很普遍的。但是類似的批評適用於所有的演繹推理。如果一個結論能被演繹推理證明為真，則這樣的命題可以說已經包括在前提之中，因此不能說是新知識。

現在可以看出，笛卡爾的歸納方法不是一般意義上的歸納法。笛卡爾相信他的歸納方法能夠保證論證結論的確定可靠。但一般意義上的歸納方法做不到這一點。現代歸納方法的創始人培根，以及後來的歸納主義者，包括牛頓，都認為一個嚴格的歸納推理可以證明其結論的真確。但十八世紀的蘇格蘭哲學家休謨對歸納方法提出了根本性的批判，徹底地動搖了歸納推理的基礎。休謨指出即便是對於我們確信無疑的結論，例如太陽每天依然升起，或者說每天所吃的麵包是有營養的，我們也無法僅僅從我們過去的經驗來斷定它們一定是真的。過去的所有觀察都無法保證類似的結論在將來仍然是真的。即便我們每天都看到太陽升起，也沒有什麼人會相信太陽明天不再升起，但這個結論卻不能由我們的觀察經驗所保證為真。也就是說，歸納推理無法證明其結論為真。後來的哲學家對休謨的批判雖然有著各種各樣的回應，但是休謨的基本論證經受住時間的考驗，在今天仍然被確認有效。因此如果笛卡爾的枚舉方法屬於傳統一類的歸納方法，則我們無法保證結論的真確。

我們似乎要強迫笛卡爾做一個二難選擇。如果笛卡爾的歸納方法真的能夠確保結論的真確，則這樣的方法屬於演繹推理，因此在某種意義上說不能帶來新的知識。如果笛卡爾的歸納方法是培根的歸納方法，則他就無法保證結論的確定無疑。也就是說，笛卡爾的這個方法要嘛無法保證結論的確定無疑，要嘛無法帶來新的科學知識。從笛卡爾的整體論述來看，笛卡爾似乎認為他的歸納方法是一種演繹推理，並且過高地估計了它的作用。

從當前對科學知識的認識來看，科學是一種經驗知識，是依賴於人類經驗的。因此所有的科學知識都不是絕對知識，而是能夠為新的人類經驗所證偽的。這樣的話，科學知識是不可能必然為真的。也就是說我們應該放棄對絕對知識的追求。同時，科學知識的基本原理是不可能由演繹推理得到的，因為這些基本原理是其他科學知識的基礎。即便我們所有的經驗知識都可以從這些基本原理透過演繹推理而得到，但是對於基本原理的認識卻不能從經驗認識中透過演繹推理而得到。因此這些知識必須透過一個獨立的途徑來辯護它們的真確。這些看法和笛卡爾的想法是不同的。

也許我們可以說在一定的程度上，笛卡爾的方法還是相當有效的。雖然不能保證發現絕對的真理，但可以得到更可靠更全面的知識，也是很有價值的。尤其是在中世紀，笛卡爾的方法幫助現代科學從神學化的亞里斯多德體系中產生並發展，有著起重大的意義。笛卡爾的分析方法強調從眾多雜亂無序的現象中找到深層的基本原則，並在此基礎上對現象做出統一的解釋，這在科學研究上是有很大啟發意義的。笛卡爾自己在數學、光學、氣象學等科學領域的成就也說明了他的方法的有效。笛卡爾強調他的發現都是在他的方法指引下做出的。這一點我們在下面介紹他的科學成就時還要談到。

總體來說，笛卡爾強調的是一種科學發現的方法。笛卡爾尋找的是一個普遍的方法，人們只要遵循這個方法就可以發現確定的真理。笛卡爾的歸納方法也應該從這個大框架來理解。歸納的方法和分析綜合的方法相結合，共同發現確定無誤的真理。分析的過程讓心智一步步離開表象深入到簡單的基本原則。一旦確認了基本原則的自明真理，心智便開始其上升的過程而按部就班地解決所有複雜的問題。歸納的方法則用來在整個過程中保證每一步推理的真確。就如同一個鏈條，若每一個環節都緊密相連，則頭尾也是緊密相連的。

對科學發現的普遍方法的追求在當前的科學研究中已經基本上被放棄了。雖然每一個學科都會有一些特定的方法來規範科學研究的方向，但沒有一個方法可以被用來指導所有科學的研究和發現。笛卡爾方法的應用範圍實際上也是有限的，而且這個方法並不能帶來確定無疑的知識。這對笛卡爾自己的科學研究也是一樣：他的不少理論都被後來的發現證明是錯誤的，他還死於自己對所患疾病的錯誤治療。在今天的科學研究中沒有一個科學學科可以說擁有一個能夠必然達到確定知識的金光大道，更不用說我們可以有一個適用於所有學科的普遍方法來指導我們發現真理。相反，科學家們可以透過種種不同的途徑來發現真理，即便是在夢中想到的東西也有可能是最佳的發現。實際上很多重要的發現起源於一些不經意的觀察和意外的結果。

透過我們的分析可以看出，笛卡爾的歸納方法和培根的歸納方法有很大的不同。培根的歸納方法雖然和笛卡爾的方法類似也是一種發現真理的方法，但這兩者的根本取向不一樣。培根的歸納方法是要求嚴格地從經驗觀察出發，在充分觀察的基礎上再歸納出合理的假設，而在觀察的過程之中不能存有先入之見，因為那樣的話會導致觀察的偏差。因此理論往往是在最後才引入科學體系的。笛卡爾的方法強調的是透過直覺發現基本的原理，而從這些基本原理中我們就可以解釋所有的現象。對笛卡爾而言，經驗雖然是重要的，但並不是主要的。與培根的方法不同，笛卡爾依賴的主要是理智，感覺和想像只是輔助，而且觀察的對象是簡單的對象，觀察的目的是發現基本原理，而不是僅僅對經驗作歸納而得出一個全稱命題。因此，笛卡爾的方法實際上是試圖發現一個科學理論來解釋經驗現象，這個理論所假定的實體和關係也許並不是能被經驗直接認識的，但卻能夠對我們的經驗提供很好的解釋。這樣的思路和當前所說的從假設出發的科學研究方法在精神上是一致的，它們都要比傳統的歸納方法更普遍，也更為有效。只不過笛卡爾認為他的方法能夠保證這些基本原理的絕對正確，而當前的科學方法論徹底放棄了這一點。[10]

《談談方法》中的方法論

在《指導心靈的法則》裡，笛卡爾共給出了二十一條規則。以上談到的幾條規則是全書的核心，而且笛卡爾強調這些規則同等重要，不能被分開和切割。剩下的其他規則是這些規則的具體應用。例如，笛卡爾在其他規則裡研究如何準備一個人的心智來運用這樣的新方法，如何發現最簡單的原則，如何讓心智更好地專注於推理的過程（例如引入圖形符號來幫助記憶和想像）等等。[11]

在發表於1637年的《談談方法》裡，笛卡爾也提到了這些規則。只不過笛卡爾將以上的規則大為簡化，只給出了四條規則。這四條規則是：[12]

第一，凡是我沒有明確認識到的東西，我決不把它當成真的接受。也就是說，要小心避免輕率的判斷和先入之見，除了那些清楚分明呈現在我心裡讓我根本無法懷疑的東西之外我什麼都不接受。

第二，把我所審查的每一個難題按照所需的程度儘可能地分成多個部分，以便一一妥為解決。

第三，按次序進行我的思考，從最簡單、最容易認識的對象開始，一點一點逐步上升，直到對最複雜的對象的認識；就連那些本來沒有先後關係的東西，也給它們設定一個次序

最後，在任何情況下，都要完全地檢查和普遍地複查，使我確信毫無遺漏。

笛卡爾這裡的表述似乎更加清晰明確，不過其基本思路仍是和先前一致的。這裡所說的仍然是一個先分析再綜合的方法，即先將複雜問題分析為能夠清楚解決的簡單部分，再從對這些簡單對象的確定認識綜合得到對於複雜對象的認識。而且笛卡爾的最後一條規

則也提到了枚舉的方法（完全的檢查），可以看出笛卡爾對枚舉方法仍然非常重視，但這裡這個方法清楚地是出於一個實用的考慮（如何去發現並確認真理）。笛卡爾這裡沒有說這是一個新的發現真理的方法，也不認為它是獨立於直覺和推理的第三個發現真理的途徑。

笛卡爾在《談談方法》裡提到了一個新的方法，即懷疑的方法。這個方法是先前沒有提到的，而這個方法卻是笛卡爾研究形而上學問題的基本方法。看起來懷疑的方法和以上方法論的第一條規則是一樣的，也就是說我們不要接受任何我們能夠懷疑的東西。在《談談方法》裡，笛卡爾自己也說以上的方法論是適用於一切學科的研究的，並沒有把懷疑的方法和以上的方法對立起來。而且，笛卡爾要用這樣的方法，先要探究所有學問的本源——哲學。笛卡爾認為只有在哲學中建立起確定可靠的知識，其他學科的知識才能被確立。這對笛卡爾來說是最重要的工作，同時也是最困難的工作，因此他說要耐心地長期準備才能開始這項工作。

懷疑的方法和上面介紹的第一條規則並不完全一樣。《談談方法》的第一條規則只是一個否定的陳述，是說我們不能相信那些我們可以懷疑的東西；而懷疑的方法除此之外還是個建設性的方法。那些我們無法懷疑的事情則是必然為真的。笛卡爾透過懷疑的方法來尋找那些我們不能再懷疑的確定的知識基礎。也就是說，懷疑的方法，至少在形而上學的領域裡，取代分析的方法成為發現根本真理的方法。這是笛卡爾方法論上的一個重要突破。

對於懷疑的方法我們將在下一章裡作詳細的介紹。以後的幾章裡我們將系統地介紹笛卡爾的《沉思錄》，這是笛卡爾最為成熟的著作。在《談談方法》裡，笛卡爾已經用他的懷疑的方法發現了形而上學的基礎，並試圖在此之上來建立所有的人類知識。不過，《沉思錄》裡的論證要更為精細和完備，而且在《沉思錄》裡，和

《談談方法》中不同，一開篇便試圖用懷疑的方法來建立形而上學的基礎，而對之前的分析綜合方法隻字未提。在其後的著作《哲學原理》中這個變化更加明確。在寫於1647年的《哲學原理》法文版前言中，笛卡爾談到如何發現基本原理的方法：「凡是我可以遇到一絲一毫可疑之處的，我都把它否定了；因為的的確確，凡是我考察時不能以這種方式加以否定的，就是人心所能知道的最明顯、最清楚的東西。」[13]

從這裡我們可以看出笛卡爾方法論上的發展。早期的笛卡爾主要是從事科學研究，因而從中總結發現了一些與科學發現相關的方法；後來的笛卡爾試圖將這樣的方法運用到人類的所有知識上，尤其是人類知識的基礎——哲學上。但這樣的方法論並不能有效地應用於形而上學的研究之中，因此笛卡爾採用了一種更為普遍的方法——懷疑的方法，來建立確定的真理。當然，早期方法論中對演繹推理的重視，也就是笛卡爾從數學知識中獲得的靈感，在後來仍然重要。笛卡爾尋找的是一個堅實的基礎。一旦我們找到了人類知識的堅實基礎，則透過演繹推理我們可以一步步地構建人類知識的大廈。懷疑的方法正是用來發現這樣的基礎的。

註釋：

[1]中國思想的傳統也有類似的理想，如通常所說的大智慧，以及大道和至理的概念。大致上，一個人一旦明白了大道或天之至理，則其他知識都是豁然開通。不過，中國哲學從來沒重視過懷疑論的挑戰，對確定知識和一般知識並沒有作明確的劃分，因而對獲取真理的方法遠遠沒有笛卡爾那麼關注。

[2]亞當和塔納里：《笛卡爾全集》，第十卷，第214頁。

[3]亞當和塔納里：《笛卡爾全集》，第十卷，第359頁。

[4]當然，如上所述，笛卡爾的方法和當前的科學方法有著重要的區別。笛卡爾的科學方法強調的是科學發現的正確途徑，只要途徑是正確的其結果必然是確定無疑的。當前的科學方法在科學理論的發現和科學理論的驗證之間作了一個重要的區分。科學理論可以透過各種途徑來發現，在原則上沒有一個最好的或絕對有效的方法來發現科學理論。在接受經驗檢驗之前，所有的理論都是一樣的，都是待證實的假說。但科學理論的驗證則遵循著統一的標準。因此，儘管科學理論的發現有很大的主觀性，但科學理論的驗證仍然可以是完全客觀的。

[5]亞當和塔納里：《笛卡爾全集》，第十卷，第368頁。

[6]亞當和塔納里：《笛卡爾全集》，第十卷，第387頁。

[7]亞當和塔納里：《笛卡爾全集》，第十卷，第388頁。

[8]亞當和塔納里：《笛卡爾全集》，第十卷，第388—389頁。

[9]亞當和塔納里：《笛卡爾全集》，第十卷，第390頁。

[10]在科學史上，笛卡爾的方法後來受到了來自於經驗主義哲學家和科學家的批評。例如牛頓，就主張徹底回到培根的歸納方法，堅持說所有的前提都必須來自於充分的經驗觀察，而摒棄了笛卡爾從理性直覺對簡單原則的直接領悟。但是，牛頓自己並沒有意識道他的理論（例如萬有引力理論）並不能透過簡單歸納的方法而得到。笛卡爾的思路更符合今天對科學方方法論的理解。

[11]這本書並沒有完成。最後幾個規則只給出了題目而沒有說明有人說笛卡爾本來要計劃寫三十六條規則的。

[12]亞當和塔納里：《笛卡爾全集》，第六卷，第18—19頁。這裡的翻譯是在王太慶的譯本上稍作修改而成的。參見王太慶的譯本，第16頁。

[13]引自王太慶，《談談方法》，第66—77頁。

第三章　最徹底的懷疑

《第一哲學沉思錄》共含有六個沉思，每個沉思為單獨的一章。《沉思錄》是笛卡爾哲學的代表作。笛卡爾為寫作此書傾注了大量的心血，這本書也是他哲學思想的精要所在。在該書出版之前，笛卡爾透過他的朋友麥爾塞納把手稿寄給當時的著名學者徵求反對意見，然後再一一反駁。最後出版的時候，笛卡爾把這些反駁和答辯（共六組）與《沉思錄》一起發表。[1]

這六個沉思有著緊密的內在邏輯關係，後面的沉思是依次建立在前面的沉思基礎之上的。而在每個沉思之中，其論證關係同樣細緻嚴謹，每一個段落，甚至每一句話，都和中心論點有著一定的關聯。整個《沉思錄》的論證就像笛卡爾所要求的那樣，每一步的推理都力求無懈可擊，推理所依據的前提要求絕對的正確，從而最後的結論也是確定無疑的。其論證結構和數學證明類似，每一個論證都建立在前一個論證的基礎之上，而又是下一個論證的基礎。瞭解這一點對我們閱讀《沉思錄》有很大的幫助。

第一個沉思的標題是「論可以引起懷疑的事物」。在這個沉思裡笛卡爾試圖發現我們有沒有確定無疑的知識。透過一系列的懷疑論證，笛卡爾不但沒有發現任何能夠確定無疑知道的東西，而在這個沉思的結尾對一切人類知識，包括科學和數學知識，都產生了深刻的懷疑。這些論證在哲學史L的重要性是無可置疑的，與柏拉圖的洞穴之寓和休謨的反因果關係論證等同為哲學史上的經典論證、在某種程度上第一篇和第二篇沉思開啟了哲學史上認識論的轉向。以後的英國經驗主義和大陸理性主義，不論它們的分歧如何之大，都是在笛卡爾所提供的這個基本框架裡爭吵和發展的。即便在今天，笛卡爾的懷疑論證仍是認識論無法迴避的基本問題之一。正因為他的問題與當前哲學家所關注的問題直接相關，也因為其中的精細論證，笛卡爾的《沉思錄》在今天仍是哲學學生的必讀之書。很多知名的哲學家（例如丹尼爾·丹奈特）也正是被《沉思錄》所俘獲而開始了他們的哲學旅程。

笛卡爾用第一人稱來寫作，使讀者覺得很親切，不過這並不意味著書中的故事就一定是笛卡爾本人的親身經歷。實際上，其中的故事也許可以從笛卡爾的生活中找到原型，但時間順序並不一定準確。笛卡爾更多地是從一個普通人的角度來敘述的，而大家可能都有過類似笛卡爾所描述的經歷。例如，年輕時把錯誤當成真理，或者夢醒時分似夢似真的迷惑等等都是每個人常有的經歷。同時，這個陳述者似乎並不熟悉哲學上的各種爭論，而只是一個好奇和願意思考的人。認識到這一點對我們理解第一個沉思中的論證會有所幫助。

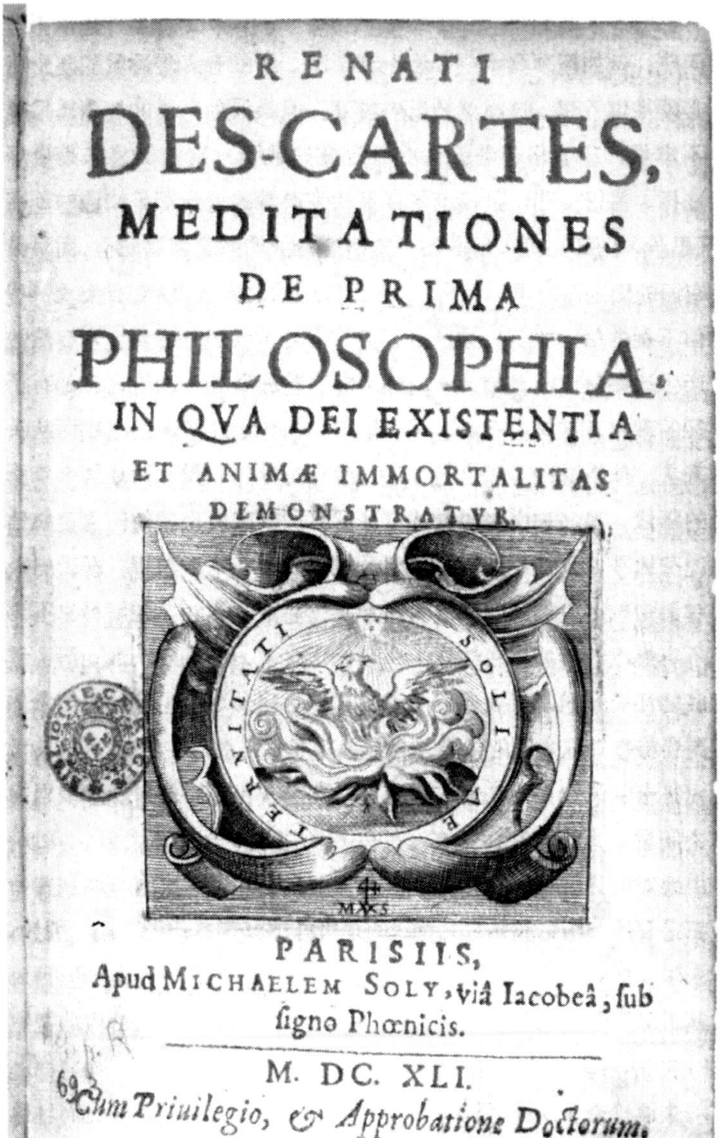
RENATI
DES-CARTES,
MEDITATIONES
DE PRIMA
PHILOSOPHIA.
IN QVA DEI EXISTENTIA
ET ANIMÆ IMMORTALITAS
DEMONSTRATVR.

VERITATI SOLI
PARISIIS,
Apud MICHAELEM SOLY, viâ Iacobeâ, sub
signo Phœnicis.
M. DC. XLI.
Cum Priuilegio, & Approbatione Doctorum.

《沉思錄》的第一版（1641年）

笛卡爾開篇就說，「幾年之前我開始意識到，有多少謬誤被年少的我當成真理，而且那些建立在這些謬誤上的東西有多麼地可疑。因此我認為，如果要想在科學上建立任何堅固持久的東西，我必須，在我生命中的某一刻，徹底剷除我已有的見解，再從根基上重新開始。」[2]很多人覺得這是一個很極端的措施。比方說一個房子出了一些問題，例如屋頂漏水或者牆上有個洞，如果有人告訴我們整個房子必須推倒重建，這顯然是反應過度。但是如果房子的地基搖搖晃晃不牢靠，或者房子的設計有著致命的缺陷，則推倒重來是最好的選擇。值得說明的是笛卡爾並不認為通常的信念都是錯誤的（在《沉思錄》的結尾絕大部分的日常信念被證明而重新接受），而只是對它們的確定性產生了懷疑。[3]對於知識的大廈來說，如果發現一些深信不疑的信念（例如地球是宇宙的中心）竟然是謬誤，則自然地對產生這些信念的基礎，不論是感覺經驗或者是權威論述，都有了懷疑的理由。這樣也就可以理解笛卡爾為什麼要剷除舊基礎而從頭再來了。他想要的不僅僅是知識，而是確定的知識。而在笛卡爾所處的年代，很多被廣為接受甚至被傳統和權威所維護的信念，如地心說和地平說，都與新的發現相牴觸；即便在宗教領域，新教的興起對天主教形成極大的挑戰，而天主教會對《聖經》的解釋也不再是不容挑戰的權威。在這樣一個時代背景下，笛卡爾從最一般、最徹底的懷疑開始來尋找確定知識的基礎是完全可以理解的。笛卡爾正是要檢查知識大廈的根基，看是否有堅實的基礎。

笛卡爾說他多年來忙忙碌碌，一直沒有找到時間來靜靜地思索這個問題。直到現在，他在一種安靜的隱居生活裡，可以認真地、自由地對舊見解進行總清算。笛卡爾說我們並不需要來證明這些命題都是假的，而只需要看一看我們是否能夠懷疑它們的真假。因為，笛卡爾要求的是絕對的確定性，因此一個命題只要有一點點的可疑，它就不可能是我們要尋找的堅實可靠的知識基礎，我們就應該把它暫時放在一邊。即便如此，笛卡爾說他也不可能對每一個命題都一個一個地檢查。那樣的話，窮其一生也無法完成這項任務。而且也沒有必要，因為如果一個命題建立在不堅實的基礎之上，則這個命題本身也是可疑的。即便這個命題是真的，它也不是確定為真的。這裡說的基礎是我們相信這個命題的原因，也就是我們信念的根源。如果一個命題沒有充分的支持，則它的真實性就不確定。舉個例子說，如果一個人根據擲色子的結果來預測明天下雨不下雨，即便他的預測是真的，這樣的預測也只是巧合，而絕不是確定可靠的。所以，我們只需要考查所有見解的基礎和泉源，看看它們是否堅實可靠，就可以知道我們有無確定知識。

笛卡爾研究的第一類知識是來自於感官的感覺認識。笛卡爾說：「直到現在，所有我當作最真實、最可靠的東西，都是從感官或透過感官而得到的。」[4]這裡所說的不僅包括個人的直接感覺經驗，也包括透過他人的感覺經驗而得到的知識。通常來說，這些感覺經驗是非常可靠的。我親眼看見太陽升起來，或者我的朋友告訴我泰山有個十八盤，這樣的事情是不會錯的。但是，進一步的考察發現感官得來的知識不一定都是確定可靠的。有時候來自感覺的認識是錯誤的。太陽和月亮看起來差不多大，但即便在笛卡爾的時代人們也知道太陽要比月亮大得多。我們也會經常把遠處的東西或人認錯，甚至連最自然的結論如太陽繞著地球轉都被發現是錯的。因此自感覺而來的認識不都是確定可靠的，而這使得笛卡爾對整個感覺認識都產生了懷疑。

笛卡爾接下來尋思，也許關於那些遙遠的和微小的東西，我們的感官不夠可靠。但是對於那些在我們身邊的東西我們怎麼會錯呢？比方說，我現在坐在火爐的旁邊，穿著長袍，兩隻手上拿著這張紙，這麼清晰的認識怎麼可能會錯呢？我們清清楚楚看到的東西，應該不會是假的吧？借用二十世紀英國哲學家摩爾的例子，我清清楚楚地看見我的兩隻手，難道這還不足以證明這兩隻手的存在嗎？[5]

這時候笛卡爾給出了他著名的夢之論證。他說，我，和很多人一樣，有時會做夢，而我在夢中裡常常看到離奇古怪的事情。例如，我很多次夢見自己在這個地方，穿著衣服，坐在火爐旁邊，但實際上我卻一絲不掛地躺在床上。笛卡爾顯然是個經常做夢的人，他的夢似乎還非常的清楚明晰，如他的三個夢所顯示的。但這個論證卻不需要一個人有多麼好的做夢的能力，只需要我們有過夢的經歷。一旦我們曾經在夢中有過類似的經歷，我們如何能夠確定我們現在不是做夢，我們現在所看到的只不過是夢中的圖像而非真實的存在？

人們也許會反駁說夢和醒的狀態是不同的。我們當然知道我們是否是在做夢還是清醒著。例如，夢裡的圖像沒有清醒時的那麼清晰，我的頭腦在清醒的時候也更加清楚。例如我現在所注視的這張紙是如此的清晰，和我夢中夢到的紙是大不相同的。因此我們可以區分夢和醒。但是笛卡爾指出這些感覺也有可能是欺騙性的，在我們夢中也經常發生。例如我們在夢中可以看到一個東西，同時覺得我們的感覺是異常的清晰。我們有時還會在夢裡做夢，從夢中之夢醒來的時候我覺得一切都很清楚，儘管我們仍然還在夢中。若是這樣，我們還是無法清清楚楚地區分清醒和睡夢。笛卡爾追求的是絕對的確定知識，因此只要有一點點的可疑，即便也許是真的，這樣的知識也要被放在一邊。笛卡爾因此說：「在我仔細思考之後，我明顯地看到沒有什麼可靠的標誌來區分清醒和睡夢。想到這裡的結果是，我覺得越來越暈，而這個感覺幾乎使我相信我現在是睡著了。」[6]

如果夢之論證成立的話，則即便對那些我們身邊的東西，對那些清晰的感覺認識，我們也不能確定它們一定是可靠的。如果我們不能確定我們不是在做夢，則我們看到的東西不一定是真實存在的。但是，這並不能說所有東西都是不存在的。即便是在夢中，我們也許仍然能有確定的認識。不妨假定我們處於睡夢之中，我們所有的認識，如睜眼、伸手、搖晃腦袋，都不過是虛幻的假象。但正如笛卡爾所說，我們是否應該承認那些出現在我們夢中的圖像只能模仿一些真正的東西才能存在呢？就像畫家畫的美人魚和飛馬，不論多麼誇張，那些形狀總是有所依據的。因此說那些比較基本的東西，如手、眼睛，等等，應該是真實的。退一步講，即便這些手、眼睛等等不是真實的，那些更簡單更一般的東西必然是真實的。這些最簡單基本的東西包括物體的物質性及其廣延、形狀、數目和它們所屬的空間、時間等等。它們是構成複雜物體的基本元素。就如畫家用的色彩一樣，只要有畫就必然有色彩。同樣的，我們也可以說，只要有物體的印象，則那些物體的基本屬性如廣延、形狀、數目等等就不可能不存在。

如果清楚了這樣的區分，我們就可以明白為什麼那些研究複雜事物的學科如天文、物理、醫學等常常是可疑的不確定的，但是研究最簡單最一般的算術、幾何則是確定無疑的知識。笛卡爾因而斷定：「不管我醒著還是睡著，二加三總是五，正方形不會多於四條邊。」[7]

這似乎到了懷疑的終點。對於這樣的知識還有什麼可以懷疑的？但是笛卡爾還不能夠放心。眾所周知，上帝有著無限的能力，可以創造任何東西。若是這樣，我怎麼能夠確定地知道上帝的確創造了天和地，以及有外延、形狀、大小的物體呢？難道上帝不能夠僅僅把這些觀念放在我的頭腦裡嗎？也就是說，只有這些觀念才是存在的，而它們似乎對應的事物實際上並不存在。我所看見、聽見的東西只不過是在我心中的觀念而已。若是這樣的話，那些有廣延的東西根本就不存在，所以即便對於那些最簡單的東西我們仍然無法確定它們的存在，而我們的認識仍有可能犯錯誤。

即便對於數學知識，笛卡爾也有疑問。上帝是無所不能的，也許即便是二加三這樣簡單的問題，上帝也可能每一次都讓我犯錯而得到六；或者在數正方形有幾條邊的時候，上帝每一次都讓我多數一條邊，而以為正方形有五條邊。因此即便是對於數學知識我們也不能保證它們一定是真確的。[8]

也許有人會說上帝是至善的，因而絕對不會這樣徹頭徹尾地欺騙我們。但按照類似的推理我們應該相信上帝永遠不會欺騙我們，而實際上我們的認識經常會犯錯誤。再者，笛卡爾進一步地假設，並且強調這只是純粹理論上的假設而不是關於事實的猜想，如果不是上帝而是有一個極其狡猾的精靈，他盡其所能用盡一切辦法來欺騙我，結果我所看到的一切東西，天空、大地、顏色、形狀和聲音等等，都是這個精靈設下的騙局。我也許實際上並沒有手，沒有眼睛，沒有血和肉，什麼感官都沒有，但我卻錯誤地相信我真正地擁有這些東西。假如有這麼一個強大的精靈在盡全力地欺騙我，我能有什麼知識是確定的呢？我能否知道任何真理呢？

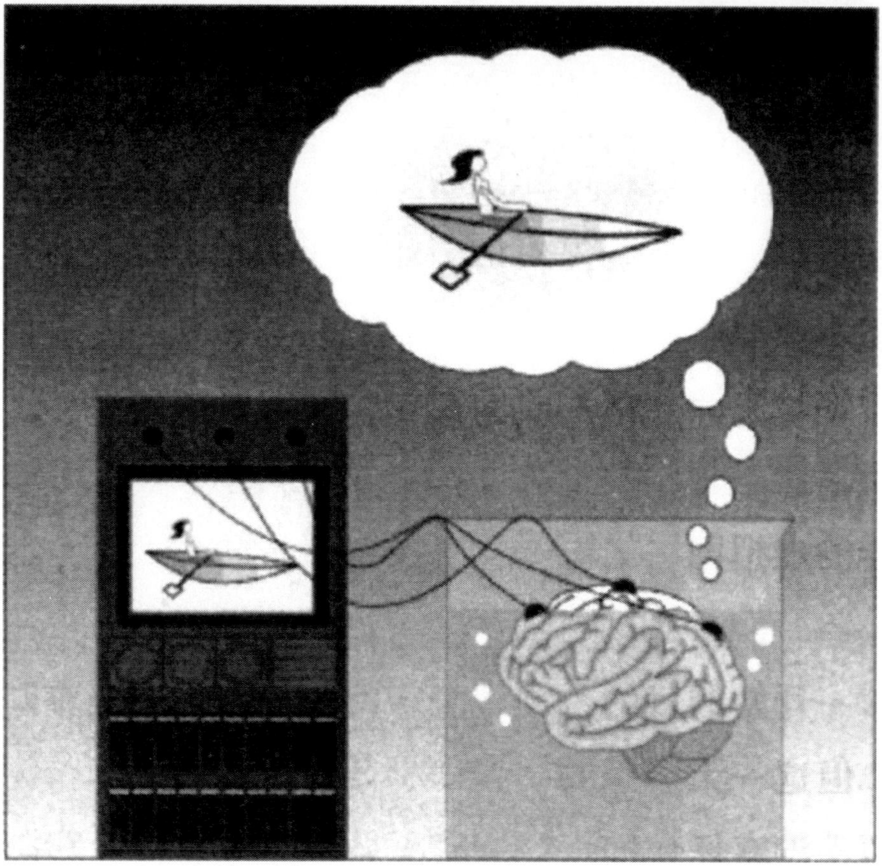

容器中的大腦

笛卡爾在此達到了最極端的懷疑。這個想法如同打開了地獄之門，所有事情都變得可疑起來。邏輯上說，笛卡爾描述的這種情況不是不可能的，而且甚至有實際發生的可能。心靈哲學中一個著名的例子，稱為容器裡的大腦，就是受笛卡爾這個論證的啟發。這個故事說在一個大玻璃容器裡放著一個裸露的大腦，沒有眼睛鼻子，更沒有手和腿等等和它相連，但有很多的電子元件線路把大腦和其他儀器聯在一起。由於這些儀器的幫助，這個大腦和正常的大腦有著一樣的功能。透過外部儀器的信號輸入，它可以獲得和正常人類似的感覺資料。我們可以想像，這個大腦人認為他在一個溫暖的夏天，坐在咖啡店裡，看著碧藍的大海，和心愛的人兒聽著流行音樂。但實際上，它卻是在一個大大的玻璃容器裡，哪裡也去不了，更沒有海灘、音樂等等。但這個大腦人能否知道他自己的真實處境呢？更重要的是，我們能否確定我們自己不是這樣的大腦人呢？也就是說，我們能否知道我們所思所想是真實的，而不是像這樣的大腦人一樣被徹底地欺騙？這正是笛卡爾的疑問。

電影《駭客任務》裡也講述了一個類似的故事，並且這個故事被描述成人類未來的現實生活。影片講述了一個虛擬的網路世界，裡面的人們都認為他們過著有聲有色的生活，就和我們的生活一樣，但實際上這個精彩的世界只是由電腦提供的虛擬生活。電影中真實的人類生活在荒野的機器能源基地，每一個人就是一塊生物電池；而虛擬社會只是機器社會為了更好地管理和創造電池的工具，也就是說，人類實際上只是機器社會的電池廠。片中有一個情節，一個人在品嚐葡萄酒的芳香和牛排的美味，但實際上這只是一系列的電腦程序給人造成的感覺，根本就沒有什麼葡萄酒，也沒有什麼牛排。但假若你是生活在這樣的虛擬社會裡，有沒有什麼辦法知道自己真正的生活狀態呢？換個角度說，我們又怎麼才能確定我們不是生活在這樣的虛擬網路之中呢？有沒有辦法知道真相？這還是笛卡爾的問題。

笛卡爾一開始的目的是發現確定的知識，至少是要避免做出錯誤的判斷。但這一天沉思的結果卻將其引到了對一切事物的最徹底的懷疑。似乎沒有任何知識是確定無疑的。這個結論和歷史上的懷疑論是接近的，但是要注意笛卡爾本人不是一個懷疑論者。笛卡爾的懷疑只是方法論上的懷疑，在整個《沉思錄》裡懷疑是個手段而不是目的。歷史上的懷疑論者，如古希臘的皮浪（Pyrrho，大約生活於公元前360—270年），認定我們無法獲得任何確定的知識。任何論斷都是相對的，沒有絕對的標準，都只不過是個人觀點而已。這樣的懷疑論者並不是說這些論斷一定是錯誤的、對一個命題的否認實際上是肯定了該命題的反面，例如否認地球是圓的也就是肯定地球不是圓的。懷疑論者並不是否認一個論斷，而只是說我們不能保證任何命題的正確，包括否定命題。否定一個論斷仍然是一個確定的斷定，也就是說該論斷的否定是正確的。說太陽繞地球轉是一個確定的論斷，說太陽不繞地球轉也是一個確定的論斷。說外物是存在的是一個論斷，說外物是不存在的也是一個論斷。而皮浪懷疑論者認為對於任何命題我們都不能知道它是否一定正確，也就是說我們不能斷定太陽是否繞地球轉，也不能斷定外物是否存在。我們沒有充分的理由來對於任何命題作出確定的斷定，因為懷疑論者認為有同樣充足的原因來支持任何一個命題和它的反而。也就是說，關於任何論斷，懷疑論者說我們都不能有確定的論斷（無論是肯定或者否定）。[9]懷疑論者承認在實際生活中，出於實際的考慮，我們經常做出一些斷定，但如果從哲學的角度來分析，這些論斷都缺乏充分的理由、

懷疑方法論的歷史影響

笛卡爾的懷疑方法在歷史上有著極大的影響。這不僅僅是因為其在笛卡爾哲學體系自身中的地位，更因為其在很大的程度上決定了現代哲學的走向。為什麼是這樣呢？這是因為懷疑方法背後所蘊含的一些基本原則帶來了西方哲學在認識論上的根本轉向，而正因為這個原因才可以說笛卡爾是現代哲學的開創者。不論是後來反理性主義的經驗主義，還是試圖綜合二者的康德哲學，都是在笛卡爾開啟的認識論框架內建構他們的理論的。在這個小節裡我簡單地介紹一下這方面的內容。

對人類認識可靠性的懷疑早已有之。古希臘的智者們作出各種各樣的論斷來說明人類認識的不確定性和相對性。哲學史上最著名的論證之一，柏拉圖的洞穴比喻，也是要說明人類感覺知識的不可靠和不確定。後來的懷疑論者更是否定了確定知識的可能性。因此從這個角度來說，笛卡爾的懷疑結論並沒有太大的新意。而且儘管笛卡爾的懷疑論證本身嚴密緊湊，角度別出心裁，但若一個一個地單獨分析，我們也不能說它們和古人的論證有本質的差別。例如說，不論是感覺經驗的不可靠之論證，還是夢之論證，都可以在許多哲學家那裡找到。甚至於經常有人將笛卡爾的論證和莊子的夢蝶之論證相比較，而完全沒有注意到笛卡爾和莊子哲學有著截然不同的目標，從而決定著對這樣的論證有著完全不同的使用。[11]

不過，將這些論證作整體的分析，就立刻可以看出笛卡爾論證的獨特和創意。正如笛卡爾自己所說，論證的獨創性不僅在於論證本身，還在於這個論證是如何和其他觀點和論證相連接的。在這些論證背後，有一些基本的認識論假設，不但是這些論證的共同基礎，甚至可以說是笛卡爾哲學的核心基石。首先，笛卡爾認為我們只能透過對心靈中的觀念的認識來對外在的世界有所認識。也就是說，我們對外在世界不能有直接的認識。這樣，在外在的世界和心靈之間似乎有了一個障礙（或者說一堵牆），它隔絕了心靈對世界的直接認識。觀念是連接心靈和外在世界的唯一橋樑。再者，笛卡爾說心靈對心靈中的觀念不僅僅有著直接的沒有障礙的認識，而且是有著確定的可靠的認識。也就是說，對於我們心靈之中的觀念，心靈有著無可置疑的知識。這一點在下一節裡我們會進一步地具體分析，尤其在對心靈這個概念本身作刻畫的時候。但是，笛卡爾認為在觀念和外在事物之間，我們不能確定它們是否有確定無疑的關聯。從這個角度來理解，第一個沉思裡的懷疑全是針對這個方面的。我的感覺觀念，根據以往的經驗已經知道，不是確定可靠的。即便是那些清晰的觀念，由於以往做夢的經歷，我也無法保證它們一定對應著真實的事物。而即便是那些數學的觀念，由於狡猾精靈的存在，也無法保證它們的真實性。因此，笛卡爾說似乎一切都是可以懷疑的。但接下來我們會看到，這樣的懷疑其實不包括心靈中觀念的存在和其內容。例如，我看到了一頭粉紅色的大象；當然我會懷疑我是否真的看到了這樣的大象；但我不會懷疑我的確有這樣一個感覺，也就是說，我似乎看到了一頭粉紅色的大象。

這些基本假設構成了現代哲學的基本原則。首先，笛卡爾之後幾乎所有的哲學家都接受第一條基本假設：對外在世界的認識必須透過心靈中的觀念來實現。儘管也有一些直接實在論者，如英國哲學家托馬斯·瑞德（Thomas Reed），但整體來說他們的聲音不是主流。他們也接受第二條原則，即心靈對觀念的認識是直接的、確定的。這樣也就導致著他們必須回答笛卡爾懷疑論的挑戰。後面我們會看到，笛卡爾自己的回答是建立在上帝的存在和善良本性之上的，但這樣的結果及其論證的過程都受到其他哲學家嚴厲的批評。英國哲學家洛克從經驗主義的角度給出了一個解決問題的方案，但其理論在經驗主義盟友貝克萊和休謨的發展之下走入死胡同，以至於休謨說在日常生活中必須放棄哲學的思考才能健康地活著。後來又有了康德的綜合，對康德哲學的發展和批判，以及當代哲學的再反叛，整個哲學發展（至少在認識論上）的大線條都是圍繞著這個問題展開的。

從以上的分析可以看出，笛卡爾的懷疑論證和古代的論證在精神上是不同的。舉例來說，柏拉圖的洞穴論證以洞穴中為鐵鏈所束縛的人來作比喻，說這些人看不到光的源頭，而只能看到在牆上投射的影子，因此不知道真正的現象；同樣的，人類的感覺也只能看到表象而看不到真正的理念。柏拉圖的論證目的是強調理念和表象認識的不同。但這個論證只是一個比喻，不是一個直接論證。而且，這個論證並沒有懷疑感覺知識也許沒有任何外在的本原，因此沒有笛卡爾更加徹底；更重要的是，這個論證沒有強調觀念是人類認識的唯一憑藉。笛卡爾將這一點明確下來，而使得認識論的第一問題（對外在世界認識的可靠性）清清楚楚地擺在那裡，讓哲學家們無法迴避。對此問題的爭論仍在繼續，仍然是當前認識論的首要問題。心靈哲學和語言哲學上的研究對於前兩個基本原則也有更深入的討論和質疑，不過仍然沒有一個讓人信服的結論。如果哪一天有人能夠對這些問題有一個完滿的解釋，雖然拿不了諾貝爾獎（因為沒有哲學類），但我相信這足以使笛卡爾為你而驕傲，這可比拿任何獎都重要。

插曲：前後矛盾的笛卡爾？——夢之論證的深層分析

第一個沉思中的夢之論證是笛卡爾懷疑論證的一個重要組成部分。在這裡，笛卡爾說沒有任何可靠的表示來區分清醒和睡夢。正是因為如此，我們不能確定我們現在是否在做夢，從而推出笛卡爾想要的結論：我們不能確定我們所見所聞一定是真實的存在。但是笛卡爾在第六個沉思裡卻明確地否定了這個論證，宣稱有一些確定的標記來使我們區分睡夢和清醒。笛卡爾是否前後自相矛盾？更重要的是，笛卡爾在第六個沉思裡的反駁是否合理？搞清這個問題對我們理解《沉思錄》的整體結構和笛卡爾的哲學思想有很大的幫助，而且它也困擾了後來很多的註釋者，因此我們在這裡做一個較為詳細的介紹。

在第六個沉思的結尾（也是整個《沉思錄》的結尾），笛卡爾說他前幾天的懷疑實際上是很荒唐的。他特別提到他的夢之論證：「我不用再害怕我的感官每天告訴我的都是假的；相反，我應該扔掉我前幾天荒唐可笑的懷疑。這尤其適用於那個導致懷疑的主要原因，說我無法能夠區分做夢和清醒的狀態。因為現在我注意到兩者之間有明顯的差別：在夢中發生的事情與我記憶中的其他事情不相關聯，這與醒著的情況大不一樣。」[12]笛卡爾舉了一個例子：「在我醒著的時候，假若有人突然出現在我面前，又突然消失，就像在夢裡那樣，以至於我看不出他是從哪裡來的，也看不出他到哪裡去了，那麼就可以不無道理地斷定這個人只是從我腦中產生的鬼魂或者幽靈，而不是一個真人。但是，對於那些發生的事情，若我能清晰地注意到它們從何處來，現在在哪裡，以及它們出現在我面前的時間，並且我能把對它們的認識毫無間斷地跟我生活的其他部分連接起來，則我就能確定我是在醒著的時候而不是在夢中覺知到它們。」[13]

這段話似乎說明笛卡爾在《沉思錄》的末尾找到了能將睡夢和清醒明確分開的標準，因此避免了第一個沉思裡對感覺經驗的一般懷疑。這個標準就是認知內容的內在連貫性。我們清醒時的認識是連貫的、一致的，而在夢中的認識是不連貫的，常常相互矛盾的。在夢中我們此刻在一個地方，下一刻卻到了兩千公里之外的地方；或者我剛剛看到一個人死去，轉眼之間這個人又活了過來。這些不一致、不連貫的認識在清醒狀態下是不可能的。

但這是不是說笛卡爾在《沉思錄》裡前後矛盾呢？說一個人前後矛盾不僅是說這個人在不同的地方有相互矛盾的論述，而且要求這個人真正地相信這樣的論述。但對於笛卡爾來說，第一個沉思裡的懷疑只不過是一個手段，那裡的結論並不是笛卡爾真心相信的。例如，在他的精靈論證裡，笛卡爾說他不能確定這樣的精靈是否存在，但是在他論證完上帝的存在之後，這樣的精靈則確定是不存在的。實際上第一個沉思裡的懷疑後來都有了確定的回答，而那些極端的懷疑結論都被笛卡爾所摒棄。因此從這個角度來說，也許笛卡爾在《沉思錄》的結尾對夢之論證的否定只是一個認識不斷深化的過程，因此更談不上自相矛盾。

但是問題並沒有完全解決。以上的分析只是提供了一種可能性，還不能說一定是如此的。到底有沒有明確的表示區分夢境和清醒的狀態呢？如果連貫性是這樣一個標準的話，則夢之論證是否喪失了其效用？也許這只不過是一個考慮不夠周全的論證？我們接下來分析一下這些問題。

我們知道，笛卡爾在完成《沉思錄》之後，將書稿寄給麥爾塞納，並由後者匿名寄給巴黎著名的學者。麥爾塞納再把收集到的批評寄給笛卡爾，笛卡爾一一答覆後和原書一起出版。英國著名的哲學家霍布斯提供了第三組反駁。霍布斯對夢的論證沒有什麼疑問，雖然他說類似的論證古人早就提出過。但對笛卡爾在《沉思錄》末尾對夢之論證的解決方案，霍布斯提出了尖銳的批評。在第三組反駁的結尾，霍布斯說連貫性表示是不夠的：假定一個做夢的人在夢中懷疑他是否在做夢；即便在夢中發生的事並不相連，但這個人在夢中完全有可能以為這些事是連貫的。若是這樣，這樣的人無法確定自己在做夢。

笛卡爾在答辯中說，一個做夢的人，不可能真正地將他夢見的事情和過去的事連貫起來。但笛卡爾同意霍布斯所說：這樣的人能在夢中以為它們是連貫的。「因為沒有人會否認一個做夢的人會犯錯誤，但是，他醒來之後會很容易地發現他的錯誤。」[14]這個答辯很費人尋思。如果連貫性的表示不足以讓做夢之人知道他們在做夢，我們又如何知道我們不是在做夢呢？

美國哲學家伯納德·威廉姆斯（Bernard Williams）對此有一個很有趣的分析[15]。通常來說，心靈對事物的認識是對稱的：坐著的時候我知道我在坐著，沒坐著的時候我知道我不在坐著。但並不是對所有事情人都是如此：我活著的時候知道我活著，但我死了的時候我不可能知道我死了（假定人死魂滅）。更有趣的是醉酒的狀態：我沒喝醉的時候我知道自己沒醉，但一旦醉了，我也許不知道自己已經醉了。大家應該見到很多醉鬼拚命說著自己沒醉，他們大多沒有在撒謊——他們是真心相信自己還沒醉。威廉姆斯說夢和醒兩種狀態在認識上也是不對稱的。一個人在夢中可能不知道自己在做夢，但這並不足以說明一個人在清醒的時候不知道自己是清醒的。也就是說，霍布斯的論證不足以顛覆笛卡爾的結論。同時我們也可以理解笛卡爾的答辯：我不管在夢中發生了什麼，但一旦醒來，我自然知道自己是清醒的，而且知道夢中所犯的錯誤。

這樣的話第一個問題得到解決。笛卡爾的連貫性表示至少可以為一個清醒的人提供一個明確的標準來確定自己是清醒的。現在可以繼續分析一下笛卡爾在《沉思錄》末尾發現的靈感對夢之論證有何衝擊。不少的註釋者認為其影響是致命的。著名的笛卡爾研究專家瑪格麗特·威爾森（Margaret Wilson）接受了笛卡爾的標準，結果是為了保持夢之論證的有效而對其全面重新解釋。威爾森的論證較為繁瑣，這裡就不加介紹了。尤其是我個人認為威爾森的大方向錯了，因此也沒必要為一些細節浪費時間。

我認為笛卡爾前後並不矛盾。首先，我們應該看到笛卡爾在第六個沉思裡講的確定認識和在第一個沉思裡講的確定認識不完全是一個概念。在第一個沉思裡笛卡爾關注的是絕對的確定性，是不能有任何懷疑的。如果從這個標準來看，內在連貫性的標準還不能讓我們把清醒和睡夢確定地分開。因為所謂的內在連貫實際上是指我們的觀念的變化遵循一定的規則，尤其是對於我們的感覺觀念，它們的發生次序受到很大的限制，不能任意發生。但我們是如何知道這樣的次序呢？顯然是來源於我們的經驗；更重要的是，我們如何知道這樣的次序在將來一樣成立呢？這來源於對經驗的歸納。但是，如果按照笛卡爾最嚴格的懷疑的標準，我們的記憶不是確定可靠的；即便我們的記憶是可靠的，我們仍然不能斷定未來的經驗一定會和過去的經驗相吻合。即使我們只考慮心靈之中現在所有的觀念，我們也無法確定無疑地斷定一個觀念是否和其他的觀念吻合，因為現有觀念所遵循的法則也可能會變化。例如，我們在農村生活的經驗到了城市就不一定適用，但這並不是說在城市的經歷只是一場夢；或者說，當一個人在睡夢中突然被送到月球，當他第二天醒來的時候，感覺一切都變了，他甚至會懷疑自己是否在做夢，但是他的感覺經驗卻是真切實在的。

因此，僅憑內在連貫性自己並不能確定無疑地區分夢境和清醒的狀態。因為在第一個沉思裡，笛卡爾要求的是絕對的可靠，因此笛卡爾後來的發現對夢之論證沒有直接的影響。在第六個沉思裡，笛卡爾已經論證了上帝的存在，從而保證了感覺經驗以及記憶的可靠，並說明了人類知識的基礎，因此他認為這些標記可以確定地將夢和醒清楚分開。但這些確定知識都不是笛卡爾在第一個沉思裡所擁有的。因此笛卡爾在兩處所做出的論斷基於不同的基礎之上，因此並沒有前後矛盾。

托馬斯·霍布斯（1588—1679年）

這個解釋可以從笛卡爾對霍布斯的另一個反駁的答辯中得到支持。在霍布斯的同一處反駁中，他說如果我們的知識和其可靠性都依賴著對上帝的真實認知，則一個不信神的人將無法僅憑過去的經驗來確定他是否清醒著。這樣的結論顯然是荒謬的。笛卡爾說一個無神論者也可以憑著記憶來推斷他是清醒的，不過如果他不能確定一個從不欺騙的造物主的存在，則他就不能絕對確定他一定是清醒的。這裡充分地說明，笛卡爾在《沉思錄》末尾所提出的表示不足以影響到第一個沉思中的懷疑論證。受到影響的只是論證的結論，而這是在引入新的前提之後得到的。無論如何，我們可以看出笛卡爾並沒有前後矛盾，因為他在前後兩個地方所說的不完全是一回事。

註釋：

[1]《沉思錄》不僅僅包含了笛卡爾本人的思想，還包括了當時的學者對《沉思錄》的反駁和笛卡爾對這些反駁的答辯。這些反駁和笛卡爾的答辯都非常重要，一方面使得我們可以更清楚地瞭解笛卡爾的思想，另一方面我們也可以得以看到當時歐洲思想界的一些重要觀點。關於《沉思錄》中反駁的作者和相關的《沉思錄》的版本問題，可以參見附錄1：《沉思錄》的出版過程。

[2]亞當和塔納里：《笛卡爾全集》，第七卷，第17頁；龐景仁（譯）：《第一哲學沉思集》，商務印書館，1986年，第14頁。

[3]繼續借用房子的比喻，一旦地基搖晃，我們必須推倒重建，但是這並不是說房子原來的磚瓦和門窗不能繼續使用。在地基打牢固之後，原來的材料可以被重新使用，房子甚至還可以恢復原來的形貌。這是笛卡爾自己的說法。

[4]亞當和塔納里：《笛卡爾全集》，第七卷，第18頁；龐景仁（譯）：《第一哲學沉思集》，第15頁。

[5]笛卡爾這裡還考慮了瘋子的可能性。有些瘋子實際上是個乞丐卻以為自己是國王。他們的感覺認識再清晰也不足於保證它們的真確。但笛卡爾說他清楚地知道自己不是瘋子，從而否定了這個可能性。讀者也許會覺得笛卡爾過於輕率了。但是，在第一個沉思

裡，笛卡爾是從一個一般人的角度來反思的。更重要的是，對於笛卡爾來說，如果對一件事有一個清楚明確的認識，這件事就是確定無疑的。從另外一個角度說，在笛卡爾的沉思之中，儘管他在懷疑一切，他並不懷疑他的理性能力。在所有的論證中，沉思者的理性能力一直是健全的，而且正是理性幫助笛卡爾找到無可懷疑的基本點。從此我們可以理解為什麼笛卡爾斷然拒絕了瘋子假設。

[6]亞當和塔納里：《笛卡爾全集》，第七卷，第19頁；龐景仁（譯）：《第一哲學沉思集》，第16頁。

[7]亞當和塔納里：《笛卡爾全集》，第七卷，第20頁；龐景仁（譯）：《第一哲學沉思集》，第18頁。

[8]笛卡爾的數學哲學有它的特色。這裡的論證似乎是說錯誤來自於我自己的認識過程，但數學知識仍然只有一種，即便是上帝也不能改變。2+3永遠都是5，方塊永遠是四條邊，但是由於上帝的干預，我才會有錯誤的認識。不過笛卡爾在其他地方的論述和這裡有所不同，認為上帝有可能創造不同的數學，因此數學知識也不是必然的。

[9]對懷疑論的一個常見批判是說皮浪式的懷疑論自相矛盾例如，皮浪的結論「任何論斷都是不確定的」本身仍是一個確定性的論斷，因此懷疑論者陷入自相矛盾如果這個懷疑論結論是確定正確的，則我們至少有一個確定的論斷，從而導致矛盾；而如果這個結論本身是不確定的，則懷疑論就沒有什麼力量了。不過，懷疑論者所關注的是那些描述外在世界的命題，而不是對命題之間的關係或命題全部的論斷。對於於後者（例如命題之間的邏輯關係）可以有確定的知識，但對於前者，懷疑論者以及笛卡爾的懷疑論證都試圖說明我們不可能有確定的知識。

[10]在給雷吉斯的信中，笛卡爾說他從來沒有真正地懷疑過這些命題（如對感覺和上帝的懷疑），而那些認為他曾經有過這樣懷疑的人是愚蠢的不可救藥（亞當和塔納里：《笛卡爾全集》，第七卷，第367—368頁）。

[11]這裡不作具體的分析，只簡單指出以下一點：莊子在此論證末尾所斷定的是事物轉化之玄妙，即他所謂之「物化」。這根本不是一個懷疑論的結論。也許這句話與整體論證無關，但在我們不知道莊子整體哲學思想的情況下，是很難準確把握夢蝶論證的。至少，將其對應為笛卡爾的夢之論證是很危險的。

[12]亞當和塔納里：《笛卡爾全集》，第七卷，第89頁；龐景仁（譯）：《第一哲學沉思集》，第93—94頁。

[13]亞當和塔納里：《笛卡爾全集》，第七卷，第89頁；龐景仁（譯）：《第一哲學沉思集》，第93—94頁。

[14]亞當和塔納里：《笛卡爾全集》，第七卷，第195-196頁。

[15]Bernard Williams，Descartes，The Project of PureInquiry，London：Penguin，1987，P.310，

第四章　我思故我在

第一個沉思留給笛卡爾的是對一切知識的徹底的懷疑。我所看到的一切都可能是假的。我可能沒有手，沒有眼睛，甚至物體、形狀、廣延、運動和位置都是我心裡構造出來的東西。那麼這個世界還有沒有什麼東西是確定可靠的呢？難道我真的不能確定地知道哪怕只有一個東西的確定存在嗎？也許我不得不承認只有一切都是不確定的這個結論本身是確定無疑的？

笛卡爾接著推論說，如果這些觀念是由上帝或者邪惡的精靈放在我的心靈裡的，那至少我們可以斷定上帝或者精靈的存在。但是，笛卡爾立刻認識到這些觀念也許不一定是由上帝或者一個聰明而邪惡的精靈放在我的心靈裡面，而可能是我自己創造的。因此上帝也不一定是必然存在的。但這個「我」是不是一個確定的存在呢？首先要看一看這個「我」到底是個什麼東西。它不可能是感官和身體，因為我已經假定了我沒有身體。但我至少是個什麼東西吧？難道我必須依靠身體才能存在嗎？笛卡爾問自己：「我已經說服我自己相信這個世界上什麼都沒有，沒有天，沒有地，沒有心靈，也沒有物體。這是不是說我自己也不存在呢？」對此笛卡爾斷然拒絕：「絕對不是：如果我已經說服自己相信了什麼東西，我肯定是存在的。但是有一個非常強大、非常狡猾的騙子，在用盡一切辦法來欺騙我。即便是這樣，只要他在欺騙我，我無疑是存在的。讓他用盡一切辦法來欺騙我，但只要我在想著我是個什麼東西，他就無法讓我成為什麼都不是。所以，在對所有的事情都仔細考察之後，最後必須做出這樣的結論：『我是，或者我存在』這個命題，在我每次說出來或者在心裡想著它的時候，都是必然為真的。」[1]

這就是笛卡爾著名的「我思故我在」的論證。也就是說，我可以懷疑一切，但對我自己的存在是無法懷疑的。笛卡爾在《談談方法》裡已經提到了這個論證，後來在《哲學原理》裡再次表述。不過，這個看似簡單的論證實際上可以有種種的理解，而在笛卡爾的前後著作中其表述也不是完全相同，因而給讀者留下了甚多疑惑，也讓笛卡爾的註釋者們費心思索。直到今天，關於這個論證的研究仍在繼續，我們仍然可以看到一些對它的不同解釋。這個論證非常重要，不僅是笛卡爾哲學的理論基礎，是準確瞭解笛卡爾哲學思想的切入點，也是現代哲學爭論的一個焦點問題。因此我們有必要搞清楚這是一個什麼樣的論證，這個論證是否有效，其結論是否能被確定無疑地建立。

首先要說明的是，這是不是一個論證也是有爭議的儘管有一個明顯的詞（「所以」）來指示推理關係，但有些註釋者說這並不表明笛卡爾在做一個推理。甚至笛卡爾自己有時也說結論的確定無疑是由理性之光直接照亮的。不過大多數的註釋者都認為這裡有一個推理，而且是個非常關鍵的推理、對於笛卡爾來說，儘管直覺和推理是構建確定知識的兩個不可或缺的工具，但兩者之間有著明顯的不同。直覺是心靈對一個命題的直接認識，是不需要任何推理的。而由推理得到的結論則不同，是從已經確立的命題推出來的。雖然笛卡爾有時說這個結論是心靈直覺認識的，但是笛卡爾在這些地方的意思主要是說這個論證的前提和論證過程是由心靈直覺的　更多的時候，笛卡爾是將他的這個命題看做是一個論證的結果。因此，推理論證的解釋是與笛卡爾的哲學著作最為吻合的一種解釋。

那麼如何清楚地理解這個論證呢？理解這個論證有兩個關鍵點。要保證結論的絕對真理（至少笛卡爾認為這個論證建立了結論的確定性），首先這個論證必須是一個有效論證，再者該論證的所有前提都必須是確定無疑的真理。因此我們要考察的是能否有一種解釋，使得論證是有效的，而且所有前提都是確定為真、無可懷疑的。進一步地，我們要看一看這樣的解釋是否和笛卡爾的表述相一致。我們將以這樣的標準來考察對此論證的不同解釋。也許笛卡爾的這個論證並不能充分保證結論的確定無疑，但我們至少可以看看各種各樣的解釋在這條路上能夠走多遠。

這個論證的常見形式是很迷惑人的。字面上看，笛卡爾的「我思故我在」說的是這樣的一個論證：

我思維；

所以，我存在。

實際上不少笛卡爾的同代人就是這樣理解的。霍布斯和伽桑狄關於這一論證的反駁便是基於這一理解的。但這樣的解釋立刻就會遇到問題。首先，如果在前提裡已經知道我是在思考的，這不是已經假設了我的存在了嗎？若是如此，這個論證實際上是一個循環論證，即在論證的前提裡已經預設了結論的成立。難怪論證的結論沒有任何讓人新奇的地方，因為結論已經包含在前提裡了。再者，這個論證和思維似乎沒有什麼本質的聯繫。我們可以說「我走路，所以我存在」或者「我睡覺，所以我存在」等等，論證一樣是有效的。當然我們以下會看到在「我思維」和「我走路」這樣的命題之間有一個重要的區別，但是這裡很清楚的是，這個論證將無法對「我」這個概念有任何的澄清和說明，而這與笛卡爾所強調的截然相反，因為笛卡爾試圖從這個論證出發得到對於「我」的清晰認識。

還有一種常見的解釋是把這個論證視為一個缺省大前提的三段論推理。它可以被重新表述為以下的形式：

1）所有思維的東西都是存在的；

2）我是一個思維的東西；

3）所以，我是存在的。

第一個前提是缺省的，補充之後我們就得到以上的三段論推理。按照這個表述，這個推理是有效的，因此如果我們能夠確立兩個前提的真確，則我們就能夠確立結論的真確。而這兩個前提看起來是沒有任何問題的。而且這裡也不存在循環論證的問題，因為在第二個前提裡出現的「我」並不一定具有存在的屬性。那麼這個推理是不是笛卡爾心中的論證呢？

我們可以肯定地說，這樣的解釋不是笛卡爾心中的論證。首先，這個理解和笛卡爾的論證結構不相吻合。笛卡爾在第一個沉思裡懷疑了一切知識，而試圖在第二個沉思裡尋找確定無疑的知識。「我的存在」是笛卡爾找到的第一個這樣的命題。若是按照上面三段論的推理來理解，我們必須要求其中的大小前提都是確定無疑的（因為只要這樣才能得出結論的確定無疑），因此我們在知道「我的存在」之前必須知道這兩個前提的確定真確，而「我的存在」的確定性是從它們來推出來的。這樣的理解是徹底地顛倒了笛卡爾論證的次序，根本不符合笛卡爾思考的邏輯。

再者，這個論證的大小前提都不是確定無疑的。如果一個論證的前提不一定是真的，則它的結論也就不能被保證為真。若這裡的兩個前提都不見得是絕對真確的，則這個推理的結論就不能確保為真。大前提「所有思考的東西都是存在的」並不是必然為真的，至少其真理需要被進一步地證明。我們可以把這個命題和「所有會飛的東西都是存在的」做一個對比。後面這個命題並不是必然為真的。傳說中的飛馬是會飛的，但飛馬並不見得是真實存在的。聊齋中的鬼魂是可以思考的，但並不說明她們是真實的存在。因此並非所有思考的東西就一定存在。小前提也不是確定為真的。笛卡爾所說的僅僅是我在思考，並沒有說我是一個思考的東西。這兩者之間粗看起來似乎沒有差別，但是這裡關係到如何理解「我」這個概念。如果「我」僅僅指的是我的身體，則笛卡爾明確地否認身體是思考的東西。同樣的，笛卡爾也否認機器人或者動物是一個思考的東西。因此我們可以看出這樣表述的小前提是模糊的，而且通常的解釋並不是確定為真的。再者，這個小前提的表述容易給出一種誤解，似乎「我」就是平常所理解的我，而沒有注意到笛卡爾哲學中「我」的概念是很複雜的，和一般理解的我大不一樣。實際上，我們很快會看到，笛卡爾的「我」的概念是建立在這個論證的基礎之上的。

在笛卡爾的時代，也有不少的人用以上的三段論來理解笛卡爾的論證，並在此基礎上來批駁這個論證。不過，笛卡爾在對反駁意見的答辯裡明確地否認了他的論證是一個三段論式的推理。在對第二組反駁的答辯中，笛卡爾說：「當有人說『我思故我在』的時候，他並不是從三段論推理中推出他的存在的，而是透過一種心靈的簡單直覺而認識到這是個自明的真理。這一點很明顯，因為如果他是透過三段論推理認識到的，則他首先要認識到大前提：『所有思維的東西都是存在的』。但顯然他是自己體會到他不可能既思維又不存在來認識到這一點的。」[2]顯然，笛卡爾否認了以上的三段論的解釋。也許有人會說這裡笛卡爾也談到「我思故我在」是由心靈的直覺直接認識的，因此是不是也否認了論證的解釋呢？並非如此。只要注意一下笛卡爾這裡說的是「我思故我在」，而不是僅僅說「我的存在」，我們就可以看到笛卡爾還是很小心的。他只是說這個論證是由直覺得到的，並沒有說論證的結論是由直覺直接得到的。

一些學者注意到笛卡爾的這個論證在《沉思錄》中的表述和在其他地方（如《談談方法》和《哲學原理》）的表述不太一樣。在其他地方，笛卡爾採用了明確的推理形式來表達這個論證，也就是最常見的方式：我思考，所以我存在（我思故我在）。但在《沉思錄》裡，他沒有用以上的模式，而是用了假言命題來表述這個推理。在以上所引的段落中，笛卡爾是這樣說的：「如果我已經說服自己相信了什麼東西，我肯定是存在的」；接著，「只要他在欺騙我，我無疑是存在的。讓他用盡一切辦法來欺騙我，但只要我在想著我是個什麼東西，他就無法讓我成為什麼都不是。」笛卡爾這裡明顯地是在給出一個論證，儘管這裡的表述缺省了一個前提。我們可以試著把這個論證完整地表述如下：

1）如果我在懷疑我是否存在，則我一定是存在的；

2）我在懷疑我是否存在；

3）所以，我一定是存在的。

這個論證的第二個前提「我在懷疑我是否存在」在笛卡爾原來的論證中是缺省的，但這只不過因為這個命題太明顯了。注意以上的表述採用了一個特定的思考方式——懷疑。這樣的表述更貼近於《沉思錄》裡笛卡爾的思考過程，但這個細節對論證的效力沒有直接的影響。笛卡爾自己也用不同的思想方式來表述這個論證。例如，笛卡爾一開始說的是：「如果我已經說服自己相信了什麼東西，我肯定是存在的。」這裡用的思想方式是「相信」而不是「懷疑」。實際上，我們可以在這個論證中把「懷疑」換成一般性的「思考」，論證的核心仍然是一樣的。這樣第一個前提就成為「如果我在思考我的存在，我肯定是存在的」，而第二個前提是「我在思考我的存在」。這裡笛卡爾對這個論證的表述顯然比他在其他地方要更為精緻。

這是個有效的論證（modus ponens）。這種論證方式的有效性在中世紀已經被發現，並為學者們所熟知。中世紀學者們在邏輯上對亞里斯多德的三段論邏輯做了較大的發展，發現了三段論之外的更多的有效論證的邏輯形式。這也是受神學所左右的中世紀哲學的一個亮點。因為這是一個有效論證，判斷結論是否確定為真的關鍵在於兩個前提是否是確定無疑的。第一個前提是笛卡爾的重要靈感，但人們對它的理解卻大相逕庭，這裡我們先把它放在一邊。第二個前提看起來非常簡單，但我們如何知道它是確定無疑的呢？霍布斯和伽桑狄曾經批評笛卡爾，說這個論證的結論可以從任何行為中推導出來。例如，因為我正在跑步，所以我存在。在笛卡爾的答辯裡，笛卡爾清楚地指出這樣的解釋是不對的。關鍵在於在這樣的情形下，我不能確定無疑地知道我在跑步；我有可能實際上在做夢，也可能出現了幻覺。若是這樣的話，由於我不能保證前提的確定真確，我也就無法保證結論「我存在」的確定無疑。但思想就不同了。我能夠確定無疑地知道我現在是否在懷疑、在相信、在斷定一個命題。即使對於感覺的認識，也許我不能確定我所看見的一定是真的，但我能夠確定地知道我自己的感覺。例如，我看見了一個紅色的球，也許這個球並不真實地存在，但我看見了一個紅色的球這一事實對我而言是確定無疑的。不論外面的世界任何變化，我的感覺，對於我自己而言，是不容置疑的。

為什麼會這樣呢？很多人認為這是心靈的一個特殊的性質，我們可以稱之為心靈的透明性。心靈對於自己內在的活動是直接知曉的，並且這種知識是確定無疑的。而且這種直接的確定的認識，是每一個心靈所獨享的。我的心靈擁有對我的精神活動的直接的確定的認識，但沒有其他的東西，包括其他心靈，能夠擁有對我的心靈的直接確定的知識。舉例來說，我相信天空是藍的；我清清楚楚地知道我相信天空是藍的；但任何其他人，都不能確定地知道我相信天空是藍的。當然，他們可以問我是否相信天空是藍的，可以從我的行為來推測，可以檢測我的大腦活動，但這樣的方法都不能完全確定我是否相信天空是藍的（我可能會撒謊、欺騙等等）。

一定會是這樣嗎？在當前心靈哲學的討論裡，不少人試圖挑戰心靈的獨有的確定知識。也許我並不能知道我所有的心靈活動；佛洛伊德發現大腦裡的很多潛意識活動並不為心靈直接感知，但仍然能夠影響我們的行為。也許在將來，神經大腦科學家們可能對我的精神活動和我一樣的清楚，甚至比我更瞭解，更有權威性。就如一個腦科醫生似的，她比我更瞭解我的大腦結構。當然大腦和心靈是兩個不同的概念，但如果兩者之間，透過更多的科學研究，能夠建立起必然的細緻的聯繫，則我們可以想像在未來的某個時間，一個科學家看著我的腦電圖，確定無疑地宣布：這個人正在思索著笛卡爾「我思故我在」的論證。

當然，這些問題還在被激烈地爭辯著。不過，即使有外在的確定無疑的瞭解我的精神活動的途徑，笛卡爾的這個前提只需要說我的心靈對在我的心靈之中的意識活動有確定無疑的認識。只要對心靈的意識活動有確定無疑的認識，這個前提就得以保證為真。我覺得心靈的透明性在意識範圍內是成立的。我們可以說這就是意識活動的表示。當前心靈哲學對意識活動的研究極其活躍，對意識活動劃分越來越細緻，不同的理論也讓我們對其有更深入的理解。雖然哲學家們至今也沒有在什麼是意識活動的問題上得到一個共識，不過一個共識是意識活動具有自返性：意識活動能夠被自己所認識，而不需要獨立的機制來認識它自己。若是這樣，則心靈的透明性就可以理解了，笛卡爾的前提也就確立為真了。

現在回到第一個前提。笛卡爾在他的沉思中突然領悟「如果我在懷疑我是否存在，則我一定是存在的」。看起來這個命題很有道理。如果我在懷疑我的存在，則必然有那麼一個東西在懷疑，否則懷疑根本無法進行。但細究之下，問題就出來了。首先，這個命題似乎像個重言式。重言式是邏輯真的命題，也就是說不論世界是怎麼樣的，這樣的命題都是真的。例如「明天下雨或者不下雨」總是真的，不管明天到底下不下雨。這個前提似乎只是在說「如果我思考，那麼我存在」；這樣的話在前提裡已經預設了我的存在，因此和說「如果我存在，那麼我存在」沒有什麼區別。如果笛卡爾的意思真是這樣的話，這個命題固然是確定為真的，但它沒有實質性的內容，因而不會推出一個實質性的新命題「我存在」。因此笛卡爾肯定不是這樣理解的。一來笛卡爾不會將一個人人皆知的重言式當作一個重要直覺；二來這種解釋和《沉思錄》不吻合。[3]

那麼應該如何理解這個命題呢？關鍵在於這裡出現的「我」的概念和日常所用的「我」的概念大不相同。實際上，這個命題如果表述成以下的形式，我們可以看得更清楚一些：「如果有一個懷疑的思想，則這個思想一定屬於某一個東西。」進一步地，笛卡爾說這個東西就是「我」，或者準確地說，是我的心靈。按照這個理解，這個命題是一個實質性的命題，而非重言式。但它又是確定為真的，因為思想是個屬性，必然要依附於一個實體才能存在。這就如說一旦知道存在著一片紅色，則我們必然知道一定有一個紅色的東西，因為顏色是個屬性，必然屬於某個物體。因此，正如不可能有不屬於某個東西的顏色，也不可能有不屬於某個東西的思想。這個命題是個形而上學的真理。尤其是在亞里斯多德的體系裡，屬性必然屬於一個實體，而如果我們能夠確認一個屬性的存在，我們也就能夠確認一個擁有此屬性的存在。

在這樣的理解下，笛卡爾的這個前提也是確定無疑的。笛卡爾的論證是一個有效論證，而且其中所有的前提都是確定無疑的，因此這個論證的結論「我是存在的」也是確定無疑的。笛卡爾的這個論證是很有力的。總結一下以上的分析，我們可以看到笛卡爾的思路是這樣的：我發現對於思想的存在是無可懷疑的，而思想必然是屬於某個東西的，因此這個能夠思維的東西一定存在。笛卡爾將這個能夠思維的東西稱作「我」。[4]

「我」是個什麼東西呢？

從以上的分析可以看出，笛卡爾的「我思故我在」的論證是一個強有力的推理，能夠證明「我」的存在。不過，從以上的分析也可以看出，這個論證有很大的侷限性。這個「我」和我們通常所理解的我是很不一樣的。實際上，對於這個「我」，除了知道它是能夠思維的東西之外，我們現在，也就是在這個論證的結尾，對它基本上一無所知。「我」到底是個什麼東西？從這個論證（其中的第二個前提）可以看出，我的存在是依賴於我的思考或一般意識活動的；那麼在我停止思考的時候，或者我暫停了意識活動的時候（如陷入深深的睡眠），我是否還存在呢？即便我一直在思考，在這一刻的我和下一刻的我是什麼樣的關係？即便在同一時刻下處於不同思維狀態中的我，如懷疑中的我，期待中的我，和憤怒中的我，等等，又是個什麼關係呢？我們不能簡單的假定這些我都是同一個我。再者，一個進一步的問題，這個我和我的身體又是一個什麼關係呢？

笛卡爾清楚地看到了這些問題。在給出以上的「我思故我在」論證之後，笛卡爾立刻說：「可是我還不大清楚這個確定存在的我到底是什麼。所以從現在起我必須小心從事，不要冒冒失失地把別的東西當成我，免得在我看來是最確定、最清楚的認識上搞錯。」[5]因此笛卡爾這裡非常慎重：「我先要重新考慮在我開始沉思之前我所理解的自己是什麼；接著，我要把凡是可以被我剛才的那些理由所衝擊到的東西，全部從我的舊見解中清除出去，讓最後留下來的東西恰好是完全可靠和確定無疑的。」笛卡爾的方法是從通常的對我的理解出發，然後看看什麼東西能夠從徹底懷疑的挑戰中倖存下來。這個存活下來的部分就是我的本質，是與我不可分割的。也就是說，笛卡爾試圖發現從這個論證得到的「我」和日常生活中理解的我有無不同，而使用的方法是他的徹底懷疑的方法。因為對於這個「我」是無法懷疑的，而如果日常理解的我或者我的很多層面是可以被懷疑的，則那樣所理解的我就不是這個確定存在的我，至少不是必然地和這個確定存在的我相同一樣。

通常理解的我是什麼東西呢？我當然是人了。但人又是什麼呢？被笛卡爾首先批判的是傳統的亞里斯多德的定義：人是理性的動物。理性的概念和動物的概念並不比人的概念更清晰，它們需要進一步的解釋，從而陷入無限的後退。因此笛卡爾放棄了傳統經院哲學的理論，而訴諸於一般人對我的理解。按照這樣的理解，至少在笛卡爾的時代，首先我是有臉、手、手臂以及骨頭和血肉等組合成的一架機器，就像從一具屍體上看到的那樣。這個「我」笛卡爾稱為身體。除此之外，通常理解的我還可以吃飯、走路、感覺、思維，而負責這些活動的「我」被稱為靈魂。我們對於身體的認識可以透過對其物理性質的研究而有很清楚的瞭解，但是對於靈魂的認識則比較模糊而多憑想像，例如說靈魂像風、像火、像以太氣體等等。

現在笛卡爾將他的懷疑剃刀用在這些對於我的理解上，看看它們當中的哪些可以存活下來。也就是說，看一看以上對我的認識有哪些可以經得起第一個沉思裡的徹底懷疑。首先，我們可以看出身體不是我的本質。如果有一個強大而狡猾的精靈在欺騙我，則我的對於身體的所有認識都可能是假的。第一個沉思裡已經清楚地表明，在這種情形下，我可能沒有手、腿和眼睛，儘管我以為我有這些東西。因此關於通常理解的身體，沒有任何屬性是確定無疑的。那麼關於靈魂的那些屬性，有沒有哪些是確定無疑的呢？吃飯和走路顯然不是的。我要是真的沒有身體，我就無法走路和吃飯。那感覺呢？笛卡爾這裡說的感覺是依賴於身體的，因此沒有身體也就沒有感覺。因此感覺也不是確定無疑的。

笛卡爾發現只有思維是必然屬於我的。只要我在思維著，我就存在。一但我不再思維，我就不能確定我是否存在。因此，我必然是一個思維的東西。但除此之外，我還是其他的什麼東西嗎？我不是一個身體，也不會是什麼說不清楚的神秘物質，因為用笛卡爾懷疑的方法來測試，這些東西都不是必然的存在，因此不能是我的一部分。那些想像出來的東西更是不可靠的，對它們我沒法有一個清晰的認識。因此，笛卡爾斷定：「我是一個在懷疑、在領會、在肯定、在否定、在意願、在拒絕，也在想像和感覺的東西。」[6]

笛卡爾這裡對「我」的描述已經是個非常強的結論。對「我」的這個理解是大可爭議的。為什麼這些不同思維模式下的我一定是同一個我呢？例如，意願中的我為什麼不能與懷疑中的我不一樣呢？注意，這裡說的只是這兩個東西可能是不同的東西，而沒有說它們必然是兩個不同的東西。笛卡爾的以上描述要求這些由思維的不同模式來保證其存在的東西（「我」）是同樣的東西，但他在這個重要問題上的論證卻是很不充分的。笛卡爾在說：「實際上如果所有這些東西（以上所說的那些思維模式）都屬於我，那已經不是小事了了。可是，為什麼這些東西不屬於我呢？難道不是同一個我，在懷疑幾乎所有的一切，然而又瞭解一些東西，斷定這個東西是真的，否認其他的東西，渴望知道更多，不願意受騙，有時不為我的意志左右而想像很多東西，而且注意到似乎從感官來的很多東西？難道這一切中的每一件都不是和我的存在一樣真確，即便我總是在睡覺，即便我的創造者盡其所能來欺騙我？這裡面的哪一個與我的思維有別？這裡面的哪一個可以說是與我相分離的？這件事太明顯了，就是我在懷疑，在瞭解，在願望；沒有什麼東西能比它解釋得更清楚了。」[7]

笛卡爾這裡是訴諸於理性的直覺來斷定這個命題的確定為真。但這似乎是不夠的。這個命題並不是自明的，並不是清楚到不需要再加解釋。相反，我們可以懷疑這個命題的真確。可以想像一個人格分裂症患者，有著雙重人格。進一步地假設他的一個人格相信一切東西而另一個人格懷疑一切東西。這兩個人格是否是同一個人呢？對此問題不同的人會有不同的看法，但至少有一點是清楚的：不可能依賴理性的直覺來告知我們這兩個人格確定無疑地是同一個人。因此在懷疑中的我和在相信中的我並不一定是同一個人。

也許笛卡爾可以反駁說，以上的例子並不恰當。人格分裂的病人並不知道他所處的境況，即當他處於一種人格狀態時並不知道另外一個人格狀態的存在；但是對於正常的我就不一樣了，因為我清楚地認識到在懷疑中的我和在相信中的我是同一個人。這才是理性直覺的作用所在。也就是說，理性的直覺能夠把不同思維狀態下的我聯繫起來，使得我認識到他們都是同一個我。若是這樣的話，理性的直覺就不僅僅是一個認識真理的能力，而且具有能夠將眾多思維狀態統一起來的特別功能。

上面的這個問題牽涉到思維的不同狀態。與此緊密相關，另外一個困難的問題牽涉到不同的時間：在不同時候的我是否是同一個東西呢？在此時寫作《沉思錄》的笛卡爾和以前第一次發現「我思故我在」的笛卡爾是否是同一個人呢？笛卡爾沒有直接考慮這個問題，但從他的論證中我們可以看到他的答案應該是肯定的，而且同一性也是由理性的直覺保證的。但這個問題也是大可爭議的今天的我和十年前的我有了很多變化，也許在身體上、信念上都有了很大的變化，為什麼說這兩個不同時間的我仍然是同一個人呢？如果我的大腦被移植到另外一個人的身體上，我還是同一個人嗎？更一般地說，毛毛蟲和它後來變成的蝴蝶是同一個東西嗎？再如橡樹的種子和後來長成的橡樹呢？

可以看到，對這樣的問題並沒有一個清晰的答案。實際上這兩個問題都牽涉到一個非常重要、也非常有爭議的問題：人的同一性的問題（personal identity），或者更一般地說，同一性的問題（the problem of identity）。這兩個問題至今仍在被激烈地爭論著，是形而上學裡的一個核心問題。當前對這兩個問題的研究還十分的活躍，在討論之中可以看到相當多的新觀點和新思路。這些問題對其他領域的哲學問題也有著重大的影響，與實際生活中的問題也息息相關。對於這個問題的具體內容顯然不能在這裡詳細討論，但今天這個問題還在爭論的現實說明笛卡爾僅僅依賴於直覺的論證是不充分的。

即便我們接受笛卡爾以上的結論，我們也只是知道以上談到的心靈屬性構成了一個同一的東西，也就是笛卡爾稱為「我」的東西。但是，這個「我」是否和身體截然不同呢？在最徹底的懷疑面前，我可以懷疑我的身體的存在，但我不能懷疑「我」的存在。但是否就可以說這個「我」是不必依賴於身體而能獨立存在的？進一步地說，是否這個「我」和身體是不同的兩類實體呢？如果我們將這個「我」稱為心靈，則以上的問題就是：是否心靈和身體是不同的兩類實體呢？

這是笛卡爾哲學的一個中心問題，但在第二個沉思裡笛卡爾並沒有回答這個問題。笛卡爾似乎承認以上的懷疑論證不能確立心身的相互獨立，也就是還不能確立他的心身二元論對於這個問題的具體論證，笛卡爾要等到第六個沉思裡才詳細解釋。在第二個沉思裡，笛卡爾僅僅做了如下交代：「我不是由肢體拼湊起來的稱為身體的那個東西。我也不是滲入這些肢體裡的精氣，也不是風、火、蒸汽、呼氣，以及其他我所想像出來的東西。因為我已經假定這些東西都不存在。無論如何，這個命題一定成立：我一定是某個東西。但是，也許這些由於我認識不到而假定為不存在的東西，實際上和我所認識的我並沒有什麼不同？對此我不清楚，而且在這裡我也不想為此爭吵。我只能對我所知道的東西作判斷。我知道我存在。」[8]

因此，在這裡，笛卡爾並沒有試圖徹底地論證心身的不同，而只是刻畫了心靈的性質，並且將心靈的性質和身體的性質對立起來。總的來說，笛卡爾在第二個沉思裡從「我思故我在」的論證認識到「我」的確定存在，並透過徹底懷疑的方法，斷定這個「我」只是心靈而不是身體或其他神秘的東西。

對於一塊蠟的認識

這時候的笛卡爾對「我」有了一個較為清楚的認識。但是，對於這個「我」的認識似乎還是沒有那些看起來來自於物體的感覺更為清晰。這對笛卡爾而言是很奇怪的，因為那些來自物體的感覺非常可疑，而我的存在卻是確定無疑的。因此笛卡爾要研究一下感覺，看看它到底是怎麼回事。這就是著名的一塊蠟的論證。

在你的面前放著一塊剛從蜂房裡取出的蠟，它還保存著蜂蜜的甜味，還留有花的香氣；它有固定的形狀、大小、和顏色；它摸著有點硬，有點涼；如果你敲它一下，它會發出聲音。然後，把這塊蠟拿到爐火邊，你會發現：味道發散了，香氣消失了，顏色和形狀都變了，體積增大，慢慢變成了液體，敲它也沒有聲音了。但是笛卡爾問道：「在發生了這些變化之後，原來的蠟還繼續存在嗎？必須承認它繼續存在；這一點沒有人會否認。」（同上，30頁）如果是這樣的話，我們怎麼才能知道現在的這塊蠟和剛才的那塊蠟是同樣的一塊蠟呢？顯然不可能是從我們的感覺認識裡來的，因為如上所述，我們對這兩塊蠟的感覺認識沒有一點是相同的。但我們的確清清楚楚地認識到它們是同一塊蠟。因此笛卡爾斷定說這個認識是不依賴於感覺的。類似地，這個認識也不依賴於想像。我不需要想像這塊蠟可能具有的各種形狀、顏色等性質，就能做出以上的判斷。而且想像出來的形狀再多也是有限的，而這樣的判斷是適用於無窮的變化的。所以，這個認識必然來自於我的心靈。[9]

這是一個很有力的論證。和這個論證相類似，笛卡爾還給出了另外一個有趣的論證。他說，從窗口看外邊的行人，我們斷定他們都是人，儘管也許有設計的很精巧的機器可以看起來和人一模一樣。但是，我們仍然可以清楚地斷定他們是人而非機器，因而作出這樣的判斷的依據必然也依賴於人的理智。

這個論證的有力之處在於關於兩個東西的同一性的判斷不能從感覺認識中直接推出，而必須借助於理智。因為關於任何一個東西的概念，包括物質事物的概念，都牽涉到同一性的判斷，所以關於所有物質事物的理解必然要借助於理智，而不能完全從感覺中得到。就這一點而言，笛卡爾是有道理的。但笛卡爾的目的不僅僅如此。笛卡爾想要說明，對於這些事物，來自於理性的認識要比來自於感覺的認識更為清晰。儘管來自於感覺的認識看起來似乎很清楚，但是細究起來這些感覺認識帶來的只是一些模糊的圖像，而來自於理性的認識卻給我們帶來清楚分明的認識。笛卡爾舉例說：「當我把蠟和它的外在形式區別開之後，就像扒去了它的衣服而看到了它的裸體，因此，雖然我的判斷仍然會有錯誤，但是如果沒有人類的心智，我是無法得到這樣的認識的。」[10]

笛卡爾的目的是說，對於「我」的認識，來自於理性的認識要比對於感覺的認識更為清楚分明，從而回答一開始的疑惑，為什麼看起來對物體的感覺認識比對心靈的認識更加清晰。如果理性的認識比感覺的認識更加清晰的話，則我們可以說以上的疑惑只不過是一個假象。實際上，笛卡爾進一步說明對於物體的認識只是理性對它們的認識。笛卡爾在第二個沉思的結尾說：「即便是物體，確切地說，也不是由感覺或者想像來認識的，而是完全由理智來認識的；而且它們不是透過被觸摸或被看見來認識的，而是透過被領悟來認識的。」[11]這樣，對於所有事情的認識（確定知識），都只能來自於理性的認識。

但這樣的結論是大有問題的。笛卡爾把所有的確定知識都歸結到理性認識的基礎之上，實際上是否認了感覺經驗在人類認識中的作用。這似乎走得太遠了。經驗主義者如洛克認為：感覺經驗是一切知識的基礎。如果沒有感覺經驗提供的材料，理智可能就喪失了可操作的對象，因而也無從達到對物質事物的認識。而且，來自理智的判斷也不一定是確定無疑的。例如笛卡爾的第二個例子，為什麼我就能確定窗外的行人一定不是和人看起來一模一樣的機器人呢？不要反駁說這樣的機器人現在還造不出來，因為笛卡爾要求的是絕對的確定性而不是實際的可能性。如果欺騙笛卡爾的精靈足夠強大，造這樣一個機器人不是什麼問題；甚至在不遠的將來，人類自己就可以做到這樣的事情。因此，笛卡爾的這個判斷並非是確定無疑的。即便對於一塊蠟的論證，細究之下，我們也會發現這個判斷不是確定無疑的。為什麼加熱後的蠟和加熱前的蠟一定是同一塊蠟呢？換一個例子，為什麼一個毛毛蟲和後來變成的蝴蝶一定是一個東西呢？再進一步說，為什麼一歲時的我和六十歲時的我一定是同一個人呢？這裡並不是說這些論斷是錯的；它們在直覺上都是很有道理的。但這並不是說我們對這些論斷不能有絲毫的懷疑。

注意，笛卡爾這裡不僅是說物體的同一性概念只能被理智所認識，而且說物質事物的本質屬性也只能由理智來認識。這些本質屬性包括廣延性、可伸展性和可動性。任何物質事物都具有一定的廣延，可以變長變短，可以移動。因此這些屬性是物質事物必然具有的，是它們的本質屬性。在一塊蠟的論證中，笛卡爾這樣說道：「讓我們把所有不屬於這塊蠟的東西都去掉，看看剩下什麼。當然剩下的只是有廣延的、可以伸展的和可以運動的東西。」[12]而這些本質屬性，笛卡爾斷定是不能從經驗中得來的，而只能是由理性提供的。

什麼是物體的本質屬性呢？這裡的本質屬性是指那些非常一般的性質，是任何物質都具有的（如所有物體都是有長度的，而不是指具體的長度）。一個自然的反駁是為什麼不能說有顏色的這一性質也是物質的一個本質屬性呢？難道不是任何物質事物都是有顏色的嗎？但是笛卡爾不承認這個命題。笛卡爾認為，有些東西是沒有顏色的（例如透明的氣體），物質事物並不需要顏色而存在。這一點是機械哲學的一個重要教條——我們可以從微小粒子的運動、形狀和大小來給出一個關於世界的完整描述。所有的其他屬性都可以被歸結到這些基本的物質屬性。比方說，對於伽利略來說，世界的本色是黑白的。

但笛卡爾的論證不夠充分。後來的經驗主義哲學家如貝克萊認為機械哲學的以上教條是大有問題的。實際上對於運動、形狀和大小的認識並不見得就比對於其他感性認識（顏色、味覺等）來得更為可靠。物質對我們顯示出這樣的共性，但這並不能說明物質本身具有這些性質。[13]若貝克萊的論證是正確的話，則在來自於感性的認識和來自於理智的認識之間並沒有一個絕對的不同。再者，即便我們同意笛卡爾所說的，心靈對本質屬性的認識比對感覺屬性的認所有存在的東西只有上帝和心靈，和依附於他們而存在的觀念。識更加確定無疑、清晰明了，但這並不是說心靈透過本質屬性對這塊蠟的瞭解比透過感覺屬性對這塊蠟的瞭解更加清晰明了。若我只是知道這塊蠟的一般本質屬性，我根本對這塊蠟沒有什麼具體的瞭解——我甚至無法把它和其他的物體區分開來；這樣的話還談什麼清晰明了的認識？因此這裡只要求本質屬性的認識顯然太弱，不能給我們清晰確定的認識。若笛卡爾僅僅是說在瞭解了這些本質屬性之後，再加上感覺經驗（比方說我們對於運動、形狀和大小有所認識），我們有了更清晰的認識，則這樣就不能推出對於所有事情的認識都只能是來自於理性的認識。

因此，笛卡爾的以上論證是不充分的。對事物的本質屬性的認識並不見得比來自於感覺的認識更為清晰；而對於本質屬性的認識也不能窮盡我們對事物的認識。

而且，這些本質屬性是否全部來源於理性而不需要任何的感覺經驗？換句話說，我們心靈中的這些一般概念是否完全來自於理智自身呢？這裡牽涉到對於本質屬性的具體刻畫和理解，而這個問題也是後來理性主義和經驗主義爭論的焦點之一，直到康德才有了一個較為完整的理解。笛卡爾的《沉思錄》只是為以後的爭辯開了一個頭，為它們搭起了一個框架。實際上，這個問題在今天仍是個非常重要的問題，對哲學、心理學和語言學都有很大的影響。當然當前的爭論是在更深入更具體的層次上進行的，在這裡我們難以進行詳細介紹。不過基本問題仍是在笛卡爾提出的框架之內，笛卡爾的思路在今天仍然有很大的啟發。

插曲：笛卡爾論證的獨創性？

很多人是將「我思故我在」的論證和笛卡爾的名字連在一起的，但笛卡爾並不是第一個發現這個論證的人。類似的論證在很久以前就被聖·奧古斯丁發現。甚至這個論證也為中世紀哲學家們所熟知，有些人還對它作了進一步的發展。這是不是說明笛卡爾只是重新發現了多少年前就被人所熟知的東西？笛卡爾的敵人大概要嘲笑笛卡爾在拉弗萊什學院應該多花點時間讀讀經典書目。

阿爾諾在他的反駁裡明確地指出了這一點。阿爾諾說，第一件讓人驚奇的事就是笛卡爾的論證和奧古斯丁的論證是一樣的，後者不僅是一個偉大的神學家，而且是一個擁有卓越智慧的哲學家。阿爾諾還引用了奧古斯丁的論證和笛卡爾的論證作了比較：「在《論自由意志》第二卷第三章中，阿里皮斯在和伊烏迪斯論證上帝存在的時候說道：『首先讓我們從最明顯的事情開始，我問你，你是否存在，或者你也許會擔心在這類問題上搞錯？可是，不論任何，如果你不存在，你又怎麼能犯錯呢？』我們的作者的話也很接近：『可是有一個非常強大的和非常狡猾的騙子或者其他什麼東西，用盡一切手段來欺騙我。即便如此，毫無疑問我是存在的，只要他在欺騙我。』」[14]

笛卡爾在他的答辯中並沒有為他的論證的獨創性作任何辯護，而只是感謝阿爾諾用奧古斯丁的權威來支持他的論證和觀點，因為如果笛卡爾的論證和奧古斯丁的論證是一樣的，則至少表明這個論證是和傳統經院哲學一致的。如果一個人信服奧古斯丁的學說，則也應該接受笛卡爾的這個論證。但是在其他地方，笛卡爾還是表示出來他對這個論證的看法。笛卡爾在1640年11月14 日寫給荷蘭牧師克爾維爾斯（Andreas Colvius）的信中說：「你讓我注意到聖·

奧古斯丁的一段話，它和我的『我思故我在』論證很接近。[15]今天我在市圖書館裡看到了這一段，發現他的確用這個論證來證明我們的確定存在，而且接著來證明在我們之中有三一神的影像，我們彼此存在，我們知道我們存在，而且我們愛這個存在和我們關於他的知識。」[16]

從這封信可以看出，笛卡爾最初並不知道聖·奧古斯丁的論證，而只是在《沉思錄》完成之後，在其他人的提醒下，才發現他的論證和奧古斯丁的論證很相似。也即是說，即便兩個論證是一樣的，笛卡爾也是獨立發現這個論證的。不過，笛卡爾認為他的論證和奧古斯丁的論證有著明顯的不同。在同一封信中，笛卡爾說：「但是，我用它來說明這個在思維的我是一個非物質性的存在，在其中沒有任何物質性的東西。」[17]也就是說，儘管這個論證在形式上是類似的，但笛卡爾和奧古斯丁用這個論證所證明的東西是不一樣的，因此對這個論證的用法是不一樣的，而且這個論證在他們各自的認識論中的地位也是大不一樣的。

具體比較一下笛卡爾的哲學和奧古斯丁的哲學，我們可以看出「我思故我在」的論證在兩者的哲學體系中有著極其不同的作用。首先，奧古斯丁的論證是用來反駁徹底的懷疑論者的，因為它證明了有一些東西是不能被懷疑的。但是奧古斯丁並沒有試圖用這個論證作為他的認識論的基礎，更沒有試圖把所有的確定知識都奠基於這個確定認識之上。相反，他認為雖然日常生活中來自於感覺經驗的認識並不可靠，但來自於神的啟示是不會錯的，而權威所做出的論斷應該被接受為真。奧古斯丁甚至把信仰和理性對立起來，認為我們的理性不能充分認識真理，而我們只能依據我們的信仰才能知道真理。這些思路和笛卡爾的想法是大相逕庭的。

再者，笛卡爾用這個論證來發現思維的我到底是個什麼東西。心靈到底是個什麼東西這個問題對笛卡爾來說是一個非常重要的問題，他對心靈的這個理解是完全建立在這個論證的基礎之上的。但這個問題對於奧古斯丁來說根本不是個問題，或者說奧古斯丁並沒有想到這個問題。奧古斯丁從柏拉圖主義出發，認為靈魂是人的形式理念，在這個世界上是不能單獨存在的，而必須與物質結合在一起來存在。這里奧古斯丁只是簡單接受了柏拉圖主義的思想。這也是上面信中笛卡爾所說，他用這個論證來證明心靈是個純粹精神的存在，而這一結論和其論證過程都是奧古斯丁哲學所不具備的。

因此，儘管「我思故我在」的論證形式不是笛卡爾的獨創，但只有笛卡爾利用這個論證來建立一個系統的確定知識的體系。而且，笛卡爾將心靈的概念與這個論證緊密相連，在某種程度上透過這個論證來定義心靈這一概念，這也是笛卡爾的獨創。有些時候一個東西可能被很多人發現，但更重要的是看這樣的東西怎麼被理解和使用。[18]

笛卡爾畫像（Achille Jacquet）

註釋：

[1]亞當和塔納里：《笛卡爾全集》，第七卷，第25頁

[2]亞當和塔納里：《笛卡爾全集》，第七卷，第140頁。

[3]不幸的是，不少的哲學家都是如此理解笛卡爾的這個論證的。例如康德在他的《純粹理性批判》裡就將這個論證看作是一個重言式。對這個前提作如此解釋，實際上是把這個論證按照我們以上所講的第一種論證方式來理解，即是一個循環論證。

[4]我們可以將這個論證按照以上的分析重新表述如下：1）如果有一個懷疑的思想，則這個思想一定屬於某一個存在的東西；2）當下有一個懷疑的思想；3）所以，一定存在著一個東西擁有著這個思想。　論證無可挑剔，不過這樣一來，原來論證的美感就沒有了。

[5]亞當和塔納里：《笛卡爾全集》，第七卷，第25頁。

[6]亞當和塔納里：《笛卡爾全集》，第七卷，第28頁。笛卡爾對感覺的理解，在《沉思錄》裡，甚至在第二個沉思裡的不同地方，有些不相一致的地方。笛卡爾在這裡解釋心靈本質的時候，說心靈是一個在懷疑、在領會、在肯定、在否定、在意願、在拒絕，也在想像和感覺的東西。在這個對心靈的描述中感覺成了心靈的本質屬性之一。這似乎和笛卡爾剛剛所說的，感覺不是確定無疑的知識相矛盾。這是怎麼一回事呢？　一個簡單的說法是前面談的是對感覺經驗的對象沒有確定的知識，但是這裡說的是對感覺經驗本身是有確定知識的。例如，我看到的顏色也許不對應著任何實在的東西，但我看到了顏色這一點是個無可置疑的事實。不過笛卡爾在前面明確地說感覺是依賴於身體的，因此若身體不存在，感覺也將不復存在若是這樣，則感覺不可能是心靈的本質屬性，因為笛卡爾後面要論證心靈和身體是能夠分開存在的。因此這個解釋還不能完全

解決這個問題。有人注意到笛卡爾用感覺（sense）一詞來表達兩個非常不同的涵義。一個是笛卡爾在上面所說的依賴於身體的感覺。這種感覺也為很多動物所擁有，人的這種感覺和動物的感覺沒有根本差別，笛卡爾常稱之為動物精神。但是，笛卡爾也討論另外一層涵義上的感覺，為心靈所擁有並且不依賴於身體而存在對於這種感覺，笛卡爾認為，沒有心靈而僅僅是機器的動物是不具備的。身體的感覺依賴於身體的生理結構，笛卡爾對此有了一個神經生理的因果解釋。心靈的感覺，按照笛卡爾的說法，與人體的生理結構沒有必然的關係。如此區分感覺的兩種涵義，可以解釋以上的矛盾。前面談到的是屬於身體的感覺；這裡談到的感覺是屬於心靈的感覺。心靈可以不依賴於身體而有感覺，而且心靈的感覺是確定無疑的。在下面這一段裡，笛卡爾說得很清楚：「例如說，我現在看到了光，聽到了聲音，感到了熱。這些都是假的，因為我正在睡覺。但我確實看到了，聽見了，感到了熱。這不可能是假的。確切地說，這是在我心裡叫做『感覺』的東西。但這個，準確地說，只不過是思維本身」當然，再細究起來，這裡面還是有問題的。這個我們以後再介紹。

[7]亞當和塔納里：《笛卡爾全集》，第七卷，第28頁。

[8]亞當和塔納里：《笛卡爾全集》，第七卷，第27頁。

[9]這裡可以看出笛卡爾對於屬於心靈的眾多屬性有不同的分類。儘管感覺和想像，在以上對於心靈的刻畫中被認為是屬於心靈的，但這兩個屬性不是心靈的本質屬性。也就是說，心靈可以不具備這兩個屬性而仍然存在。但是，其他思維的性質如理性的認知能力，心靈的意志力，等等，都是心靈的本質屬性，是心靈不可或缺的性質。按照這個理解，我們可以看到為什麼笛卡爾在這裡似乎將

感覺和想像的認識排除在心靈之外。嚴格地說，笛卡爾的意思是說這樣的認識來自於理智的認識（與來自於感覺和想像的認識相對立），而不是如這裡所說的來自於心靈（因為來自於感覺和想像的認識也是屬於心靈的，只不過感覺和想像不是心靈的必然屬性）。

[10]亞當和塔納里：《笛卡爾全集》，第七卷，第32頁。

[11]亞當和塔納里：《笛卡爾全集》，第七卷，第34頁。

[12]亞當和塔納里：《笛卡爾全集》，第七卷，第30—31頁。

[13]甚至有沒有物質還是一個問題。貝克萊的最終結論便是否定了物質的客觀存在。

[14]亞當和塔納里：《笛卡爾全集》，第七卷，第198—199頁，奧古斯的類似論證還出現在他的著作的不同地方，這裡阿爾諾只是引用了其中的一個表述。

[15]克爾維爾斯所指的那段論證在《上帝之城》，11卷26章。

[16]亞當和塔納里：《笛卡爾全集》，第三卷，第247頁。

[17]亞當和塔納里：《笛卡爾全集》，第三卷，第247頁。

[18]舉一個科學史上的例子：英國化學家普里斯特利透過實驗分離出氧氣的樣本，但他卻將其視為缺少燃素的空氣。法國化學家拉瓦錫認識到這是一種完全不同的氣體，從而開創了現代化學理論。可以說拉瓦錫的貢獻要更大一些。

第五章　上帝的存在

第三個沉思的標題是「論上帝及其存在」，在這裡笛卡爾用了很長的篇幅給出了上帝存在的證明。這個證明對笛卡爾來說非常重要，其原因不僅僅在於證明上帝存在本身的意義，更重要的是在證明了上帝的存在之後，笛卡爾可以繼續構建他的知識大廈。笛卡爾不是一個神學家，而是一個哲學家；他在第三個沉思的主要目的實際上不是證明上帝的存在，而是繼續探求確定的知識。上帝的存在給確定知識提供了一種保障，因為至善的、全能的上帝是不會欺騙我們的。在這個基礎上笛卡爾推出所有我們能夠清晰判斷的命題都是正確的。相比之下，在第五個沉思裡笛卡爾再次試圖證明上帝的存在，那個證明就更加純粹，就是為了證明上帝的存在而提出來的。那裡給出的證明是在安瑟倫的本體論證明的基礎上加以修改而得到的，是第五個沉思討論中的一個附帶結果，在笛卡爾哲學體系中只能算是一個分叉而不是主幹。

在《沉思錄》的獻詞裡，笛卡爾宣稱《沉思錄》的目的是要用哲學的方法來論證上帝和靈魂的存在。哲學論證可以更好地說服那些異教徒和不相信上帝和靈魂的人們，因為信仰對這些不信的人是沒有作用的。但是我們不能因此認為笛卡爾寫作《沉思錄》的目的只是或者主要是，為了證明上帝和靈魂的存在以便更好地說服異教徒。笛卡爾的獻詞是寫給巴黎大學神學院的教授們的，目的在於讓他們認真地對待他的作品，因此笛卡爾要從他們的角度來說明他的作品的重要意義。從《沉思錄》的論證結構來看，上帝的存在並不是笛卡爾哲學的核心問題，而是其認識論的一個工具。當然，這個證明是笛卡爾哲學的一個重要部分，但我們要清楚地認識到笛卡爾的哲學體系並不是完全建立在這個基礎上的。今天，即使我們不相信上帝的存在，從而無法認同笛卡爾關於上帝存在的證明，但我們仍然可以認同《沉思錄》裡的很多論證和原則，更不用說從笛卡爾的《沉思錄》裡得到很多啟發和靈感了。

在今天研究第三個沉思，重要的不是其上帝存在的證明本身，而是在這個證明之中所包含的笛卡爾的認識論。笛卡爾的哲學是現代哲學的開端，其認識論脫離傳統經院哲學的傳統而開始了一個新的體系。第三個沉思可能是《沉思錄》裡最困難的一章，其中有很多費解的概念和模糊的表述。這是因為笛卡爾在做著先驅者的工作，不像後來人有著清晰的視野和明確的方向。在笛卡爾的論證中也用到了一些屬於經院哲學但現在已經被廢棄和遺忘的哲學概念和理論，這也給現代讀者增加了理解的困難。在下面的敘述中，我們將以笛卡爾的上帝證明為線索來介紹笛卡爾的認識論，並介紹和討論相關的概念和問題。

笛卡爾的認識論

在第二個沉思之後，笛卡爾得到了一個確定的知識：他自己的心靈，作為思維的主體，是一定存在的。但除此之外，還有什麼知識是確定無疑的呢？從他以上的思索過程中，笛卡爾發現關於心靈的知識是如此的清楚分明，因此絕無可能是假的。所以，笛卡爾總結出一個原則：「凡是我能清楚分明認知的東西都是真的。」這就是笛卡爾著名的認識的清楚分明原則。

但這個原則是不是一定真確的呢？首先，即便所有的確定知識都是清楚分明的，這並不能推出所有清楚分明的認識都是確定為真的。這不是一個有效的論證。再者，很多我們以為是清楚分明的認識後來被發現是錯誤的。尤其是，如果運用徹底懷疑的方法，我們將發現我們自以為清楚的認識可能全錯了。也許我根本沒有手、沒有腿，而且如果創造我的上帝要欺騙我，即便是二加二等於四這樣的簡單自明的數學命題，我仍然有可能搞錯。

另一方面，笛卡爾發現有些看起來很清楚的命題並不真正是清楚分明的；而對於那些我有著清楚分明認識的命題，它們的真確幾乎是確定無疑的。笛卡爾說：「當我在考慮這些我如此清楚認識的東西的時候，我是徹底地被它們說服，以至於我不由地說：『讓他來欺騙我吧；只要我在尋思我是一個什麼東西，他就不能使我什麼都不是；他也不能什麼時候讓我從不存在，因為我現在的的確確是存在的；他也決不能使三加二之和多於五或者少於五，或者其他類似的我能清晰地認識到矛盾的事。』」[1]而唯一能讓我們產生一點點懷疑的原因就是存在著一個欺騙的上帝（或者淘氣的精靈）在作弄我們。因此如果我們能夠證明上帝存在而且不是個騙子，則我們就能保證這些命題的絕對真確，也就是說，認識的清楚分明原則就可以被放心大膽地運用。

這是笛卡爾證明上帝存在的起因。在第三個沉思裡證明上帝的存在是為了確保認識的清楚分明原則的有效使用。但如何證明上帝的存在呢？笛卡爾已經證明了思維的我是確定存在的，那麼能不能在此基礎上證明上帝的存在呢？笛卡爾認為是可以的。他的思路是要從我們心靈之中上帝的觀念入手，分析其特殊屬性，然後來斷定這個觀念只能來源於上帝，從而證明上帝的必然存在和上帝的本質屬性。

由於這個論證試圖從心靈中的上帝觀念來證明上帝的存在，因此有必要對心靈中的觀念做一個總體的考察。因此，笛卡爾在給出具體的證明之前，仔細解釋了他的認識論。笛卡爾的認識論和中世紀哲學的認識論有很多聯繫，但在很多地方作了很大的改變，而正是這些變化開啟了現代哲學，因此值得我們仔細地介紹一下。

笛卡爾將所有的思想（thoughts；所有能夠被心靈直接知覺的東西）分為如下幾類：觀念（ideas）、判斷、意志和情感。觀念如同是事物的影像，如人、天空或者天使。判斷、意志和情感一樣都是心靈的一種行動而作用於其他思想或對象，例如判斷是心靈對於觀念作出肯定或者否定的斷定；意志是心靈的一種能力，可以驅使我的身體。笛卡爾這裡關注的是觀念，他考察的問題是我們如何能夠知道這些觀念切實對應著它們所表示的對象。

笛卡爾上面對於觀念的定義有點模糊。要注意不能把觀念和圖像混為一談。很多人以為觀念是心靈裡小的圖像，就像照片似的。狗的觀念就是一個人們常見的狗的圖像，金字塔的觀念和實際的金字塔有著類似的形狀，等等。也許經驗主義者是這麼理解觀念的，但笛卡爾的觀念並不必須是圖像，甚至可以與圖像沒有關係。在對第二組反駁的答辯中，應作者的要求，笛卡爾將他在《沉思錄》裡的概念和論證用幾何論證的方式來表述，即先給出定義和公理，然後再一步一步地推出結論。在這裡笛卡爾對觀唸給出了一個明確的解釋：「觀念一詞，是指每一個思想的一種形式，透過對這種形式的直接知覺，我就理解了這個思想。因此，如果不是因為我的每一個言詞都對應著一個觀念這一事實，我就無法用言語來表達任何事，也無法明白我所言說的。所以，觀念不是單純的由想像描繪的圖像。實際上，這些物質圖像，如果只是物質圖像，即由大腦的某個部分來描繪出來的，絕對不能被稱為觀念；只有在它們告知了心靈而使心靈注意到這一部分大腦的時候，它們才能被稱為觀念。」[2]

在這段論述中，笛卡爾將觀念與由身體得到的圖像做了嚴格的區分。大腦中的圖像是從眼睛形成的圖像，透過神經系統傳入大腦的。對於這一過程，笛卡爾認為我們可以給出一個完全的物理解釋。例如，眼睛就是透鏡，自然就如透鏡成像那樣可以產生所觀察的東西的圖像，我們也可以根據這個理解來解釋關於視覺的種種現象。很多動物也都有眼睛，因此它們也可以形成這樣的圖像。我們可以概括地稱這些圖像為動物圖像。但是，觀念就不同了。觀念是屬於心靈的，按照笛卡爾的二元論，心靈和身體是截然不同的兩個東西，因此觀念和動物圖像一定是不同的。當然兩者之間可能存在著非常緊密的聯繫，例如大腦中的圖像被心靈所注意而在心靈中形成相應的觀念。

笛卡爾的這種理解和中世紀哲學有著很大的不同。中世紀哲學對認識論的研究實際上也是很重視的，很多著名的中世紀哲學家都提出了一些理論來解釋我們為什麼能夠認識世界。托馬斯·阿奎那追隨亞里斯多德，認為認識之所以如此可能是因為人能夠分享認識對象的形式。例如，我之所以知道這個蘋果是紅色的，是因為蘋果的形式——紅色，透過中介的傳播傳遞到我的心中，從而我能夠擁有這個紅色的形式而形成認識。對其他的性質的認識也類似。這個理論儘管在當時很流行，但面臨著很多困難。首先，形式是如何在中介中傳播的是一個很難回答的問題。沿著這個方向發展，認知理論逐漸走向一個更一般的因果認知理論。另外，在我心中的形式和在認識對象中的形式有很大的不同。蘋果因為擁有了紅色的形式而是紅色的，但是我的心靈不會因為擁有了紅色的形式而變為紅色的。因此兩者之間必然有差別。阿奎那的說法是形式在心靈中的存在是一種精神的存在，與在對象中的實際存在相區分。這種精神的存在也可以說成是一種目的性的存在（intentional existence），即只存在於我們的認識之中。司各脫將這個說法進一步發展，認為觀念是依附於心靈的存在，是對認識對象的表徵，並進一步地引入了一個概念來澄清以上的區分：認識對象是作為對象在心靈中呈現和存在的，因此具有對象的實在性（objective reality）。但是這種對象的實在性和認識對象本身的存在是不同的兩個東西，只有後者才是一般意義上的存在。這樣的存在被稱為形式的存在（formal reality）。作為認識對象而有的性質常被稱為對象性質（objective property），而對象自身具有的性質則被稱為形式性質（formal property）。所有觀念在本質上都是心靈的一種狀態，但是不同的觀念的對象卻可能有很大的不同。例如，大象的觀念和螞蟻的觀念作為觀念在本質上沒有什麼差別，但大象的觀念要比螞蟻的觀念對象性地大（objectively large），因為大象比螞蟻大。簡單地說，一個觀念的對象性質就是觀念的表徵對象的實際性質（形式性質）。注意這些概念在中世紀哲學是常識，但在今天這些術語已經不為人所知了。我們會看到笛卡爾在他的論證裡用到了這些概念，因此我們在今天理解他的論證時面臨著一定的困難。

後來的理論有了進一步的發展，從相似的角度或圖像的角度來說明認識是如何可能的。例如，圖像說認為一個觀念是這個觀念所表徵的對象的一個圖像，因此自然和這個對象很相似，從而我們可以認識到關於這個對象的性質。這些理論還可以結合因果的認識理論來說明認識的具體過程，並對圖像理論給出一個解釋。但笛卡爾的理論和這些理論都不一樣。笛卡爾是直接從我們心靈中已經有的觀念入手，然後來研究這些觀念是否是真確的。當然笛卡爾很清楚人體的生理結構，也清楚人類的認知過程，但是大腦和心靈對於笛卡爾來說是兩個不同的東西，因此不能混為一談。關於笛卡爾的心身二元論我們以後要專門介紹，這裡只是提一下它的結論。嚴格地講，在這個階段（第三個沉思），笛卡爾還不能確定外物的確定存在，因而根本不能說觀念是外物在心靈中的圖像。不過，笛卡爾的理論把認識論的關鍵問題突出出來，使得它成為以後的所有認識理論都不可迴避的問題：我們如何知道我們心中的觀念是真確的呢？換句話說，我們如何知道這些觀念所表徵的對象真正存在呢？

在這裡笛卡爾作了一個很有意思的區分：笛卡爾說觀念和判斷很不一樣。嚴格地說，觀念是不會錯的，只有對判斷我們才可以談論對錯。這是什麼意思呢？如果簡單地理解，我們可能以為笛卡爾說的是對於概念我們是無法談論真假的，而只有對於語句或者說命題我們才能談論真假。例如，像紅色或者獅子這樣的概念，真假根本不適用。而只有對語句，如「這個球是紅色的」或者「獅子是食肉動物」等才能說它們是真是假。也就是說，雖然概念是命題的組成部分，而真假只能對命題而談，而不能對比命題更小的語義單位——概念來談。

這當然是對的，但問題是笛卡爾的理解並非這麼簡單。笛卡爾這裡說的是觀念，而不僅僅是概念。這兩者差別甚大。觀念，和判斷、意志和情感類似，是思想的一種。概念自然是包括在觀念之中的，但命題似乎也是包括在觀念之中的。笛卡爾在對第二組反駁的答辯後面對一些關鍵詞彙給了定義，對觀念他是這樣說的：「是指思想的這樣一種形式，透過對這種形式的直接知覺，我才能認識到這個思想。」[3]笛卡爾接著強調觀念是語言的基礎，沒有觀念就沒有語言。但是這並不說明觀念就是概念。按照以上的定義，命題也是思想的一種形式，也是透過對命題形式的直覺我才認識命題，因此命題也是觀念。實際上，和他的同代人一樣，笛卡爾對於概念和由概念構成的命題並沒有嚴格的區分，觀念一詞即用來指代概念，也用來指代命題。從具體的例子來說，笛卡爾一方面說紅色、怪獸這些概念是觀念，另一方面又說上帝的觀念中包含了至能、至善、至知，而這樣的觀念只能作為命題（例如，上帝是至善的）來理解。[4]

如果是這樣的話，我們怎麼理解笛卡爾上面說的那段話呢？可以有兩種解釋：一種較為簡單，一種比較複雜。簡單的解釋是強調這裡笛卡爾說的是觀念是不會錯的，但並沒有說觀念不可能是真的。因此，觀念是可以為真的，而且是必然為真的，因為心靈對觀念有著確定無疑的認識。像上面所說的對上帝是至善的認識不會是錯的。不過，這個簡單的解釋有些困難。如果說上帝是至善的是必然真理，那麼說上帝不是至善的就是必然假的了，這是不是說觀念也可能是假的呢？因此這個解釋有問題。注意當我們說心靈對觀念有確定無疑的認識的時候，是說心靈知道觀念所呈現的對象性質，但並不是說心靈知道觀念所對應的外在事物也一定擁有這些性質。

我們看看笛卡爾是怎麼說的：「觀念，如果只就其自身考慮而不涉及它們所指的東西，那麼，確切地說，它們是不可能為假的。因為不論我是在想像一隻母山羊還是一個怪獸，對於我的想像而言都是同等的真實。」[5]這裡的真實雖然用的和真假的「真」是同一個詞，但是我覺得它們的意思是不一樣的。前者（真實）的真只是對想像而言的，而後者（真假）的真是對外在事物而言的。笛卡爾的意思很明確，觀念只是我們心中所認識的東西，與外在的事物是截然不同的。如果我們只考慮這些觀念，則我們就用不著真假的概念，因為這些觀念，不論是母山羊的觀念還是怪獸的觀念，對於我而言都是同等實在的。但是，若我們下判斷說「這是一隻母山羊」或「怪獸存在」等等，則這就超出了單純觀念的範圍，而與外在世界聯繫起來了。因此這樣的判斷是有真有假的。

即便是對於一個命題而言，如果我們單純地在心中尋思它的意思，則我們也不能討論它的真假。例如我們在心裡尋思「紐約是美國的首都」這個命題的時候，我們只是考慮它的意思，而不需考慮它的真假。只有將這個命題和外在的東西，即這個世界的具體情況聯繫起來之後，我們才能說它是真是假。這種聯繫就是判斷。不論我對一個命題作出肯定的或者否定的判斷，只要一旦作出了判斷，甚至說只要是開始考慮對它的判斷（而不需要一定有個結果——我們可能最後是懷疑的態度），則我們就是在討論它的真假了。這個區分從笛卡爾的思路來看尤其容易理解，因為笛卡爾現在的出發點只是我的心靈和心靈中的觀念，而如果單純考慮這些東西的話，我們是無法談論真假的。[6]

如果我們對觀念不能談論真假，這樣我們就不能簡單說上帝的觀念是真的，從而推出上帝的存在及其屬性。[7]笛卡爾這裡採取了一個迂迴的方法來證明上帝的存在。他先考察心靈之中所有觀念的起源。如果有些觀念不能由我自己產生，則它們必然來自於外在的東西。尤其是，如果上帝的觀念不可能由我自己來產生，則它必然來自於一個外在的東西。這是笛卡爾的論證思路。

笛卡爾對所有觀念進行分類：有些觀念是我與生俱有的，有些是外來的，有些是我自己創造的。我對於事物、真理以及思想本質的瞭解，似乎是出自我的本性；但我聽到的聲音、看到的事情和感覺到的冷熱等等，似乎是來自於我以外的什麼東西；至於像人魚、飛馬等觀念則是由我自己憑空捏造出來的。但這些只是我平常所相信的，還沒有經過仔細地思考。也許所有的觀念都是我自己捏造的；尤其是那些我認為來自於外物的觀念，我為什麼相信它們一定不是我自己捏造的呢？

笛卡爾列舉了兩個主要理由。一是我們的天性（nature）；我們自然而然地相信它們來自於外物，而且和外物相類似。二是這些觀念不受我們的意志所控制。當我把手放到火爐上的時候，即便我想讓自己不覺得熱，我仍然會覺到熱。不論我怎麼想，每當我閉上眼，我所看見的東西就消失了；而當我又睜開眼的時候，它們又回來了。這些感覺是不受我的意志所控制的。

但這兩個理由是否能保證這些感覺來自於外物的呢？笛卡爾認為不能。首先，這個天性只是一種自發的衝動，而非能夠揭示真理的自然之光（又稱為理性之光）。自然之光和這種自發的衝動是大不相同的；自然之光給我確定無疑的知識，但這種天生的衝動，在過去經常帶給我錯誤的見解。因此我也不能保證現在這種天性所指示的一定是正確的；也許這些觀念根本不是來自於外界的，而是我自己創造的。另外一個理由也不充分。即便我的意志不能控制這些觀念，但這並不能說這些觀念一定是由外物產生的。也許我的心靈有一些我至今也不太清楚的官能，創造了這些觀念。笛卡爾用夢為例來說明：夢中產生的觀念是心靈無法控制的，但夢中的觀念顯然不對應於外物，而是由心靈自己創造的。我們還可以用佛洛伊德的潛意識理論作為一個例子：潛意識中產生了很多觀念（例如一個人對紅色的恐懼），我們的意識並不明了它們是如何產生的，也無法控制這些觀念，但它們可能並不是來自於外物，而是由我們自己創造的。

笛卡爾這裡還進一步地說明，即便假定這些觀念是來自於外物的，我們也無法斷定這些觀念一定與外物相類似。例如，我們看見太陽挺小的，和月亮差不多大，但是科學研究告訴我們太陽要比月亮大得多，而且我們知道來自於科學的認識更為準確可靠。因此我們對這些東西的感覺並不一定是這些東西的真實性質。接著他批評了認識的因果理論，認為這樣的理論沒有堅實的基礎，我們不能確定它們是否真確。

上帝存在的證明

從上面的介紹我們看出，笛卡爾考察了證明上帝存在的各種途徑，發現其中的很多條路走不通。不過，笛卡爾認為他發現了一個證明上帝存在的論證，並在這個沉思剩下的內容裡仔細地講述了這個論證。這個證明相當複雜，而且爭議繁多。在這裡我們先給出一個證明的綱要，然後再具體地分析這個證明。

笛卡爾的證明可以被複述如下：

原因的總和至少和其結果擁有一樣的實在性。

一個觀念只能由具有和它的對象實在至少同等的形式實在的東西而產生。

我擁有一個無限的、完滿的觀念（即上帝觀念）。

這個觀念有著無限的對象實在性。

因此，這個觀念一定是由一個擁有無限的形式實在的東西而產生。

我自己是一個有限的存在，不能擁有無限的形式實在。

因此，上帝，一個完滿的、與我截然不同的東西，一定存在。

笛卡爾把第二個前提視作第一個前提的特殊情形，但事實上並非如此簡單。第二個前提牽涉到兩個中世紀常用的概念，對象實在和形式實在，也需要仔細研討。因此我們將它單獨列出。

第一個前提笛卡爾認為是自明的，是心靈借助理性之光直接領悟的。這個原則常被稱為因果原則，是中世紀哲學普遍接受的一個命題。它的意思是說任何結果都必須由具有同等或更高現實性的東西來產生。例如，鏡中之花是由現實中的花造成的，但現實中的花不可能由鏡中之花來產生；因為現實中的花比鏡中的花具有更高的現實性。笛卡爾自己是如下論證這個前提的：「現在，憑自然之光可以看出，總的動力應至少和在它的結果具有同等的實在性：因為結果如果不從它的原因裡，那麼會從哪裡取得它的實在性呢？這個原因如果本身不具有實在性，怎麼能夠將實在性傳給結果呢？由此可見，不僅無中不能生有，而且比較完滿的東西（也就是那些本身包含更多實在性的東西）也不能是由比較不完滿的東西產生的。」[8]

現實性是中世紀哲學經常討論的一個概念。一般來講有三類現實性。上帝是無限的存在，其存在是不需要依賴任何其他東西的，因此他的現實是最高的一類；一般物體的存在，包括心靈和物質事物，都是依賴著上帝的存在而存在的，因此是第二類的現實存在；再次如心靈的觀念、水中的影像，是依賴著心靈或水來存在的，因此是第三類的存在。[9]在討論觀念的時候，中世紀哲學常用到這樣的一對概念：形式的實在性（formal reality）和對象的實在性（objective reality）。形式的實在也稱為現實的實在，指的是這個對象本身的實在性。對象的實在指的是這個觀念所表徵的對象的實在性。作為觀念，所有的觀念都具有同樣的形式實在性，也就是說它們都是依賴於心靈而存在的東西；但觀念的對象實在性卻有很大的差別。一個感覺觀念，例如一朵花，其對象實在性是這個觀念所表徵的東西的形式實在性，也就是這朵花的形式實在；若是一個憑想像虛構的觀念，如美人魚，其對象實在性是該觀念表徵的對象，即美人魚的形式實在性。由於美人魚實際上並不存在，因此美人魚的形式實在性要低於一朵花的形式實在，從而美人魚觀念的對象實在性要低於這朵花的觀念的對象實在性。[10]換句話說，一個觀念的對象實在性就是該觀念的表徵對象的形式實在性。

笛卡爾想要的是第二個前提，即觀念的對象實在和形式實在之間的關係。在上一段引文之後，笛卡爾接著寫道：「這（個原則）不僅對於那些具有現實的或形式的實在性的結果是如此，而且對於觀念，當我們只考慮它們的對象實在性的時候，也是很明顯的。例如，一塊石頭，如果在此之前並不存在，則它只能在被一個形式地或者卓越地擁有石頭所具備的一切的東西產生之後才開始存在[11]；熱，如果不是由一個具有至少與熱同等級別的性質的東西來產生，則不會在物體裡出現——餘次類推；而且同樣的，熱的觀念和石頭的觀念，如果不是由一個本身包含了至少和我在熱和石頭的觀念裡領會的實在性相當的東西來產生，就不會出現在我心裡。因為，儘管這個原因不能把它的現實的或形式的實在性傳給我的觀念，但是不應該因此認為這個原因不那麼實在。」[12]

笛卡爾這裡的說法有一點模糊。按照字面的理解，這裡說的是因果原則對於觀念（當我們考慮它們的對象實在性的時候）也是適用的，即一個觀念只能被具有同等或者更多對象實在性的其他觀念導致或產生。但如果這就是笛卡爾的理解，則這個原則是不合理的。固然我們有時候會先想到一個人再想起她的一張照片，但我們也經常想到一張照片再想到人。因此我們不能說一個觀念必然是有另一個具有同等或者更多對象實在性的觀念導致的。實際上觀念之間的因果關係和觀念所表示的對象之間的因果關係沒有必然的聯繫，至少兩者之間不必有同樣的因果方向。

不過，以上的解釋可能並不是笛卡爾心中所想的，也不是他所需要的。笛卡爾想要得到的是觀念和現實之間的關係，因此他的問題是如何從對象實在性得到形式實在性。笛卡爾說：「儘管一個作為觀念的對象而存在於理智之中的東西，不是一個完美的存在，但是它仍然不是什麼都不是，因此它不能從無中產生。」[13]這個說法有一定的道理。我們心中的觀念的對象，如桌子、椅子等一定是由什麼東西導致的，不可能是無中生有的。注意這個描述有一點模糊。笛卡爾是說這些觀念本身一定是由什麼東西產生的呢，還是說這些觀念的對象實在一定是由什麼東西產生的呢？這裡牽涉到一個區分：觀念和觀念表徵的對象。注意觀念表徵的對象並不是外在的事物，而是一種意向性的存在（intentional existence）。舉個例子來說，我有一個老虎的觀念。這個觀念本身是依附於心靈而存在的，是心靈的一種狀態。但這個觀念對我而言表示著一隻老虎，這隻老虎就是觀念表徵的對象。這個觀念也許是由現實世界中的老虎，例如北京動物園裡的老虎，導致形成的，那隻老虎則是現實中的老虎，和觀念中的老虎是兩回事。[14]笛卡爾這裡說的應該是觀念的表徵對象，也就是說意向性的存在。但是對於這些觀念中的對象，我們如何才能談論因果關係呢？換句話說，我們可以理解導致椅子的原因（木匠），也可以理解導致椅子觀念的原因（現實中的椅子），但我們如何理解導致作為觀念中的對象而存在的椅子的原因呢？笛卡爾這裡的陳述令人費解。

笛卡爾進一步說：「儘管我現在考查的觀念實在性只是對象實在性，但是我不應因此懷疑說在這些觀念的原因裡不需要有同等的形式實在性，而只需要有同等的對象實在性就夠了。」[15]笛卡爾對此給出的論證很讓人費解。他是這樣說的：「就像對象性質因其本性屬於觀念一樣，形式性質因其本性屬於造成觀念的原因，至少是那些最初的和首要的原因。」笛卡爾的解釋中說我的觀念如同影像似的，不可能比其所試圖捕捉的對象有更多的實在性；儘管一個觀念可以由其他觀念而產生，但不可能有無窮的倒退，而必然會達到一個最初的觀念。對於這樣的原初觀念，其產生的原因就具有（至少）與觀念的對象實在性所相應的形式實在性。

笛卡爾這裡所說的原初觀念和後來哲學家所談的簡單觀念可能很類似。這些簡單觀念是我們一切認識的基礎。我們可以用一個例子來理解笛卡爾的這個原則。比方說，再好的照片，裡面物體的真實程度也不可能超過被拍攝的東西本身，而最多只能與其相等同；與此類似，原初觀念的對象實在性也不可能超過產生該觀念的原因的形式實在性。笛卡爾自己也說，「從自然之光我清楚地知道我的觀念就像圖像，它們很容易喪失它們所本的東西的完滿性，但是它們決不會包含更多或更完滿的東西。」[16]但這個比喻不是十分的貼切。這裡我們需要假定照片或者圖像是實際事物的影像；若有一張清晰但是虛構的恐龍照片，而我相信照片上的恐龍是真的，則照片的對象實在性大於其原因的形式實在性。即便這個假定對於照片是合理的，但對於原初觀念我們能做同樣的假定嗎？這裡的完滿指的是什麼？是說實在性嗎？但圖像的實在性比其所本的對象要低是顯而易見的，根本不需論證。是說物體的各種性質的清晰程度嗎？這樣這個原則就是說簡單觀念中的對象不可能比其所本的東西擁有更為清晰的性質。例如說我們觀念中的老虎不可能比現實中的老虎更加清晰，就如最好的照相機拍出來的老虎照片也不可能比真實的老虎清晰。但這個理解也是有問題的。首先，我們在感覺經驗中認識的很多屬性，如顏色、味道、聲音等等，包括笛卡爾在內的很多哲學家都承認它們並不屬於事物本身。因此，儘管觀念所本的對象沒有這樣的性質，我們對它們卻有清晰的認識。

再者，這個論證有賴於一個假設。這個假設與經驗論的理論非常接近。按照這個理論，我們所有的觀念都來自於我們感覺中的簡單觀念；這些簡單觀念是對外物的直接認識，是由外在事物直接導致的。而且，我們可以進一步假設兩者之間的相似性。因此，感覺觀念的對象實在性和引起感覺觀念的原因（外在事物）的形式實在性是相吻合的。可是這個理論不僅不一定正確，而且這樣的假設是笛卡爾無法接受的，因為它已經假定了外物的存在和與觀念的相似性。而笛卡爾則要試圖從觀念的性質來推導實際（形式）的存在和其屬性。

問題的關鍵是對象實在性的概念。這個中世紀哲學的概念其實有著很大的問題，尤其是與笛卡爾新構建的認識論有著根本衝突。一個觀念的對象實在性是其所表徵對象的形式實在性；但問題是，在笛卡爾的徹底懷疑之後，我們根本無法確定一個觀念所表徵的對象是否實際存在，從而無法建立起觀念的表徵對象的形式實在性。若是這樣，則觀念的對象實在性根本無從談起。也就是說，如果我們不能刻畫一個東西的形式實在性，則對表示這個東西的觀念的對象實在性也無從談起。舉例來說，我怎麼知道鬼魂、人、上帝這些觀念的對象實在性的？正是從它們所指稱的對象的形式實在性來得知的。所以說，對象實在性是附屬於形式實在性的概念，這樣我們自然無法從對象實在性推出形式實在性。笛卡爾的證明從一開始就走進了死胡同。

笛卡爾的證明是不是一定需要第二個前提呢？是不是第一個前提就已經足夠？我們來看一看笛卡爾的論證過程：笛卡爾先要說明的是：即便觀念只是作為心靈的一種思想模式而存在，它們也必然是由什麼東西產生的，不可能無中生有。上帝的觀念也是如此。這一步並不需要第二個前提。笛卡爾下一步要考查的是看一看上帝的觀念是怎麼產生的，它是否不可能來自於我自己，而必須來自於外在於我的東西。最後笛卡爾證明這個觀念的原因必然在我之外，因此一個與我不同的對象必然存在，而這個東西就是上帝，具有上帝的各種屬性。下面我們可以看出在這兩步論證之中，第一個前提是不夠的，第二個前提是必須的。尤其是最後一步，笛卡爾不僅僅要論證我不是世界上唯一的存在，而是要論證上帝的存在。上帝是有獨特屬性的存在，而不是一般的任何存在。即便證明一個其他物體的存在不需要第二個前提，但要想得到上帝的存在，第二個前提是不可缺少的。只有它才能從我的無限的上帝的觀念推出上帝作為這個觀念的原因，是一個無限實體的存在。

第三個前提在當時是普遍接受的。這是基督教對上帝的基本理解。笛卡爾如下理解上帝這一個觀念：「『上帝』這個詞對我而言，是指一個無限的，能獨立存在的，無上明智和我所不能的實體；它創造了我和其他所有存在的東西，如果這些東西存在的話。」[17]今天很多人不接受這樣的上帝觀念，即使在笛卡爾的時代，也有很多異教徒不信基督教，甚至不信任何的宗教。笛卡爾當然知道這個事實，不過笛卡爾的要求只是在每個人的心靈裡都可以發現這樣一個上帝的觀念：也許你不信仰它的存在，但這個觀念是確定無疑存在的；甚至即使你還不知道這個觀念的存在，它已經在你的心靈裡了。

上帝觀念的特性，尤其是其無限的實在性，需要解釋一下。這裡的無限是指實際的無窮而非潛在的無窮。潛在的無窮容易理解。例如一個自然數的序列，可以一直數下去，永遠不會到頭，這樣的無窮是潛無窮，因為一個人所能數的數永遠是有限的。潛無窮說的只是一種可以永無窮盡的趨勢，是一種潛在的可能性。換句話說，潛無窮就是說沒有盡頭，永遠可以繼續下去。但實際的無窮就不一樣了。這是說真正的無窮序列，在這個無窮序列之中所有的東西都被包括進來，而不僅僅是一種趨勢。人類有限的心靈只能是有限的存在，但上帝卻是實際無限的存在。笛卡爾說，我們心靈中的上帝觀念便是一個實無限的存在。

這個論斷是有爭議的。很多哲學家認為人類有限的心靈根本無法認識實際的無限；我們所能理解的只能是潛在的無限。經驗主義哲學家如洛克、休謨等自然是否認心靈可以理解實無限；即便是神學家馬勒布朗士（Malebranche）也認為心靈只能擁有有限的觀念，因此上帝的觀念不可能被心靈徹底地認識。這裡要清楚一個重要的區分：來自感覺的經驗和來自於理性的認識。感覺經驗只可能是有限的，因此感覺無法提供一個實無限的觀念；但理性的認識是與感覺經驗不同的。從感覺經驗的有限我們不能立刻推出理智不能理解一個實無限的觀念。德國數學家康托在集合論上的工作說明我們不但可以認識實際的無窮，而且我們可以認識很多不同種類的無窮，如自然數的無窮、實數的無窮等等；實際上，無窮的種類也有無窮多個。儘管在康托的集合論中，我們對無窮的理解也是透過有限的心靈和借助於有限的方式（毫無疑問，我們的心靈無法擁有無窮多的東西），但笛卡爾這裡需要的只是我們能夠理解實際的無限，而不是要求我們有對實際無限的感覺認識。在這一點上笛卡爾是正確的，我們能夠理解實際的無限。進一步地說，我們理解的上帝觀念可以是實際的無限存在，而非潛在的無限存在。

第五個命題「這個觀念一定是由一個擁有無限的形式實在的東西產生的」是對第二個前提的直接應用。因為我心中的上帝觀念具有無限的對象實在性，因此這個觀念的原因，一定是一個擁有無限的形式實在的東西。我們以上已經談論了對於第二個前提的疑問，因此這個結論不能得到充分的保障。即便我們心靈之中擁有一個無限的對象實在的觀念，我們並不能說這個觀念一定是由一個擁有無限的形式實在的東西來產生的。相反，現有的證據表明，這個觀念完全是可以被我的有限的心靈創造出來的。尤其是對於笛卡爾來說，心智所理解的觀念不必依據於感覺的經驗，則以上的結論就更加可疑。例如，我們可以理解各種不同無窮的集合，但顯然地這些觀念不是由實際的無窮集來導致的。

為了繼續討論這個論證，不妨假定這個命題是真的。下面一步，第六個前提「我自己是一個有限的存在，不能擁有無限的形式實在」是明顯的真理。笛卡爾對此仍然作了仔細的說明。如果我自己是無限的存在，有著無限的能力，則我不會缺少任何東西，我因而也不會再有希望（我所想要的東西立刻都可以實現），我也不會缺少任何的完滿性。換句話說，我就是上帝。但是我並不具有這樣的能力。因此我只能是一個有限的存在。這樣，笛卡爾就得出了他最後的結論：上帝，一個完滿的、與我截然不同的東西，一定存在。

值得注意的是，笛卡爾在以上的論證裡，尤其是在論證第五個命題（最關鍵的命題）的時候，非常小心，並不是僅僅利用第二個前提直接推出。首先，笛卡爾考查了我們心靈之中所有的觀念，一個個地研究它們是否能夠被心靈自己創造。一般的觀念，例如關於無生命的東西、動物、其他心靈，以及天使的觀念，笛卡爾發現都可以是心靈自己創造出來的；因此即便世上沒有無生命的東西，例如動物、其他心靈、天使等等，我仍然可以擁有這些觀念。只有上帝這個觀念是不同的。但是如上面所指出的，第二個前提仍是不可缺少的。即便不用它笛卡爾可以得到上帝觀念不是由我來產生的，但仍然無法得出上帝的任何性質。而且，笛卡爾這裡的論證也是依賴於第二個命題的。在他論證一個有限的心智無法產生關於實際無窮的觀念的時候，他是需要第二個前提的。當然這個推理也可以推敲：既然我們能夠理解實無窮的觀念，我們為什麼不能創造這個觀念呢？

另外，笛卡爾引進了一個新的性質來討論觀念，觀念的實質錯誤性（material falsity）。在上面討論無生命的物質性的東西的時候，笛卡爾斷定來之於感覺的觀念，如顏色、聲音、氣味、冷熱，等等，並不真正對應於物體的本身性質，也就是說，物體本身並沒有顏色、聲音、氣味、冷熱，等等。這和另一類的感覺觀念，如廣延、形狀、大小、數目等是不一樣的，因為這些感覺觀念是對應著物體自身的性質的。這也就是洛克後來在第一屬性和第二屬性之間作出的區分。笛卡爾以上說過觀念本身是無法談論對錯的，只有對判斷我們才能說它們是對是錯。但是笛卡爾認為有必要對這兩種觀念作出區分。因此笛卡爾引進了一個實質錯誤的概念。那些看起來似乎表徵了什麼東西但實際上沒有表徵任何東西的觀念是實質錯誤的觀念。例如，對於冷熱這樣的觀念，我們不清楚它們對應任何真正的存在；也許冷只是熱的缺失，或者熱是冷的缺失，或者兩者都不是實在的性質。如若冷只是熱的缺失，則冷不對應任何真正的性質，因此就是一個實質錯誤的觀念。

實質錯誤和真正的錯誤（形式錯誤）不一樣。對於觀念而言是無法討論真正的對錯的，但是可以討論它們是否是實質錯誤的。實質錯誤到底是一個什麼意思呢？這個問題，由於笛卡爾在不同地方的不同解釋，是一個非常複雜的問題，在當前的討論當中也引起了很大的興趣，研究者們也提出了很多不同的解釋。這裡，我們只給出一個非常簡單的解釋，而不做深入討論。簡單地說，實質錯誤是關於一類特殊的概念，這樣的概念沒有指稱，也就是說不對應著任何存在的東西。因此儘管嚴格地講我們不能說一個概念的正誤（因為我們還沒有運用這個概念），但我們可以說有些概念是可以用來指稱實際存在的東西的，而有些概念根本不指稱任何存在的東西。例如，馬這個概念可以用來指稱存在的東西（馬），而飛馬這個概念則不指稱任何存在的東西，因此飛馬是實質錯誤的概念，而馬不是。儘管我們在使用馬這個概念的時候，仍有可能犯錯誤，例如用馬來指牛，但那是判斷上的錯誤，而不是概念的實質錯誤。

總體來說，笛卡爾的上帝存在之論證有著不少的問題。在下面我們還會具體地談到一些批評，不過從以上的分析已經可以看出，笛卡爾的論證中一些關鍵的前提是有問題的。這個結果本身並不意外。對於上帝存在的證明有很多的嘗試，但至今為止沒有一個證明能經得起推敲。更何況笛卡爾給自己設了很多限制，這樣的證明能夠成功才是稀罕事。

笛卡爾的惡性循環論證？

對於笛卡爾的這個上帝存在的論證，當時就已經有了很多的批評。其中最引人注目的批評是阿爾諾提出來的，指責說在第三個沉思裡的論證實際上是個循環論證。阿爾諾說：「我僅餘的一個問題是，當作者說我們除了上帝的存在之外沒有任何基礎來確立凡是我們能夠清楚分明認識的都是真確的原則的時候，他是否犯了惡性循環的錯誤。因為，我們之所以確定上帝的存在，正是因為我們能夠清楚分明地認識到這一點。所以，在我們肯定上帝存在之前，我們必須要肯定凡是我們能夠清楚分明認識的都是真確的。」[18]

這個反駁非常有力。第三個沉思的論證結構是這樣的：笛卡爾的出發點是要證明笛卡爾認識論的首要原則：「凡是我能知道的清楚分明的東西都是真的。」要證明這個原則，笛卡爾說我們需要證明上帝的存在。但是在證明上帝存在的論證中，我們用到了很多原理，如因果原則（第一個前提），上帝觀念的無限存在性，我的心靈的有限存在。而在論證這些原理的時候，笛卡爾只是說它們的確定真理是由自然之光來保證的。但是，我們難道不是要證明「凡是我能知道的清楚分明的東西都是真的」這一原則本身嗎？否則的話，我們怎能知道凡是由自然之光照亮的命題都是確定為真的呢？如果是這樣的話，則笛卡爾的論證就陷入了循環論證——所要證明的結論出現在論證的前提裡面。我們可以簡單地概括笛卡爾的論證思路：從上帝的存在來證明認識的清楚分明原則，而從我們對上帝存在的清楚分明的認識（以及其他自明的原理）來得出上帝存在的結論。這明顯是個惡性循環。

對於這個反駁，笛卡爾引用了他對第二組反駁意見的答辯來大致進行了說明。在第二組反駁中的第三個反對意見也提到與此類似的一個觀點，說如果清楚分明的認識原則的正誤依賴於上帝的存在，則笛卡爾怎麼能夠在第二個沉思裡確定自己心靈的存在呢？也就是說，笛卡爾整個認識理論的基石，對我的心靈存在的確定認識，是否也依賴於上帝的存在呢？笛卡爾回答說，他所說的那些需要清楚分明的認識原則來保障的真理指的是那些需要由論證得出的結論：「當我說如果不知道上帝的存在我們不能有任何的確定知識的時候，我明確地說我只是針對那些從記憶中直接獲得的知識，這時我們不再關注於得出這些知識的論證。」[19]笛卡爾將這樣的知識和對我思故我在的認識相比較，說後者屬於完全不同的一類認識，因為那根本不是一個三段論的推理：「當一個人說『我思故我在』的時候，他並不是用三段論來從思維推出存在，而是透過心靈的簡單直覺來認識到這是自明的真理。」[20]同樣的，在對阿爾諾的答辯中，笛卡爾說這裡有一個重要的區別：「在對第二組反駁的答辯中，我已經在我們正在清晰地認知的東西和我們回憶起來的以前清晰認知的東西之間做了一個區分。首先我們明確知道上帝的存在，因為我們正在專注於對其存在的證明；但後來，我們只要記得我們曾經清晰地認識到它就足夠確信這是真的。但這一點只有在知道上帝是存在的並且不會欺騙我們之後，才能夠確立。」[21]

笛卡爾這裡的意思並不是十分清楚，後來的註釋者也有不同的見解。這裡的問題不僅僅是笛卡爾是否犯了循環論證的錯誤（這個問題的答案應該是否定的），也不僅僅是發現一個方法使得笛卡爾避免循環論證的指責（有很多種方法可以避免循環論證），而是尋求一種最合理的解釋，使得與笛卡爾的論證思路和他在其他地方的陳述最為一致。很顯然笛卡爾不認為他的論證有什麼問題，但他是如何理解的呢？

首先可以肯定的是，我們必須對能夠清楚分明認識的命題作進一步的分類。對於某些清楚分明地認識的命題，我們能夠直接認識到它們的真理而不需要上帝存在的保證。或者說我們直接領悟到它們的真理，而不需要從認識的清楚分明原則推論出來。問題的關鍵在於如何劃分這樣的命題。

比較合理的一種解釋，是將清楚分明的認識原則與理性的自然之光加以區分。凡是能為理性的自然之光直接領悟的命題一定是確定無疑的，無論是在什麼時候都是如此，而且也不需要上帝的存在來保證。也就是說，不論上帝存在不存在，不論我什麼時候在思考這些命題，這些命題一定是自明的，真確的。例如，在第二個沉思裡發現的我的心靈的確定存在，就是這樣的一個真理。我們可以推斷笛卡爾認為在證明上帝存在的論證中用到的前提都是透過理性的自然之光來認知的。而認識的清楚分明原則所適用的對象不需要包括那些可以透過理性之光直接認識的命題，而主要針對那些雖然真確但不能由理性之光直接把握的命題。例如，很多幾何和算術的知識就不是透過理性之光直接認識的。即便簡單如2 + 2 = 4或者三角形的三個角之總和等於一百八十度這樣的命題，在笛卡爾徹底的懷疑論面前，也不是確定無疑的。

因此我們可以在命題之間作出這樣的劃分：有些命題是可以被理性之光直接認知的，而有些命題，儘管它們看起來是必然真的，卻不能由理性之光直接認知。因此，這些命題之間必然存在著一定的區別。什麼樣的區別呢？我們如何知道哪些命題是能夠被自然之光直接認識的呢？在這個問題上我們似乎沒有一個很清楚的答案。如果我們認真對待以上所引的笛卡爾對反駁意見的答辯，笛卡爾的想法似乎是要在理性直接把握的真理和理性透過推理而得到的真理之間作出劃分。那些透過推理而得到的真理，儘管也是必然為真的，但結論並不能被直接地認知，而需要推理的過程。儘管推理的每一步都是能夠被理智直接認知的，但其結論的真並不能由理性之光直接把握。因此，笛卡爾說，當我們在心靈裡面考慮著整個證明的時候，這個結論當然是確定無疑的；但若我們忘記了證明而只是記住了我們曾經證明過這個論斷，則我們對這個命題的確信則是建立在我們清晰的記憶之上。但我們的記憶，很明顯地，是可能出錯的，因而需要一個完滿上帝的存在來保證凡是清楚分明的認識都是真的。例如以上的例子，三角形的三個角之和等於兩直角，就不能由理性之光直接認識，而需要經過推理而得到。對於這樣的命題，笛卡爾認為只有在我們直接考慮其證明的時候，才是確定無疑的；但若我們只是記得這個命題曾經被證明過，這個命題的真理依賴於我們的記憶，因此需要一個完滿上帝的存在來保證其為真。上帝保證的是我們記憶官能的準確性，而不是這個命題本身和證明過程的確定性。[22]

也許有人會說這種理解大大限制了這個認識原則的作用。因為按照這種理解，清楚分明的認知原則只是用在我們的記憶官能上：一個清晰的記憶可以確保它的真確。而對於很多重要的基本原則，清楚分明的認知原則基本上沒有什麼用，因為它們的真理都是由理性之光來保證的。例如，為什麼因果原理一定是正確的？為什麼我能確信我有一個完滿的、無限的上帝觀念？很多讀者認為類似這樣的真理是由認識的清楚分明原則來保證的，這也正是為什麼這個原則這麼重要，被很多哲學家視為笛卡爾認識論的基點，也是理性主義哲學的基本出發點。但這樣的話笛卡爾也就真正地陷入了惡性循環。也就是說，如果人類知識的基本原則必須由認識的清楚分明原則來保障，而認識的清楚分明原則之真確又必須由上帝的存在來保障，但上帝存在的證明中又用到了人類知識的一些基本原則作為這個論證的前提，則笛卡爾無法避免惡性循環。因此，在以上的三個命題之中，我們必須放棄其中的一個。

也許，至少在第三個沉思裡，笛卡爾對認識的清楚分明原則並沒有很高的要求，並沒有期待它成為他的認識論的基礎。我們不能把這個原則和理性的自然之光相等同。理性的自然之光所帶來的知識是笛卡爾的哲學基礎。但笛卡爾在第三個沉思裡的擔心不是如何澄清或是辯護自然之光，而是如何擴展他已經獲得的知識。從這個沉思的開始，我們可以清楚地看到這一點。笛卡爾首先討論了從第二個沉思得到的確定知識，然後試圖將這種確定知識延伸開去。這個時候他提出了以上的認識的清楚分明原則。但他立刻遇到了兩個挑戰：一是感覺經驗，二是數學知識。兩者看起來都是非常清晰的，但從第一個沉思裡的徹底懷疑我們知道，它們不是確定無疑的。對於感覺經驗，笛卡爾承認他犯了錯誤：這些觀念也許看起來是清楚的，但它們並不是真正清楚分明的，因此不能保證對應於外在的事物並與它們相類似。我們只能清晰地知道我們擁有這樣的觀念。但是，數學知識是確定為真的，不會有錯的。當初我們對此懷疑是因為上帝或者精靈可能會欺騙我們，因此我們在這些事情上也可能會犯錯。所以笛卡爾要證明上帝的存在及其屬性來消除這個疑慮。

如果這個理解是正確的，則笛卡爾在第三個沉思裡對認識的清楚分明原則的論證並沒有很大的野心。證明上帝的存在當然是一個很大的挑戰，但是單純地就認識論而言，笛卡爾的目的很簡單。他只是要說明透過證明得到的知識都是確定無疑的，而且只要我們有一個清晰的記憶，我們就可以放心地使用它們。只要證明的每一步都是有效論證，每一個前提都是確定為真的，則結論就是真的。證明的鏈條可以傳遞確定的真理，是早年笛卡爾發現的建設知識新大廈的鑰匙，是可以將數學知識中發現的確定性推廣到其他知識領域中的關鍵。而有了認識的清楚分明原則，我們就不必隨時證明這些命題才能確信它們的真確。笛卡爾所試圖證明的認識原則其實是很有限的。它只是說對於任何一個命題，若我們有一個證明，也許並不記得證明的細節，只要我們清楚分明地記得我們已經證明了這個命題，這個命題就是確定為真的。這個命題需要上帝的保證，因為我們的記憶，即便是清楚分明的記憶，仍然有可能是錯誤的。

這樣的理解可以避免惡性循環。而且，這個看似謙遜的目的其實也是相當重要的。我們對於很多命題的認知都是透過推理得到的。這些命題實際上是絕大多數；真正的基本原理在每一個學科裡都是很有限的。在我們證明了一個命題之後，當時我們可以確定其為真；但是當我們沒有直接想著證明的時候，我們仍然相信這個命題的理由只能是我們記得我們已經證明了它。但這個理由是經受不住徹底懷疑的衝擊的；只能借助於完滿上帝的存在才能保證這些認知的確定性。嚴格地講，我的知識系統的絕大多數命題都是推理得到的，而且在我想到它們的時候我根本沒有想到它們的證明；因此這個看似謙遜的目標對於我是否能夠具有確定的知識體系是至關重要的。

這種解釋和笛卡爾在答辯裡的陳述是一致的。但這種理解和《沉思錄》的其他章節，以及他的其他著作是否一致則有很大的爭議。因為，笛卡爾在其他地方運用這個原則的時候，似乎並不是按照以上的這個解釋來理解這個原則的。例如，在第五個沉思裡，笛卡爾再次論證上帝的存在。這次笛卡爾提出的是一個本體論的論證，說我可以清楚分明地認識到存在是上帝的必然屬性，因此，由認識的清楚分明原則，我們可以推出上帝是必然存在的。在這裡對認識的清楚分明原則的應用上，笛卡爾根本沒有提到記憶或者證明的結果等問題，而只是說由於心靈的清楚分明的認識可以推出這樣的認識的正確。關鍵的是，笛卡爾說這樣的推論正是由認識的清楚分明原則來保障的。這樣的例子在《沉思錄》還有很多，因此給我們的解釋帶來了很大的問題。

當然，我們也可以將笛卡爾的上帝證明放在一邊，而著重於他的認識原則。這樣的話，認識的清楚分明原則就可以不受循環論證的限制，我們可以給它更重要的地位。例如，我們可以將該原則理解為笛卡爾認識論的基石，是所有確定知識的源泉。笛卡爾的著述能夠支持這樣的理解，而且笛卡爾對哲學史的影響也是建立在這樣的理解上的。這樣的話，凡是我們能夠清楚分明認識的東西都是真的。這個原則是認識論的最基本原則，是不需要任何其他保障的。這個思路應該是理性主義的一個基本出發點。至於什麼是我們能夠清楚分明認識的，則是由每個人的直覺直接知道的。這個解釋實際上放棄了只有上帝存在才能保證這個認識原則的可靠的說法，而將這個原則作為一個無需證明的基本原理。這樣的認識原則將理性之光也容納進來，形成了一個統一的原則。雖然我們仍然要澄清什麼是清楚分明的，但這樣的理解和笛卡爾的認識論非常切合。

阿爾諾

可以看出，對於阿爾諾的惡性循環的挑戰，笛卡爾並沒有一個很完善的回答。不過，笛卡爾對清楚分明的認識的區分和強調有著很大的意義。一方面，笛卡爾對這類知識的辯護是直接從理性出發的，這與經院哲學對經典和權威的依賴很不一樣，從而開啟了理性主義哲學的方向。另一方面，在我們的知識系統之中，的確有那麼一類特殊的知識。大部分哲學家都將先驗的、確定的、必然的知識和經驗的、不必然、不確定的知識區分開來，即便是經驗主義哲學家也不例外，儘管他們在如何辯護先驗的確定的、必然的知識上和理性主義哲學家會有很大的區別。在如何劃分這兩類知識上也有不同的說法，甚至是否只有這兩類知識也是大可爭議的問題。但數學和邏輯知識明顯是屬於第一類的。這樣的一類知識，尤其是基本原理，只需要心靈對其觀念的考查就可明了，無需借助於經驗。換句話說，只要心靈對這些觀念及它們之間的關係有清楚分明的認識，我們就可以得到確定無疑的知識。這是笛卡爾所提倡的，但也是為經驗主義哲學家所承認的。二十世紀的邏輯實證主義者再次辯護這樣的一種劃分，而在今天的哲學討論中先驗命題和經驗命題的區分仍然是一個重要話題。

插曲：上帝的觀念從何而來？

對於笛卡爾來說，每個人心中都有一個上帝觀念。但它是從何而來的呢？很顯然，這樣一個實際無窮的上帝觀念不可能來自於感覺經驗，因為所有的感覺經驗都是有限的，不可能是無限的。同樣的原因，它也不可能來自於我自己的想像。但是，如果上帝的觀念不可能由我自己產生，也不可能來自於感覺經驗，那麼這個觀念是從何處而來的呢？

答案只有一個：這個觀念是一個人天生俱有的。對於笛卡爾來說，與生俱來的觀念是存在的，對於所有的人都是如此。在我的心靈被創造的時候，這樣的觀念就已經在那裡了。這如同一臺電腦，出廠的時候就已經預裝了很多程序和訊息，人的心靈也是如此。對於上帝的觀念是如何被創造的，笛卡爾推斷說上帝創造我就如同工匠創造一件作品一樣：工匠會將他的標記印在他的作品上，工匠的標記和工匠也有一定的關係；同樣的，上帝將他的形象印刻在我的心靈之中，這個印記和上帝本身有一定的相似性。這樣在我反省自己的時候，我就能認識到上帝的性質，從而認識到上帝的確定存在。

這個想法是很有想像力的，但是否真確就是另一回事了。首先這無法解釋為什麼不同的人會有不同的上帝的觀念，或者有些人根本沒有上帝的觀念。笛卡爾所處的歐洲當然是基督教的天下，但人們已經開始認識到其他的文化和宗教，這個解釋顯得相當的牽強。再者，到底有無與生俱來的觀念是個大可爭議的問題。經驗主義哲學家（如洛克）在這個問題上的立場很明確，堅決否認這樣的觀念的存在，而認為所有的觀念都是從經驗中得來的。如果是這樣的話，笛卡爾的關於上帝存在的論證便徹底破產了。後來的理性主義哲學家，例如萊布尼茲，對洛克的理論進行批評，說我們有一些與生俱來的模板，我們也許不能直接知道這些模板的存在，但這些模板使得我們能夠分辨外在事物，對它們歸類劃分，從而使我們的理性認識成為可能。否則的話，經驗只不過是混亂無頭緒的序列。

理性主義和經驗主義的爭論今天仍然在繼續。喬姆斯基提出的普遍生成語法表明人類的語言能力有著先天的基礎，並非全是後天學習的結果。很明顯，人生下來的時候就已經具備了相當多的條件，即便是動物也一樣。小孩生下來就會吸奶，小鹿生下來就會跑，海龜剛孵出來就知道要游回大海，這些能力必然是與生俱來的。今天的生物學理論告訴我們DNA在很大程度上決定了我們很多的生理和心理屬性，這些自然是與生俱來的。同樣的，有很多東西也是後天從經驗中學習得到的。問題是哪些是與生俱來的、哪些是後天習得的？尤其是對於人類的知識體系，我們是否有一些與生俱來的觀念或者原則呢？目前來看，對這個問題的回答是否定的。目前對人類經驗的最好解釋不認為我們有著與生俱來的觀念（儘管我們擁有先天的認知能力）。從這個意義上說經驗主義者是對的，而理性主義者錯了。

註釋：

[1]亞當和塔納里：《笛卡爾全集》，第七卷，第36頁。

[2]亞當和塔納里：《笛卡爾全集》，第七卷，第160頁。

[3]亞當和塔納里：《笛卡爾全集》，第七卷，第160頁。

[4]亞當和塔納里：《笛卡爾全集》等七卷，第181頁。笛卡爾對觀念（idea）的用法實際上上很雜亂，還包括思維的活動，甚至有的地方還可以被解釋為指稱外在的物體例如，在對第三個反駁第

五個批評的答辯中，笛卡爾說：「我用『觀念』一詞來指稱所有被心靈直接認識的東西，因此，當我意願或者害怕什麼東西的時候，我把這些意願和害怕的行動也稱為我的觀念，因為我同時知覺到我在意願和害怕。」這裡所說的意願和害怕的行動顯然不是概念。不過我們這裡只關注概念和命題這兩個用法。

[5]亞當和塔納里：《笛卡爾全集》，第七卷，第37頁。

[6]這個複雜的解釋對經驗命題似乎是很有效的，但對於數學命題或者邏輯命題就不那麼清楚了。即便在不與外在事物相聯繫的情況下，我們是不是仍然可以說2 + 2 = 4是真的呢？用後來康德哲學的術語來說，對於分析命題我們是不需要經驗就可以知道它們是真的（當然康德還談到了先驗命題，不過那是一個更有爭議的話題）。也許我們可以說這樣的命題在任何經驗下都是真的，但這並不是說它們的真假可以脫離經驗而談論。從某種意義上說，笛卡爾的這個區分類似於康德的主體性和客體性之間的區別，用這對概念我們可以更好地理解笛卡爾的思路。

[7]當然如何證明上帝的觀念為真可能是一條更為困難的路，尤其是對於懷疑中的笛卡爾來說。後面的討論中笛卡爾也批評了認識的因果理論。

[8]亞當和塔納里：《笛卡爾全集》，第七卷，第40—41頁。

[9]這種區分與柏拉圖的本體論有相似之處。柏拉圖的至善理念是一切理念之基礎，而理念又是一般事物之基礎，至於事物的影像則是更低的存在了。

[10]如上所述，對象性質是中世紀哲學經常討論的問題，並不僅僅限於對於實在性的討論。簡單地說，一個觀念的對象性的性質

（對象性質）就是觀念的表徵對象的實際性質（形式性質）。例如，我們可以說大象的觀念要比螞蟻的觀念更為對象性地大一些，因為就這兩個觀念所指稱的對象而言，大象要比螞蟻大。

[11]笛卡爾這裡用到了一個概念，「卓越的存在」；這個概念所描述的存在只屬於上帝——只有上帝是卓越的存在。可以說上帝的形式現實就是卓越的存在。這裡的意思是一塊石頭只能由具有石頭內容的其他物質或者由上帝本身來創造。

[12]亞當和塔納里：《笛卡爾全集》，第七卷，第41頁。

[13]亞當和塔納里：《笛卡爾全集》，第七卷，第41頁。

[14]這個區分在當前心靈哲學的討論中仍然存在只不過笛卡爾的觀念是依附於心靈的存在，而當前的討論是說觀念是依附於大腦的存在，也就是說這些觀念必然是大腦的一種生理狀態。其他的兩個概念，意向性存在和現實存在與笛卡爾的用法是一樣的。

[15]亞當和塔納里：《笛卡爾全集》，第七卷，第41頁。

[16]亞當和塔納里：《笛卡爾全集》，第七卷，第42頁。

[17]亞當和塔納里：《笛卡爾全集》，第七卷，第45頁。

[18]亞當和塔納里：《笛卡爾全集》，第七卷，第214頁。

[19]亞當和塔納里：《笛卡爾全集》，第七卷，第140頁。

[20]亞當和塔納里：《笛卡爾全集》，第七卷，第140頁。

[21]亞當和塔納里：《笛卡爾全集》，第七卷，第246頁。

[22]有一種籠統的說法，是說理性直覺不能隨時隨地地用來確認清楚分明命題的真確，因此我們需要這個法則來對此提供保證。

第六章　真理與謬誤

上一個沉思證明了上帝的存在，而且證明了上帝是一個無限的、完美的存在。接下來，笛卡爾在第四個沉思裡討論了為什麼我們會有錯誤的認識，在第五個沉思裡討論了數學知識的確定性，在第六個沉思裡最後說明了感覺經驗的相對可靠和出錯的原因。這樣一步一步地笛卡爾就回答了他自己在第一個沉思裡的徹底懷疑，而將人類知識建立在一個確定的基礎之上。在第五個沉思裡笛卡爾還給出了一個新的關於上帝存在的證明，即上帝存在的本體論證明。這些內容都和認識的清楚分明原則緊密相關，因此我們在這一章裡一併介紹。另外，在第六個沉思裡笛卡爾還提出並論證了心身二元論的學說，這裡的論證較為複雜，牽涉的問題也甚廣，而且影響深遠，因此我們在後面單獨介紹。

謬誤是如何可能的？

在論證了上帝是存在的並且是一個無限的、完美的存在之後，笛卡爾推論說上帝不可能欺騙我，因為上帝是完滿無缺的，而欺騙肯定是一個缺陷。

對於這個論證我們不在這裡進行分析。儘管它有不小的問題（如完滿的存在是否一定不會欺騙，等等），但它與我們的關注點沒有太大的關係。我們要考慮的是它的後果。如果上帝是不會欺騙我的，而我和世界都是上帝創造的東西，那麼為什麼我們會在認識上犯錯誤呢？

前面說過，錯誤只是對於判斷才會發生，對於觀念和意志是談不上犯錯誤的。這裡的問題在於：一方面，上帝給了我認識的能力和判斷的官能，如果上帝不會欺騙我，就不應該給我一個會出錯的官能，那麼我所作出的判斷應該總是正確的。但是，另一方面，我的的確確在很多問題上，尤其是對於感覺經驗所作出的判斷，經常犯錯誤。這樣就產生了一個矛盾。怎麼才能解決這個矛盾呢？這是笛卡爾在第四個沉思裡面臨的問題。笛卡爾在這裡的討論不僅僅對神學家有幫助，對不信神的哲學家們也有一定價值，因為這裡牽涉到一些認識論的一般問題。我們的認識會犯錯誤是個事實，與上帝是否存在沒有直接關係，但為什麼會這樣呢？我們如何才能避免認識的錯誤呢？

當時對這類問題一種常見的回答是說人類的理智是有限的，因此並不奇怪我們不能理解上帝的所作所為。即便是看起來相互矛盾的事情，那也只是因為我們有限的理智無法完全理解而已，對於上帝來說並不是個問題，也就是說對於上帝並不是矛盾。例如對於中世紀神學的一個重要難題「惡的問題」，一個常見的解釋便是如此。笛卡爾並沒有直接否認這個說法，但他仍然試圖，在人類理智的範圍內，理解為什麼上帝會有這樣的安排。首先要看一看錯誤的根源。笛卡爾說判斷錯誤的最終原因是我們對於那些不夠清晰明確的認識加以確定的判斷，從而導致錯誤。如果我們能夠控制自己的習慣，不對這些不夠清晰明確的認識作判斷，只對那些我們能夠清晰明確地認識的事物作判斷，則我們的判斷就不會發生錯誤。但是為什麼我們會盲目判斷呢？這是因為，我們有著極其強大的自由意志來驅使我們作出這樣的判斷。笛卡爾說，我們在各方面的能力都是有限的，和上帝的無限無法相比；但在自由意志這一能力上，我們和上帝的能力是一樣的。上帝給了人類最大的意志自由。

接下來一個自然的疑問是上帝為什麼會給人最大的自由意志。笛卡爾論證說這樣的安排可能是上帝的最好安排。也就是說，儘管我們的判斷有時會犯錯，但若為了讓我們的判斷確保正確而因此限制我們的意志自由，恐怕會有更壞的結果。這個論證一方面和另外一種訴諸於自由意志來解釋「惡的問題」流行解釋相類似，也和後來萊布尼茲的最好的可能世界的論證很接近。不過，由於這個論證更接近於神學（其出發點和問題的框架都是神學的：若否認上帝的存在或其對人的創造，這個問題就不存在了），而對當前的認識論沒有直接的影響，所以這裡我們不做更多的介紹。

這裡有意思的是笛卡爾對認識的清楚分明原則的強調：笛卡爾認為我們只應該對那些我們能清晰明確認識的事物下判斷，只有這樣才能保證我們不會犯錯誤。這實際上是對這個原則的直接應用。不過，對於什麼樣的認識才是清楚分明的，我們仍然沒有一個清晰的標準，這給這個原則的應用帶來了很多困難。

上帝存在的本體論證明

在第五個沉思裡笛卡爾的目的是論證數學知識的確定性。這裡，他所依賴的原則仍然是他的認識的清楚分明原則。笛卡爾說，對於形狀、數字等幾何和算術的研究對象，我們可以有著非常清晰的認識。這些東西是如此的清楚分明，笛卡爾說，即便它們在我之外並不存在，它們也不可能什麼都不是：「雖然，在某種意義上，我可以隨意地想像它們，但是它們並不是由我自己構造出來的；相反，它們本身有著真正的不變的本性。」[1]笛卡爾舉三角形的例子來說明，說我可以想像一個三角形，也許這個圖形在實際上根本找不到，但是這個三角形仍然有其特定的形狀和性質，例如其三個角之和等於兩個直角，等等。這樣的認識是如此的清楚分明，因此它們必然是真確的。而這說明三角形這個對象本身也是真實的存在。對於其他的圖形或者數字也是類似的。

可以看出，笛卡爾這裡強調認識的清楚分明原則是確定知識的根據。對於這些數學對象，一般來說我們甚至不能確定它們的存在，但是由於我們對它們有著清楚分明的認識，因此我們不僅可以斷定關於這些東西的認識是真確的，而且我們能夠斷定它們的存在，因為真實的東西不可能什麼都不是。

笛卡爾這裡似乎在論證數學對象的客觀存在。對於數學對象的本質的爭論一直是個很有意思的話題，直至今天也沒有一個完全滿意的結論。笛卡爾這裡的論證當然不是沒有問題的，例如他的前提，真實的東西不可能什麼都不是，還需要給以進一步的說明。另外，即使我們承認了這一類對象，我們對它們的本質也不清楚。它們究竟是依附於物體或者心靈而存在的，還是像柏拉圖的理念一樣單獨地存在？這些問題在今天仍然是數學哲學中的重要問題。

笛卡爾從對數學對象的說明自然地轉向對上帝的證明。在這裡，笛卡爾運用認識的清楚分明原則，再次給出了對上帝存在的證明。笛卡爾說，我們非常清楚地知道上帝的觀念，而且清清楚楚地認識到上帝是必然存在的。也就是說，我清晰地認識到存在是上帝的本質屬性，上帝是不可能不存在的，而且其清晰程度不亞於對任何數學命題的認識。因此，這個命題一定是真的，也就是說上帝一定是存在的。這就如同說你有一個三角形的觀念，則必然地，這個三角形的三個角之和等於兩個直角。同樣地，如果你有一個上帝的觀念，這個觀念必然具備存在的屬性，因此上帝一定是存在的。

這樣的論證在哲學史上成為上帝存在的本體論論證。這個論證，與其他關於上帝存在的論證如宇宙論的論證、目的論的論證等不同，是直接從我們心中擁有的上帝的觀念來推導上帝的存在。這樣的論證看起來像個詭辯。怎麼能夠從上帝觀念的存在推出出上帝的存在呢？這似乎太荒唐了。但同時這個論證又是個有效的論證，因此我們必須要發現到底是什麼地方出丫問題，否則的話你就不得不接受它的結論。

這個論證的淵源是安瑟倫的一個類似的論證，可能是哲學史上最早的本體論證明。安瑟倫的證明比笛卡爾的更為簡單。我們認識的上帝是一個完滿的存在；而任何的東西，如果是僅僅作為觀念而存在，相比於實際的存在都是不完滿的。因此，上帝一定具有實際存在的屬性，否則的話，我們就能夠認識到一個比上帝更完滿的東西，它具有上帝的一切屬性並且是存在的，從而與我們的假設矛盾。因此，上帝一定是實際存在的，而不是僅僅作為觀念存在於我們的心靈裡。

當時就有很多人反對這樣的論證。如與安瑟倫同時代的高尼婁（Gaulino）提出以下的例子來反駁：世界上最完美的金山一定是存在的，因為最完美的金山不可能缺少存在的屬性，不存在的金山當然不是完美的。這個例子完全模仿了安瑟倫的論證，因此如果安瑟倫的論證是合理的，則這個論證也是合理的。但是這個論證顯然是不合理的，因此安瑟倫的論證也是不合理的。這個反駁沒有直接說安瑟倫的論證中什麼地方是不合理的，而是用一個反例來說明安瑟倫的論證一定是不合理的。

笛卡爾的本體論證明要更為精緻一些，至少高尼婁的例子不再是個問題。這裡笛卡爾強調的是一個東西的本質屬性是必然屬於這個東西的；離開了本質屬性這個東西將不可能存在。笛卡爾說在我們的認知中，存在是上帝的本質屬性。如跟我不可能想像沒有山谷的山或者沒有杯底的杯子一樣，我也無法想像實際上並不存在的上帝，上帝和存在是必然聯繫在一起的。而對於高尼婁的例子，存在並不是最完美的金山的本質屬性，我們可以想像這樣的金山不存在。類似的，我無法想像沒有山谷的山，但可以想像山並不真正地存在，這也是因為存在不是山的本質屬性。

上帝存在的本體論證明在中世紀時就大有爭議。阿奎那詳細地分析了這個論證，最後否認了這個論證的有效性。在第一組反駁中，神學家卡特魯斯就引用了阿奎那的分析來反駁笛卡爾的這一論證。笛卡爾的答辯強調他所說的存在不是一個偶然屬性，而是上帝的本質屬性。當我們認識上帝的時候，我們清晰地知道上帝是必然存在著的；而對於其他的東西，它們的存在只是那些東西的偶然屬性。如對於一個三角形，三個角之和等於兩個直角這一性質是其必然屬性。我們能夠清楚分明地認識到這一點，因此按照認識的清楚分明原則，這一定是真的，也就是說，三角形的三個角之和一定等於兩直角。同樣的，對於上帝的觀念，我們清楚分明地認識到存在是其必然屬性，因此這一點也一定是真的。所以上帝一定具有這一屬性，從而是存在的。

這個論證看起來很嚴密，但又讓人感覺到什麼地方一定出了問題。這實際上是所有本體論證明的通病。這些論證看起來是一個邏輯有效的論證，前提也都是合理的，但結論卻不能為人所接受。當然也有例外，年輕時的羅素曾經被上帝存在的本體論證明完全說服從而相信上帝的存在。不過羅素是個特例，這大概是因為邏輯學家或者數學家更注重論證的力量對結論的支持。對於大多數人而言，本體論證明更像是個邏輯練習，來讓人來發現到底是哪裡出了毛病。

顯然這裡的問題是如何從認識中的觀念的性質推出實際上的存在。笛卡爾依據的前提「我心中的上帝觀念必然包含著存在的屬性」是可以爭議的。若笛卡爾這裡試圖將上帝定義為必然的存在，則懷疑論者不會接受這個定義。再者，即便我們接受上帝是必然的存在這一定義，從這個定義並不能直接推出上帝實際上的存在。若能夠這樣的話，我們可以定義「完美的金山必然是存在的金山」，而從這一定義推出金山是存在的。定義本身不能帶來新的東西。

笛卡爾肯定不是把這個前提作為定義來理解的。實際上，對於笛卡爾來說，上帝的觀念是一個與生俱來的觀念，是每個心靈都共同擁有的觀念。我們只要仔細地考察這個觀念，就可以清晰認識到這個觀念必然包含著存在的屬性。但是無神論者或者懷疑論者不會接受這個解釋。對於他們而言，有沒有這樣一個天賦的觀念便是一個問題，而且即便有這麼一個觀念，這個觀念是否必然包含存在的屬性又是另一個問題。笛卡爾大概會說對這個觀念的清晰認識可以確保它的真實，而說懷疑者對上帝的觀念沒有一個清晰的認識。但這是不夠的，因為這樣我們很難有一個標準來判斷什麼樣的認識是清晰的。

再者，存在是否是一個屬性也是可以爭議的。這一點是後來康德強調的。如果存在與智慧、力量等等不是一類的東西，後者是屬性而存在本身不是一個屬性，則所有的本體論證明，包括笛卡爾的論證，統統都喪失了基礎，因為在我們的上帝觀念中，上帝缺少了存在並不缺少什麼，上帝多了存在也不增加什麼。若上帝的觀念根本不具有存在的屬性，笛卡爾的前提根本不成立。

這個批評實際上已經出現在伽桑狄的反駁中。在第五組反駁中，伽桑狄提出了一個非常類似的批評，說存在實際上是所有東西的先決條件，如果一個東西不存在則我們對它什麼都不能談論，不論是完滿還是不完滿；但是同樣的，存在對於完滿也沒有任何影響：「存在，不論對上帝還是對其他東西而言，都不是一種完滿；只不過是沒有了它，完滿也就無法顯示。」[2]這裡的意思是說不能把存在和其他的屬性相提並論，因而與完滿不完滿也沒有直接的關係。笛卡爾在他的答辯中只是簡單地說他看不出為什麼存在不能是一種屬性。這個回答也可以用在對康德的批評上。

當然，本體論的證明比我在這裡簡單介紹的要更為精細和複雜，而且在今天仍有著相當的活力。不少的哲學家提出了本體論證明的新版本。例如，從哥德爾的筆記中發現的本體論證明引起了很多人的興趣，並被廣泛討論，這說明了本體論證明的經久不衰的影響力。[3]

來自於感覺的認識

經過從第二到第四個沉思的論證，笛卡爾逐步回答了第一個沉思裡的徹底懷疑：他發現自己的心靈是存在的，上帝是存在的，數學對象是存在的。只有物質事物，如我的身體和桌子、椅子等，笛卡爾還不能確定它們的存在。這是第六個沉思所研究的問題。

笛卡爾在這裡的論證，和前幾個沉思裡一樣，也是力求完備的。在第六個沉思的開始，笛卡爾說從第五個沉思的結論，數學對象的存在，我們可以推斷出物質事物至少是可能存在的。這是因為物質事物是數學對象的物質表現；如果數學對象可以存在，則上帝至少可以按照這些數學對象創造出來物質事物。上帝當然是無所不能的（儘管笛卡爾立刻說上帝的創造不能與我所清晰明確認識的對象相衝突），因此物質事物，如頭和手，完全可能是存在的。

但可能性是一個很弱的概念。可能存在的東西並不見得實際存在，因此這個論證所提供的支持是很有限的。接下來笛卡爾討論了心靈的想像官能，說想像和理智是很不一樣的心靈的兩個官能。笛卡爾用了一個例子對此很清楚地作了說明。當我們思考一個三角形的時候，不僅認識到它是一個由三條邊組成的圖形，而且我還似乎看見一個圖像，就如一個三角形出現在我眼前似的。前者是理智的認識，而後者就是由想像的官能而帶來的認識。它們之間的區別在我思考一個一千邊形的時候變得顯而易見。理智帶給我們的是一個清晰的認識：一個有一千條邊組成的圖形。而想像帶給我們的認識則是非常模糊的；憑藉想像，我們根本無法區分一個一千邊形和一個一千加一邊形，甚至一個一萬邊形。笛卡爾接著說理智和想像有著本質的不同。理智是心靈不可缺少的官能：沒有理智則心靈不可能存在；但想像的官能不是心靈的本質屬性：沒有想像官能的心靈是可以存在的。因此笛卡爾說想像似乎是來源於心靈之外的東西。純粹理性（理智）只是考查心靈內部的觀念，而想像似乎是考查外在物體來形成觀念。這個解釋有相當的道理，尤其是如果外在物體真的存在的話。因此笛卡爾說從我們的想像官能出發，我們發現外在事物存在的假設是很合理的。這裡笛卡爾用了一個最佳解釋的推理：能夠提供最佳解釋的假定是最可能為真的理論。這是現代科學哲學刻畫科學推理的一種常見方式。尤其是從不同的科學理論中選擇真的那一個的時候，這是最有效的一種方法。不過，笛卡爾立刻指出，這個結論只是一個概率結論，只是說這個結論很有可能是真的，但不能提供確定的支持，不能推出這個結論一定是真的。

因此笛卡爾進一步地研究感覺的官能。從對想像官能的研究上，笛卡爾已經看出想像的來源是感覺和由感覺提供的記憶。很明顯，感覺提供了強烈鮮明的印象，來顯示我們的身體是存在的，是與我的心靈密不可分的。當我把手放到火上的時候我會感覺到強烈的疼痛；而且當我感覺到疼痛的時候，我清楚地知道是我在痛，而不是其他人在痛。這些都強有力地說明其他物體（我的身體、火，等等）的存在。但是，笛卡爾在第一個沉思裡已經說明這些信念是來自於一種自然的天性而非理性的自然之光，而且這種自然的天性並不能保證這些信念是確定為真的。而且對於很多自然的天性，我們都不能有完滿的解釋。例如，我知道餓了就想吃飯，渴了就想喝水，但我卻不知道為什麼會這樣（饑餓和饑渴是生理的反應而不是理智的認識）。再者，我們的感覺經常會犯錯誤，而很多來自於感覺的觀念，如顏色、聲音、冷熱等等並不真正對應著外在的事物，而是心靈自己構造出來的。最後，笛卡爾指出我們不能確定我們是否在做夢，或者更極端地，我們不能確定是否有一個邪惡的精靈徹底地欺騙了我們。因此在第一個沉思裡笛卡爾的結論是感覺不能被完全相信。

在這裡，笛卡爾複述了第一個沉思裡的論證，不過也同時指出，這裡已經是第六個沉思，我們已經證明了我的存在和上帝的存在，也證明了認識的清楚分明原則，因此論證的基礎已經大不一樣了。

首先，笛卡爾說我的心靈和身體是截然不同的兩個東西。心靈是沒有廣延的，而身體必然是有廣延的存在。因此我的心靈是獨立於身體的存在，而且能夠離開身體而存在。這個就是笛卡爾的心身二元論，其論證相當複雜，而且影響巨大，因此我們在下一章裡單獨介紹。

在心靈之中，想像的和感覺的官能並不是心靈本質的屬性，因為我們可以想像心靈沒有這些屬性而存在。但是這些屬性是依附於心靈而存在的，沒有心靈這些屬性就不再存在。進一步地，笛卡爾發現還有一些官能，如從一個地方運動到另一個地方，能夠具有種種的形狀等。這裡笛卡爾指的應該是透過觀察發現自己可以運動和有著一定的形狀等等。這些官能和想像感覺的官能相類似，都是一些屬性而不能單獨存在，因此必須屬於一個實體。但是，這些官能所屬的對象是具有廣延的和可以運動的，而心靈是不可能有廣延的和有形狀的，也不可能在廣延的空間裡運動，因此這些官能，如果真的存在，必然屬於一種不同於心靈的實體。

不過，到現在為止，笛卡爾還沒有給出一個確定的論證能夠證明外物的存在。接著，笛卡爾直接分析感覺觀念。笛卡爾說感覺是一個被動的官能，不可能自己產生這些觀念，而只能被動地接受這些觀念。這是由我對感覺官能的清晰認識而得到的。因此，這些觀念一定是由一個具有能動性的對象產生的，而且，這個感覺對象的源泉擁有至少和觀念的對象實在性一樣的形式實在性。但這些觀念不可能是由我自己產生的。這裡笛卡爾的論證是說，一來我對這樣的官能沒有任何認識，二來我無法控制這些觀念的生滅變化。這裡第二個論證已經在第三個沉思裡論證上帝存在的時候提到，那裡的分析表明這並不是一個決定性的論證，不能斷定這些觀念一定不是由我自己產生的。第一個論證是一個新的思路，可能在這裡更重要一些。它是說如果我的心靈有這樣的官能，我應該至少對其有所認識。而我對其沒有任何認識，則說明這樣的官能不存在，因此這些觀念不可能是由我自己產生的。這個論證更為有力，因為按照笛卡爾對心靈的理解，心靈對在其中所發生的事情都應該是清清楚楚的，至少當心靈去考察它們的時候。

因此，這些觀念要嘛是由一個物質性的物體導致的，要嘛是由上帝本身來產生的並將其放入我的心靈，或者是由具有比物體更高的實在性的東西導致的（例如天使）。但上帝不是一個騙子，因此絕不會這樣做，讓我相信實際上並不存在的東西，並且不給我任何的線索讓我發現我的被欺騙；因此上帝不會是這些觀念的源泉。同樣的原因，其他的非物質性的東西也不可能是感覺觀念的源泉，因為那樣的話，我的認識仍然是和實際的東西截然不同，因此我仍然是受騙了。這樣的情況不可能發生，一來上帝不會容許這種事發生，再者我的感覺經驗中有著清楚分明的認識（數學部分），因此它們不可能全是假的。因此，笛卡爾斷定，外在的物體一定是存在的。

注意笛卡爾這裡沒有直接用認識的清楚分明原則來進行論證。可以想像笛卡爾用下面的論證來說明外在事物的存在：對感覺觀念的認識是清楚分明的；根據認識的清楚分明原則，這些清楚分明的觀念一定是真的，因此這些感覺觀念的對象一定是存在的，而且具有由相應的感覺觀念所表徵的性質。因為這些對象有著和心靈截然不同的性質（例如廣延、形狀、運動等），所以外在於心靈的物質事物一定是存在的。這個論證似乎更簡捷明了，但笛卡爾卻沒有這麼做。為什麼呢？這是因為笛卡爾並不認為感覺觀念是清楚分明的。儘管感覺觀念是非常的鮮明有力，笛卡爾甚至承認它們可以說是清楚（clear）的，但笛卡爾並不認為它們是分明（distinct）

的。相反，笛卡爾認為很多感覺經驗是模糊的。如我們所感覺到的顏色、聲音、冷熱等實際上並不對應著外在的如何事物；即便是那些幾何性質如形狀、大小等，從感覺而來的認識也不是完全可靠的。太陽看起來和月亮差不多大，但我們清楚地知道太陽比月亮大很多。

因此這裡笛卡爾的論證是很小心的；但也正因為如此，它的結論是相對有限的。這個結論只是說物質事物是存在的，但並沒有告訴我們這些事物有什麼樣的屬性。儘管從我們的感覺我們可以發現很多關於這些事物的性質，但是我們並不能確定這些性質都真正地屬於物質事物本身，而不是我們心靈自己的創造。正如笛卡爾以上所說，很多從感覺經驗來的屬性都不能真正對應外在事物本身的性質。如果這樣，我們如何才能知道什麼是物質事物的真正性質呢？

在第五個沉思裡，笛卡爾已經說明對於物質事物的本質屬性（即數學性質，如廣延、大小、形狀、數量等），我是可以清楚分明地認識的。這些性質是物質事物的本質屬性，即物質事物必然擁有這些屬性，因此我們可以知道物質事物的這些性質以及它們之間的關係。當然笛卡爾立刻承認這只是就一般而言，而對於具體的事物，則我們還要作具體的分析。顯然有時候我們的感覺會犯錯誤（如太陽的大小），而且對於顏色、聲音等屬性我們並沒有清晰的認識，但笛卡爾相信，既然上帝不是一個騙子，不會故意地欺騙我們，因此我們總是有發現真理的可能。即便我們的感覺經驗有著錯誤的傾向，我們也會有其他方法來糾正錯誤，發現真理。

這個解釋當然是不夠充分的。後來洛克進一步發展了笛卡爾的以上說法，把感覺觀念分成了兩大類：一類是物體所實際具有的，包括廣延、大小、形狀、數量、也就是笛卡爾說的數學性質；另一類是由人類心靈在外物影響下創造的，但並不為外物本身所具有，包括顏色、聲音、味道、冷暖、軟硬等。但是柏克萊後來反駁洛克的這個劃分，論證說即便對於第一類的性質，我們也沒有確定的理由來相信物體一定是具有這些性質的。也就是說，也許外在的事物和我們的認識可能有著根本的不同，嚴格地說事物所有的屬性都是人們給它們加上去的。另外，科學的發展使得我們能夠越來越遠地離開感覺，而認識那些感覺不能直接認識的東西，甚至與感覺相衝突的東西（例如笛卡爾上面提到的太陽的大小），因此感覺觀念本身並不能決定外物的基本屬性，因此我們需要新的方法來知道它們的性質。這方面的問題在今天也是一個重要的研究領域，目前也沒有一個完美的答案。

接下來笛卡爾分析了一些具體的感覺經驗。首先，我們有一種自然的天性來相信感覺經驗。因為感覺的官能是上帝賦予我們的，這樣的自然天性有一定的真實性。從這一點出發，笛卡爾說沒有什麼比我有一個身體更為清楚的了，我的天性從來不會懷疑我餓的時候需要吃飯，渴的時候需要喝水。而且，天性還告訴我，我的身體和我的心靈是緊密結合在一起的。當我的手被圖釘扎了的時候，我的心靈，不僅僅是用理智認識到我被扎了，而且立刻感覺到疼痛。這和我看見別人的手被扎的情況大不相同。因此我的心靈和身體是一個聯合體，就像被混合在一起一樣。這一點是笛卡爾心身二元論的一個重要內容。笛卡爾雖然堅持心靈和身體是截然不同的兩類實體，但是同時也說，對於人類而言（或者說在這個世界上），心靈和身體是緊密聯繫在一起的，而一個人是心靈和身體的共同體。這個理論我們會在後面詳細介紹。

我的天性也告訴我，在我的周圍也存在著其他的物體，有些是我要追求的，有些是我要躲避的。例如，我認識到若把我的手放到火上，我會覺到熱，也會覺到疼痛。這些都是自然天性正確的運用。但是，如果我作出進一步的論斷而說火的裡面有熱的屬性，則是錯誤的。這正如我不能說火的裡面有疼痛的屬性一樣，儘管火也使我感受到疼痛。

最後笛卡爾檢查了一類比較奇特的事例。以上的錯誤（對熱的判斷）可以說不是從我們的天性而來，而是我們誤用了我們的判斷。如果我們只對我們能清楚分明認識的東西作出判斷，則這樣的錯誤就可以避免。但是，有些時候我們的天性似乎也會帶給我們有害的結果。如患了水腫病的人，喝水本來是對他們有害的，但他們的喉嚨仍會發乾，仍然會覺得很渴而想不斷地喝水。這就不是判斷的問題了，而是身體出了問題。但是一個病人的身體仍然是上帝的創造物，其天性自然應該是可靠的，那麼為什麼會發生這樣的事呢？

笛卡爾對此用了類似當今人體生理學的理論來作出解釋。因為身體是有廣延的物質事物，而任何物質事物之間的作用都只能透過他們之間的相互接觸才能發生。就如同一條長鏈，運動若要從鏈子的一端傳到另一端，需要經過中間鏈接的所有鏈條。同時，要想使鏈子的終端動起來，並不一定要從鏈子的另一端開始用力；在鏈子的任何一個鏈條上用力都可以達到這個目的。笛卡爾說我們的生理系統，包括我們的神經系統，其結構和鏈條是類似的。當我覺得腳上疼的時候，這個感覺從腳上的神經開始，經過腿、屁股、腰、後背和脖子一步一步傳來大腦裡。但是，如果我的腳並沒有真正地受傷，也就是說腳上的神經並沒有感覺到疼痛，但是在神經傳輸的某個中間部分有類似的刺激並逐步上傳，大腦仍然會感覺到和腳痛一樣的疼痛。這樣我也會覺得腳在疼，好像腳上真的受了傷似的。類似的，如果中間的傳輸環節斷開了，即便腳上真的受傷了，我也無法感覺到疼痛，也就沒有痛的感覺。

由於身體的這種物質屬性，我們不難理解為什麼很多時候我們的天性會出問題。有時候已經截去雙腿的人仍然會感覺到揪心的腿部疼痛；而有著雙腿的截癱病人，不論你如何敲打他的腿，都不會覺得任何的疼痛。至於水腫病，我們也可以相應地理解。這裡，病人乾渴的喉嚨不是由身體缺水導致的，而是由於其他的原因。因此水腫病人乾渴的感覺並不是身體情況的真正反應，而可能是在神經的某一個環節上出了問題。

到這裡，笛卡爾的沉思就結束了。從一開始最徹底的懷疑，笛卡爾首先確立了我的存在，進一步證明了上帝的存在，從而確立了清楚分明的認識原則，在此基礎上說明了數學知識的可靠，也解釋了對於感覺經驗，哪些是可靠的，哪些是不那麼可靠的，一步一步地建立起人類知識的框架。不能不說笛卡爾的計劃是周密的，論證是嚴謹的，但是同時我們也可以看到不少的論證還是可以推敲的，笛卡爾的不少結論還大可質疑。不過，笛卡爾的哲學的確是哲學史上的一個重大發展，這一個哲學體系有著極大的創造性。笛卡爾把確定知識視為哲學的首要問題，從而開啟了哲學史上認識論的轉向，在這個意義上說，笛卡爾被稱為現代哲學的創始人是當之無愧的。

註釋：

[1]亞當和塔納里：《笛卡爾全集》，第七卷，第64頁。

[2]亞當和塔納里：《笛卡爾全集》，第七卷，第323頁。

[3]關於哥德爾的本體論證明，可以參看Sobel，J.，「GÖdel's Ontological Proof」，In On Being and Saying：Essays for Richard Cartwright，ed.J.Thomson，Cambridge，Mass：MIT Press，1987，pp.24161。

第七章 心身二元論

在第六個沉思裡，笛卡爾證明了外在物質事物（包括身體）的存在。不過，第六個沉思的主要影響並不是其對物質事物存在的論證。儘管笛卡爾的證明方式很新穎，但對於這個結論沒有很大的爭議，因為沒有多少人會懷疑這些東西不存在。在這個沉思裡，笛卡爾還闡述了他的心身二元論，這個理論是當時和隨後一百多年哲學爭論的焦點。笛卡爾在這裡斷定心靈和身體是截然不同的兩類東西，而兩者都擁有獨立的存在。這個論斷在當時就受到激烈的抨擊。在對《沉思錄》的反駁中，不少的反對意見都是針對這一點的。而且，對此論證提出反駁的不僅是唯物論者如霍布斯、伽桑狄等，還有神學家們如卡特魯斯和阿爾諾。這個問題本身很重要，也是笛卡爾哲學的一個核心命題，同時對後來的哲學有著深遠的影響。心身關係是西方哲學史上的核心問題之一，歷史上的所有哲學家都無法迴避這個問題。即便在二十世紀心靈哲學的研究之中，笛卡爾的心身二元論仍然是被廣泛地討論。幾乎所有的心靈哲學教科書都從笛卡爾的心身二元論開始。這是因為一方面心身二元論對一般人仍然有著很大的吸引力，尤其是對於信仰靈魂存在的宗教信徒來說更是如此；另一方面在當前心靈哲學的爭論之中，不少哲學家仍然能夠從笛卡爾的論證中吸取靈感。儘管當前心靈哲學的討論已經大大超出了笛卡爾哲學的範圍，但在其中的一些理論裡我們仍然能夠看到心身二元論的痕跡。在這一章裡，我們較為詳細地分析一下笛卡爾的論證，以及當時學者對該理論的批評和笛卡爾的答辯，從而希望能夠較為完整地理解笛卡爾的心身二元論。

首先要解釋清楚的是笛卡爾的心身二元論和一般的宗教信仰所宣傳的靈魂和身體的獨立存在是不一樣的。在《沉思錄》的獻詞裡，笛卡爾宣稱《沉思錄》的目的是要用哲學的方法來論證上帝和靈魂的存在，從而更好地說服那些異教徒和不相信上帝和靈魂的人們。但我們不能因此認為笛卡爾所理解的上帝和靈魂概念一定和基督教理解的上帝和靈魂是一樣的。笛卡爾的獻詞是寫給巴黎大學神學院的教授們的，他們是當時神學界的權威，而笛卡爾的目的很可能是讓他們能夠接受他的作品，因此笛卡爾要從他們的角度來說明他的作品的重要意義。如果說笛卡爾的上帝觀念和基督教的上帝觀念還是基本一致的話，他的心靈觀念和基督教的靈魂觀念則有很大的差別。實際上，在《沉思錄》裡，笛卡爾很少用到靈魂這個詞，而是用心靈來與身體相對立，而且笛卡爾沒有討論靈魂的任何宗教意義，而只是從哲學的角度來討論心靈。

在笛卡爾的時代廣為接受的關於靈魂和身體的理論是經由阿奎那改造之後的亞里斯多德學說。亞里斯多德認為人是由靈魂作為一種形式因和物質因結合構成的。這個理論和柏拉圖關於靈魂的陳述很不一樣，而兩種學說都相當重要。因此在討論笛卡爾的心靈學說之前，作為一種背景知識，我們先簡單介紹一下柏拉圖和亞里斯多德關於靈魂的理論。

柏拉圖的學說已經和古希臘當時所流行的觀念不太一樣了。當時大部分人接受的靈魂學說大概與荷馬史詩裡的描述很接近，是一種很簡單的觀點。也許當時流行的觀點就是受到荷馬史詩所影響而形成的。按照這種學說，靈魂和身體雖然是兩個不同的東西，但並沒有本質的不同。靈魂也有一定的形狀，占據一定的空間，可以行動，但靈魂比身體還要更脆弱，因此靈魂似乎是一種較低的物質存在。但靈魂是人的生死的關鍵；有了靈魂人就是活著的，失去了靈魂人就死了。而且，儘管靈魂可以脫離肉體而單獨存在，靈魂並不是不朽的；相反，靈魂也有可能滅亡，甚至比身體更容易被消滅。

類似的理論也出現在古代中國。魂魄之說與此便很接近。關於魂魄有很多種不同的理解。一種說法是魂魄在人活著的時候是人的主宰，也是人和其他無生命的東西區分的關鍵。在人死後，魂隨身體而消亡，魄則變為鬼。鬼是一種與身體不同的有形無質的存在。鬼也是會死的，可以被人或者其他鬼來殺死。從某種程度上說，鬼是一種較弱的物質存在。也有一種說法認為魂魄一起變為鬼，這樣的話魂魄和以上的靈魂說更為接近。不過，由於正統儒家思想的影響，鬼魂的理論不是中國思想的主流。

柏拉圖的理論對靈魂有了新的刻畫。首先，柏拉圖斷定靈魂是永生不朽的。[1]這樣理解下的靈魂和物質性的身體就有了根本的不同，因為再堅固的身體也會破敗毀滅，而靈魂則永存不朽。在《理想國》裡柏拉圖進一步論證靈魂由三個部分組成：一個是理性，一個是慾望，一個是激情。在這裡柏拉圖論證說一個人靈魂的好壞決定了一個人的道德價值，也直接決定了一個人的幸福與否。而靈魂的好壞要看這三個部分的構成結構。好的靈魂中，理性在激情的幫助之下完美地控制住慾望；而若一個人的靈魂完全由慾望來左右，則這樣的靈魂看似快樂，實際上是在受著最大的折磨。一個暴君，可以為所欲為，看起來快樂無比，實際上在內心承受著慾望無窮無盡的折磨，痛苦萬分。

柏拉圖罪著名的學生亞里斯多德繼續研究靈魂的本質，但他的靈魂學說和柏拉圖的理論有很大的不同。人，和世界上的其他很多個體的存在一樣，是由形式（form）和質料（matter）共同組成的。質料本身是沒有結構的，它們之間也不能有什麼差別。結構和差別是由形式來提供的。例如，我們建一個房子，所用的建築材料大體上是沒有什麼差別的，但建出來的房子可以是多種多樣的，這正是因為這些房子的形式是不一樣的。人的形式便是靈魂。因為形式是一種永恆的存在，因此亞里斯多德的理論仍然承認靈魂的不朽；不過，按照亞里斯多德的理論，人的靈魂不是能夠離開身體而存在的獨立存在，而是人的身體的一個組成部分，是它的形式。靈魂雖然與身體不同，但是靈魂離開了身體也不能單獨存在，因為它是身體的一部分。[2]

這個思想在基督教哲學裡得到了貫徹。基督教宣稱善人死後可以升入天堂。但是到底是什麼東西升入天堂呢？很明顯，不可能是我們塵世的身體，因為它可能已經百病纏身，備受摧殘。但是也不是靈魂自己，因為靈魂自己不能單獨的存在。結論是說上帝給我們一個新的身體，這個身體和我們的靈魂相結合，一起升入天堂。這裡可以很明顯地看到亞里斯多德理論的影響。基督教義相信靈魂不能離開身體而單獨存在，而人是靈魂和身體共同組成的，這些都是亞里斯多德所宣揚的。

不過，柏拉圖和亞里斯多德的靈魂學說有一點是共同的，即它們都認定靈魂是與物質事物（包括我們的身體）不同的一類東西，而且兩種理論都認定靈魂是不朽的。這些觀點和古代的流行思想是不同的。這樣的理論對後來的哲學，包括笛卡爾的心身二元論，都有很大的影響。笛卡爾在獻詞裡講他的理論能夠更好地證明靈魂的不朽，顯然認為這是他的理論的一大優點。[3]

心身二元論的論證

現在我們看一下笛卡爾在第六個沉思裡對心身二元論作出的論證。這個論證甚為精細，歷來有很多不同的解釋。除了對該論證具體的分析之外，我們將透過笛卡爾對眾多反駁的答辯，並結合當代註釋者的闡釋，對笛卡爾的這一論證給出一個較為清晰的說明。

笛卡爾要論證的中心命題是：心靈和身體是截然不同的兩種實體。在第二個沉思中，笛卡爾確立了心靈的存在並刻畫了心靈的特性，但並不能確定心靈和身體是否是不同的能夠獨立存在的實體。在最後一個沉思，笛卡爾開始解決這個關鍵問題。他首先給出了如下論證：

「我知道凡是我清楚分明地認識的東西都能被上帝按我所認識的那樣創造出來。因此，只要我能清楚分明地認識一個東西而不牽涉到另一個東西，就足以使我確定這個東西和那個東西是不同的，因為它們可以被彼此分開，至少上帝可以把它們分開。至於什麼力量才能將它們分開的問題，是與它們是否截然不同的問題不相關的。因此，我知道我的確定存在，同時，除了我是一個思維的存在之外，我認識到沒有任何其他東西屬於我的本性或本質，從這些事實我正確地推斷我的本質完全在於我是一個思維的東西。而且，雖然也許（或者不如說，像我將要說的那樣）我有一個身體，和我緊密結合在一起，不過，因為一方面我對自己有一個清楚分明的觀念，即我只是一個思維的東西而不是一個有廣延的東西。而另一方面，我對於身體有一個清楚分明的觀念，即它只是一個有廣延的東西而不是一個思維的東西，所以，我和我的身體是截然不同的，而且我沒有身體也能夠存在。」[4]

對這個論證有多種多樣的解釋。笛卡爾這裡的論證是很小心的，也是很嚴格的。

我們現在試著把以上的論證一步步地表述出來：

凡是我清楚分明認識的東西都能被上帝按照我所認識的那樣創造出來。

只要我能清楚分明地認識一個東西而不牽涉到另一個東西，上帝就可以把這兩個東西分開，使其分別存在。

如果上帝可以把兩個東西分開，則這兩個東西是不同的。

我清楚分明地認識到我的心靈只是一個思維的東西而不是一個有廣延的東西。

我清楚分明地認識到我的身體只是一個有廣延的東西而不是一個思維的東西。

因此，上帝可以把心靈和身體分開，使它們分別存在。

所以，我的心靈和我的身體是不同的兩個東西。

沒有身體，我的心靈也能夠存在。

這個論證通常被稱為認識論的論證，因為笛卡爾試圖從我們清楚分明的認識推出一個本體論的結論。在具體分析這個論證的有效性之前，我們先解釋一下這些前提和推理過程。

這裡用到的概念「不同」（distinct）需要給予特別的注意。笛卡爾這裡說兩個不同的東西，並不意味著兩個東西是分開存在的，而只是說這兩個東西是有可能分開存在的。例如，笛卡爾堅信心靈和身體是不同的，但他也同時相信，在我們這個世界上，心靈和身體是分不開的，而是組成了一個統一體。這兩者並不矛盾，因為「不同」這個概念和「分開」這個概念不是一回事。舉個不太合適的比方，我們無法分開鹽水裡的鹽分子和水分子，但並不是說鹽分子和水分子是相同的。只要鹽分子和水分子是能夠被分開的，即便只有上帝才能將它們分開，它們仍然是不同的東西。何況，我們只要把鹽水加熱，將水蒸發了以後就可以將兩者分開——這也是為什麼這個比喻不夠恰當。具體到笛卡爾的這個論證，我們也可以將「不同」從數的同一性上（numerical identity）的角度來理解：笛卡爾的結論是我的心靈和我的身體不是同一個東西。數的同一性論斷也許更強大：兩個不同的東西也許有著完全一樣的屬性。[5]當然，如果有著不同的屬性，則可以立刻說這不可能是同一個東西。

第一個前提是這個論證的根本。凡是我清楚分明認識的東西都能被上帝按照我所認識的那樣創造出來。這並不是說我清楚分明認識的東西都對應著實際的存在，而是說它們至少是能夠存在的，是能夠被上帝創造出來的。笛卡爾對上帝的創造能力在不同的著作裡有不同的理解和表述，但在《沉思錄》裡，笛卡爾認為上帝也不能創造不可能的東西，如又圓又方的東西。所以，這個命題似乎在說凡是我能清楚分明認識的東西都是不包含邏輯矛盾的東西，因此都是可能的存在，都是可以被上帝創造出來的。這些東西儘管不一定實際存在，但至少是可能存在的。按照這樣的理解，我們並不是一定需要上帝的概念來表達這個命題，而可以用「可能的存在」這一個概念來代替「能被上帝創造出來的存在」這個概念。也即是說，凡是我清楚分明認識的東西都是可能存在的。這個變化對笛卡爾的論證沒有關鍵的影響，而更合現代人的口味。我清楚分明認識的東西應該是不包含邏輯矛盾的，而沒有邏輯矛盾的東西應是可能存在的。例如說在我們這個世界上金山是不存在的，但金山這個概念是清晰一致的，因此金山是一個可能的存在。[6]因此我們可以暫時認為這一個前提是合理的。

笛卡爾似乎認為第二個命題是第一個前提的特例，但這一點並不明顯。也許有人會說笛卡爾的思路是這樣的：因為我們清晰地認識到心靈和身體是分開存在的，因此心靈和身體是能夠被上帝分開的。但這與笛卡爾的論證不相吻合，因為笛卡爾並沒有接下來論證我們清晰地認識心靈和身體的分開存在。更重要的是，這種解釋和笛卡爾所論證的心身之統一相牴觸，因為心身統一的理論斷定人是心靈和身體的不可分割的有機統一，所以我們不可能清晰地認識到心靈和身體的分開存在。從笛卡爾的論證思路上看，這個命題的意思是說，若我對一個東西的本質的認識不包含另一個東西的任何方面，則這個東西至少是能夠獨立於另一個東西而單獨存在的。也就是說，如果一個東西的本質與另一個東西沒有任何關係，則這個東西能夠獨立存在。例如，亞里斯多德說人的本質屬性只是理性，人能夠沒有腿，沒有眼，但不能喪失理性。因此按照這個命題，人能夠有以沒有腿或者沒有眼的方式存在。沒有腿或者沒有眼並不能使這個人不再是人，只要理性能力還在。笛卡爾甚至不需要說在現實世界裡一定有這樣的人，而只是說這樣的人是可能存在的，是能被上帝創造出來的。但這個命題不能從第一個命題直接推出。若我清晰地認識到一個東西及其本質屬性，而且這些屬性與另一個東西的本質屬性無關，則從第一個命題我們只能得出上帝能夠創造出這個東西，使其只具有它的本質屬性而不具有另一個東西的本質屬性，但是我們並不能保證這個東西與上帝創造出的另一個東西一定是分開存在的。相反，有可能兩者總是作為一個聯合體而存在。當然這個情形並不太合理。我們沒有什麼理由來相信兩者總是結合在一起的，更沒有什麼解釋來說明為什麼兩者總是要結合在一起。我們可以想像上帝在某個世界裡創造了一個東西而沒有創造另外一個東西。換句話說，兩者的結合是一個偶然屬性，因此有可能在某個可能的世界裡不成立，從而兩者單獨地存在。上帝是不必受偶然屬性的約束來創造世界的。因此，這個命題說的是：如果我對一個東西的本質的清楚分明的認識不牽涉到另一個東西，則這兩個東西能夠分開地存在。按照這樣的理解，這個命題也是很合理的。對這個前提的各種批評我們等下再一一分析。

第三個命題似乎可以從笛卡爾對「不同」這個概念的定義直接得到。如果兩個東西有可能分開存在，則兩者就是不同的。不同並不意味著實際上的分開存在。這個理解看起來沒有什麼問題。從數的同一性角度來理解也是如此：若兩者能夠分開存在，則它們已經有了不同的屬性，則必然是不同的。要注意笛卡爾的目的是證明心靈和身體是兩個不同的實體，因此他所理解的不同是指心靈和身體作為不同的獨立實體來存在，而不僅僅是說作為不同的屬性來存在（這一點太明顯了，根本不需要證明）。如果兩個東西（例如水和鹽）可以被上帝分開，則這兩個東西就是不同的實體。而有些東西，如三角形的三條邊和三個角，就不能被這樣分開，因此它們就不是不同的獨立實體。反過來說，若兩者是不同的獨立實體，則兩者必然是能夠被上帝所分開的。

第四個命題「我清楚分明地認識到我的心靈只是一個思維的東西而不是一個有廣延的東西」和第五個命題「我清楚分明地認識到我的身體只是一個有廣延的東西而不是一個思維的東西」是兩個實質性命題。第四個命題在第二個沉思裡已經證明，從我思故我在的論證中直接得到。這兩個命題看起來沒有什麼問題。

由此，第六個命題是以上的簡單推論：由第四個和第五個命題，透過第二個命題而推出。因為我能清楚分明地認識我的心靈而不牽涉到我的身體（反之依然），上帝就可以把我的身體和我的心靈這兩個東西分開。而第七個命題則是由第三個命題和第六個命題直接得到。而第八個命題則是對第六個命題的另外一種描述，因此也是從它直接推知的。

可以看出，笛卡爾的這個論證是很嚴密的。注意這個論證並不真正地需要上帝的存在；我們可以扔掉上帝的概念，而用可能性概念來重新表述這個論證：

凡是我清楚分明地認識的東西都有可能按照我所認識的那樣存在。

只要我能清楚分明地認識一個東西而不牽涉到另一個東西，這兩個東西就可以能夠分開存在。

如果兩個東西能夠分開存在，則這兩個東西是不同的實體。

我清楚分明地認識到我的心靈只是一個思維的東西而不是一個有廣延的東西。

我清楚分明地認識到我的身體只是一個有廣延的東西而不是一個思維的東西。

因此，心靈和身體能夠分開存在。

所以，我的心靈和我的身體是不同的兩個東西。

沒有身體，我的心靈也能夠存在。

這裡用到的可能性是邏輯可能性，不是物理可能性。也就是說，這裡只需要證明這兩個東西在一個邏輯上可能的世界裡分開存在，而不需要在和現實世界具有類似物理規律的可能世界裡分開存在。邏輯可能性要比物理可能性更弱一些。物理可能的世界一定是邏輯可能的，但反過來並非如此，一個邏輯可能的世界不一定是物理可能的。例如，我們可以想像我們以超出光速兩倍的速度前進，這是邏輯可能的，但因為它違反了目前最好的物理理論（特殊相對論），因此是物理不可能的。

卡特魯斯的反駁

以上的論證推出心靈和身體是兩個不同的東西。這個結論非常重要，但同時又是非常有爭議的。看起來笛卡爾的論證是有效的。對於一個有效的論證，從前提的真可以推出結論的真；但是換一個角度看，從結論的假也可以推斷至少有一個前提是有問題的。因此，如果我們不能接受笛卡爾的結論，我們必須在這個論證的前提之中發現問題。

當時對這個論證的反駁很多，笛卡爾也一一進行答辯。我們這裡挑出幾個有代表性的反駁研究一下。在第一組反駁的最後，荷蘭神學家卡特魯斯引用中世紀哲學家司各脫的一個概念——形式上的不同，來反駁笛卡爾的這個論證。形式上的不同和實際上的不同不一樣，因為從形式上的不同不能推出實際上的不同。司各脫舉了一個例子來說明：上帝的正義和上帝的仁慈（mercy）是兩個不同的概念，但正義和仁慈並不能分開去理解。卡特魯斯說心靈和身體之間的區別也許只是形式上的不同，而不是實際上的不同；也就是說，我們的理智可以對心靈和身體作出區分，但這並不是說心靈和身體可以被分開，即便是上帝也未必能夠。

笛卡爾很清楚地看到了問題所在。在他的答辯中，笛卡爾用了一對概念：不完整的東西和完整的東西。卡特魯斯這裡討論的是從實體中抽象出來的概念，或者說屬性，而不是那些完整的東西。笛卡爾說他已經將這兩個概念詳加區分，但沒有指出他是在哪裡解釋這兩個概念的。他的意思應該是說不完整的東西之所以不完整，是因為這些東西是從完整的東西里抽象出來的，而在抽象的過程中不可避免地要喪失一些東西，從而不再完整。而形式上的不同這一概念只適用於不完整的東西而不適用於完整的東西。笛卡爾舉了一個更為明顯的例子來說明：即便是對同一個物體，其運動和形狀之間有一個形式的區別：我可以領會運動而不用領會形狀，或者領會形狀而不用領會運動；但是我不可能完整地、完滿地領會運動而不領會這個運動所依附的物體，也不可能完全地領會形狀而不領會這個形狀所依附的物體。尤其是，我不能想像沒有形狀的物體的運動，也不能想像沒有運動的物體的形狀。對於上帝的正義和仁慈是同一個道理。笛卡爾說這對於心靈和身體是不一樣的，它們都是完整的東西。因為，在我僅僅想到物體是一個有廣延的、有形狀的、能夠運動等等的東西的時候，我完全領會到什麼是物體。我否認在物體裡有任何東西屬於心靈的本性。反過來說，我也認識到心靈是一個完整的東西，它懷疑、理解、意願，等等，儘管我不認為在心靈裡邊有任何物體的本性。[7]

笛卡爾在這裡是很小心的。完整的東西和不完整的東西這兩個概念之間的區分似乎對應著於實體和屬性的概念之間的區分。所謂完整的東西對應著能夠獨立存在的東西，是實體；而不完整的東西對應著不能獨立存在的東西，例如屬性。[8]在笛卡爾對阿爾諾的反駁的答辯中他承認這個區分實際上就是實體和屬性的區分。但在這裡他並沒有用後者來作說明，而是用了一個較弱的前提。他沒有說心靈和身體都是能夠獨立存在的實體而不是屬性，而只是說它們是完整的東西。這倒不是因為前者導致了循環論證，因為即便我們說心靈和身體都是能夠獨立存在的實體，但這並不是說心靈和身體是不同的實體。說心靈和身體能夠獨立存在並不是說心靈能夠獨立於身體而存在，只是說它們能夠不依附於其他東西而存在。至於它們是否是不同的實體，則是另外一個問題。但這正是笛卡爾論證的核心：他的目的就是要論證心靈和實體是不同的實體。

笛卡爾在這裡很小心的原因是因為他的論證是完全從認識論的角度出發的，因而不願意用一個獨立於我的認識的實體概念來說明問題。對於我們的觀念我們是能直接認知的，但對於實體卻並非如此，而是要透過觀念來認識。因此完整的東西這一概念大致對應著能夠獨立存在的東西，即可能的實體；也就是說，一個實體可以只擁有這些屬性而存在，而不需要任何其他的東西。注意這裡說的是：擁有一個完整的東西的觀念使得它可能存在，但並不意味著對應這個觀念的東西一定實際存在。

將心靈理解為一個實體和將心靈理解為一個屬性是非常不同的，對於我們如何理解笛卡爾的以上論證有著直接的影響。如果我們將心靈和身體直接理解為實體，則我們可以用以下的論證來證明心身的不同：

對於心靈，我清楚分明地認識到我的心靈只是一個思維的東西而不是一個有廣延的東西。因此由認識的清楚分明原則「凡是我能清楚分明認識的東西一定是真確無疑的」，我們可以推論我的心靈只是一個思維的東西而不是一個有廣延的東西。同樣的道理，對於身體，我能夠清楚分明地認識到我的身體只是一個有廣延的東西而不是一個思維的東西，因此我們可以得出我的身體只是一個有廣延的東西而不是一個思維的東西。這樣，我們可以直接透過同一法則來論證：心靈和身體具有本質不同的屬性，因此必然是不同的東西。

這個論證看起來比笛卡爾給出的論證更為簡單明瞭。為什麼笛卡爾沒有用這個論證呢？我們不能說笛卡爾不知道這個論證，或者笛卡爾不瞭解同一法則。後者雖然常以萊布尼茲的名字來命名，但它所說的是很簡單的道理：「同一個東西不能具有不同的性質。」更合理的解釋是說笛卡爾在這裡不願假定心靈和身體是獨立的實體，而只是從認識論的角度出發來證明。如果心靈只是由我對它所認識到的屬性所理解和刻畫的，則以上的論證會有問題。問題所在不是同一法則，而是認識的清楚分明原則。這裡我清楚認識到的是這些屬性，而不是心靈這個實體自身。

這也是笛卡爾自己在第二個沉思裡清楚看到的問題。在證明完我的存在之後，笛卡爾立刻問道，這個我，除了是一個思維的東西之外，還有其他什麼性質。在當時的徹底懷疑的基礎上，笛卡爾對這個我的認識並不需要假定身體的存在。但是這個我實際上是否與身體不同還是一樣的？笛卡爾寫道：「是否那些因為我不能有任何的瞭解而斷定為什麼都不是的東西（身體），實際上與我現在認識的我並無不同？這一點我不知道，而且我現在不想就此爭論。」[9]對心身不同的證明顯然是等到在第六個沉思裡的這個論證。

因此我們看到，在第六個沉思裡，笛卡爾嚴格地從認識論的角度出發來論證，也就是說從我們心靈中的觀念來論證心身的不同。這是笛卡爾自己規定的限制，是他自己設定的遊戲規則。因此，他用的概念是「完整的東西」和「不完整的東西」。

但是我們如何知道「心靈是個完整的東西」呢？這個命題也是可以爭議的。為什麼說心靈一定是完整的東西，而不是和運動的物體一樣是一個不完整的概念呢？進一步地說，為什麼心靈一定必須是個實體的概念而不僅僅是一個屬性呢？我們在日常生活中討談論心靈的時候，例如說我有一顆善良的心，或者說我的心受到了傷害等等的時候，我們似乎在指稱著一個確定的實體，但這樣的說法很可能只是語言的一種誤導。正如從「我有病」並不能得出病是一個能夠獨立存在的實體一樣（病只是身體的一種狀態，是依附於身體而存在的），說我有一顆心並不意味著我的心是能獨立存在的實體。因此日常語言中的用法不能作為可靠的證據來說明心靈的實體性。

笛卡爾這裡的依據是他對心靈所獨有的清楚分明的認識。心靈和運動不一樣，對運動的清晰認識必然要包含一個物體的形狀；但對心靈的清楚分明的認識只需要心靈的本質屬性，而不涉及其他的任何東西。這個解釋是否充分呢？我們可以繼續質問：是否對心靈的認識真的不需要涉及其他東西，尤其是物質的屬性？是否真的可以想像一個沒有物質屬性的心靈？並不是每個人的直覺都是一樣的。例如鬼魂或精靈，在我們的想像中仍然有一定的物質屬性，如占據一定的空間，可以運動，有一定的形狀，等等。笛卡爾說他所討論的不是我們的想像，而是理智的認識。也許想像中的精靈都具有一定的物質屬性，但對於心靈作為一個純粹思維的存在的認識（即笛卡爾在第二個沉思裡的發現），是不需要任何物質屬性的。笛卡爾認為理智是心靈本質的屬性，而想像和感覺不是心靈本質的屬性；也就是說，缺少了想像和感覺的官能，心靈一樣可以存在，但心靈不能離開理智而存在。這樣的話，我們對心靈的完整的認識並不需要涉及任何物質的性質。也就是說，心靈是個完整的東西。

這個概念對於理解以上論證中的第三個命題也是很重要的。第三個命題說「如果上帝可以把兩個東西分開，則這兩個東西是不同的」。我們上面簡單地說這裡的東西指的是實體，而不是屬性。但是按照新的遊戲規則，我們不能直接地說實體，而只能說完整的東西，則這裡所分開的東西指的是完整的東西，也就是能夠決定實體的東西，而不是簡單的屬性。如果僅僅說的是一般的屬性，這個命題根本不需要論證：心靈和身體當然是兩個不同的屬性，但這個命題也沒有什麼用處，因為笛卡爾要證明的是心靈和身體是兩個截然不同的實體。

如何理解「上帝可以把兩個完整的東西分開」這個命題呢？注意完整的東西所說的實際上仍然是一種屬性，只不過它們是基本屬性（attribute），事物只要擁有這樣的屬性就可以獨立存在。這個命題可以理解為上帝可以使得這兩種基本屬性屬於不同類的實體，也就是說，根據這兩個不同的基本屬性，上帝能夠創造出兩個不同的實體，使得這兩個實體分別具有其中一個屬性而不具有另一個屬性。不是所有的屬性都是可以分開的，例如山谷和山峰，這樣的屬性是必然連在一起的，即便上帝也無法將它們分開。但對於心靈和身體，它們各自都是完整的東西，因此是能夠獨立於對方而存在的。對於身體這很容易理解，我們可以創造出一個機器（甚至說一個雕塑）看起來很像人體，但卻沒有心靈的所有屬性，如思考、意願等等。對於心靈，我們也可以作類似的理解。上帝有可能創造出一個純粹思維的存在，而沒有任何物質的屬性。大家可以試一下自己的想像力，看看這樣的東西能否存在。

按照這個解釋，笛卡爾論證了心靈和身體是可以分開的完整的東西。在這個解釋下笛卡爾的論證看起來是合理的。簡單地說，對於完整的東西如心靈和身體，若我們清晰分明的認識到它們是能夠獨立存在的兩個東西，它們就有可能是獨立存在的兩個不同實體。

但是這個解釋似乎還不能達到對於笛卡爾想要的結論。按照這樣的解釋，笛卡爾的論證只是證明了心靈和身體，作為基本屬性，能夠屬於不同的實體，而沒有證明心靈和身體實際上是不同的實體。也就是說，這個論證只說明了心靈和身體在某個可能世界上是不同的實體，但不能保證心靈和身體在我們這個世界上一定是獨立存在的兩個不同的實體。這樣的話，儘管心靈和身體可能是不同的實體（例如心靈有可能是一個純粹精神的存在）；但在這個世界上，心靈和身體仍有可能是一個東西，也就是說思維的屬性和身體的物質屬性是同一個東西的不同屬性。儘管思維的屬性可能屬於一個純粹精神的心靈實體，但在現實世界中，思維的屬性與物質屬性可能是同屬於一個實體的，也就是說，心靈與身體可能是同一個實體。這樣的結論顯然太弱了。笛卡爾的心身二元論斷定心靈和身體是兩個不同的實體，而不是僅僅說心靈和身體有可能是兩個不同的實體。因此這個論證的結論與笛卡爾心中的結果相差甚遠。

對笛卡爾的論證可以做更深一層的分析。注意到對於笛卡爾來說，說兩個實體是不同的意味著它們能夠被上帝所分開。如果心靈和身體可能是不同的實體，這也就是說可能上帝是能夠將其分開的。若是這樣的話，加上一個很合理的假設，我們可以推出上帝就真的能夠將其分開，因此得到我們想要的結論：兩者是不同的實體。這裡需要的一個假設是這樣一個命題：如果P的可能是可能的，則P也是可能的。這是一個比較合理的命題。如果讀者熟悉模態邏輯的話，就會知道這是S4系統的一個公理（或定理）。這個命題和下面這個命題是等價的：若P的真是必然的，則P之必然為真也是必然的。[10]從這個角度來說，笛卡爾的論證便沒有什麼問題了。

不過，仍然有一些地方值得推敲。笛卡爾在上面論證心靈是個完整的東西的時候，是依據我們對心靈的清晰認識。但是，雖然我們對心靈的清晰認識不涉及任何的物質屬性，我們如何確定這個認識的對象，某一個獨立存在的實體，一定是只有思維的性質而沒有物質屬性的呢？我們的認識很可能是有限的；也許心靈和身體實際上是一個實體，但是我們只是分別地認識到它們的屬性，而沒有認識到它們實際上是同一個東西。例如說，我們知道什麼是暮星什麼是晨星，但我們可能不知道暮星和晨星實際上是一個東西。

實際上，如果我們可以自由地運用認識的清楚分明原則，則我們可以得到另外一個論證。我們可以直接利用以上論證的第一個前提「凡是我清楚分明地認識的東西都有可能按照我所認識的那樣存在」來說明。也就是說，如果我清楚分明地認識到心靈只具有思維的性質而沒有物質的屬性而存在，則這樣的存在就是可能的，是能夠被上帝這樣創造出來的。因此心靈能夠離開身體而存在。

但是，和上面一樣，這裡的問題牽涉到對於清楚分明的認識的理解。為什麼被我們清楚分明地認識的東西就一定是能夠被上帝創造出來的？換句話說，為什麼清楚分明認識的東西就一定是邏輯可能的，一定是不包含邏輯矛盾的？笛卡爾強調清楚分明的認識，原因之一就是因為一般的認識不能保證是沒有邏輯矛盾的。有些時候我們自己的思想實際上自相矛盾，可是我們認識不到。但對於清楚分明的認識，笛卡爾認為是不可能自相矛盾的。顯然笛卡爾認為清楚分明的認識，依據其定義，一定是不包含邏輯矛盾的。但若是這樣，問題便是我們怎麼才能知道哪些認識是清楚分明的？甚至簡單地說，我們能否知道哪些認識是一定不包含邏輯矛盾的？這個問題不易回答。我們曾經相信過很多看起來很清晰的命題，但後來發現包含著矛盾。例如，集合論中的羅素悖論所依據的前提看起來都是很清楚分明的，至少對於弗雷格來說是如此吧，但其中卻包含了矛盾，從而導致了悖論。著名的說謊者悖論使得我們發現真理的概念也是如此。[11]往往，這些悖論的發現都是揭示了我們認識中的一些根本缺陷，儘管在悖論發現之前我們並沒有認識到矛盾或衝突。所以我們不能簡單地斷定我們的認識是否邏輯一致，更不用說去斷定我們的認識是否清楚分明。如果是這樣的話，我們怎樣才能確定我們對於心靈和身體的認識是清楚分明的？

因此，笛卡爾對卡特魯斯的反駁的答辯不是完全讓人滿意的。關鍵在於笛卡爾無法完成從認識論到本體論的跳躍，也就是說，從我們對心靈和身體的不同本質屬性的認識，並不能得到心靈和身體實際上是不同的實體。

阿爾諾的反駁

阿爾諾在第四組的反駁中對於笛卡爾的心身二元論也提出了一些批評。阿爾諾當時只不過是一個二十出頭的小夥子，但他提出的反駁卻是所有反駁之中最為敏銳的。笛卡爾對阿爾諾也是大加讚賞。在他答辯阿爾諾的反駁時首先說道：「我無法想像能夠找到一個比你（指麥爾塞納，笛卡爾通信的中間人）寄給我的這些意見的作者更為睿智的，又同時對我的著作有更大度的觀點的，或者更有幫助的人了。因為他對我是這樣的體貼入微，我清楚地看到他支持我，支持我所從事的事業。而且，對他所反對的東西，他是這樣仔仔細細地斟酌考慮以至於我相信沒有什麼東西能逃出他敏銳的觀察。除此之外，他是這樣睿智地反對那些他不能完全同意的觀點，因此我不用擔心人們會認為他的客氣掩蓋了什麼東西。所以，我對他的反駁並不覺到非常的難受，倒是為他沒有提出更多的反對意見而感到欣慰。」[12]

關於笛卡爾對心身二元論的論證，阿爾諾首先從第二個沉思裡對心靈的刻畫開始分析。他說在第二個沉思裡可以發現一個對心身二元論的論證。儘管實際上這個論證並不是笛卡爾的真正論證，但阿爾諾的這個解釋對後來的影響很大，以至於很多人都以為這就是笛卡爾對心身不同的主要證明。因此在這裡我們首先介紹一下這個通常被稱為出自於懷疑的論證。

阿爾諾說，在確定了我自己的存在之後，我們不能確定自己身體的存在。因此，我們可以如下論證心身的不同：

我可以懷疑我的身體是否存在；我甚至可以懷疑任何物體（物質事物）的存在。

我不能懷疑我的心靈是否存在；我的心靈是確定存在的。

所以，這個在懷疑、在思維的我，不可能是我的身體（因為若是如此，當我在懷疑我的身體的時候，我也就在懷疑我的心靈）。

因此，我不是一個物體。

也就是說，我對我的心靈的存在的認識是確定無疑的；但我對我的身體的存在的認識並不是確定無疑的；因此心靈和身體必然是不同的。

這個論證看起來很有道理，但卻經不起仔細的推敲。即便對於同一個東西，我們對它的認識也會有所不同，因為我們可能認識到它的不同方面和不同性質。所以說認識上的不同並不意味著實際上一定是不同的。例如，我們對水的存在沒有什麼懷疑，但並不是所有人都知道H_2O的存在，但是水和H_2O是同樣的東西。類似地，我不懷疑曹雪芹的存在，但我也許不知道曹寅的存在，不過這並不說明曹雪芹和曹寅一定是兩個人。因此，從我對心靈和身體的不同的認識（確定的認識和可懷疑的認識）並不能得出心靈和身體一定是兩個不同的東西。注意這裡所要的是一個確定的結論。

也許有人會反駁說以上論證裡的懷疑指的是徹底的懷疑。在最徹底的懷疑面前，我仍然能夠確定我的心靈的存在，但我並不能完全確定水或者曹雪芹的存在，因此以上反駁中的前提並不成立。但是，即便對於我們有絕對確定認識的東西，例如我的心靈中的一個紅色的觀念或者一個疼痛的感覺，我對它們的存在是確定無疑的。但是，我對其來源仍有所懷疑，不知道它是我的心靈自己創造的還是來自於外在的物體；但從這樣的懷疑並不能推出這些觀念一定不是來自於外在物體的；笛卡爾自己解釋感覺觀念的時候，也認為外在的物體與心靈的觀念有著一種因果關係。再如，我可以懷疑這些觀念是否僅僅是大腦的一個性質，比方說大腦的某個部分的特定狀態；同樣的，這樣的懷疑也不能推出這些觀念一定不是大腦的一個性質。當前的神經腦科學告訴我們這些觀念都有其物質基礎，都可以歸結到大腦的活動。

在上面已經提到，笛卡爾自己在第二個沉思裡已經認識到這樣的論證是不充分的。他說：「是否那些因為我不能有任何的瞭解而斷定為什麼都不是的東西，實際上與我現在認識的我並無不同？這一點我不知道，而且我現在不想就此爭論。我只能對我所知道的事情作出判斷。我知道我存在；我現在探詢這個『我』是誰？確定無疑的，嚴格地講『我』的存在這一知識不依賴於任何對其存在我還不能確定的東西。」[13]在他的反駁裡，阿爾諾引用了笛卡爾的這段話，但他接著評論：「顯然，這個論證仍然停留在原來的地方，而他答應給我們解決的問題還是沒有完全解決。也就是說，怎麼才能從他所知道的（除了思維的本質之外）沒有其他的東西屬於他的本質，得出實際上沒有任何其他東西屬於他？」[14]也就是說，怎麼從認識上的不同推出實際上真正的不同？

當然，阿爾諾正確地指出笛卡爾在第二個沉思裡並沒有要試圖證明心靈和身體的不同；這要等到第六個沉思，在笛卡爾證明了上帝的存在以後，才著手證明的。阿爾諾接下來具體分析笛卡爾在第六個沉思裡的證明。阿爾諾注意到笛卡爾對卡特魯斯的反駁的答辯，但並沒有被完全說服。而且，阿爾諾似乎誤解了笛卡爾對卡特魯斯的答辯，但儘管如此，阿爾諾的反駁意見仍有其自己的價值，而且笛卡爾對其的答辯裡含有一些非常重要的思想，因此我們在這裡也介紹一下。

如上所述，針對卡特魯斯提出的問題，笛卡爾的答辯採用了完整的東西和不完整的東西之間的區分來回答。心靈和身體是完整的東西而廣延、形狀等則是不完整的東西。對此阿爾諾反駁說完全的知識並不一定能達到，即便是清楚分明的認識也不一定是完全的。阿爾諾舉了一個例子：假設一個人確定無疑地知道半圓上的三角形是直角三角形。但是他有可能懷疑甚至沒有想到這個三角形的斜邊的平方是其兩個直角邊的平方之和。也許，由於什麼詭辯的欺騙，他甚至會否認這一點。這樣透過和笛卡爾的論證類似的方式，他可以說這個性質（直角三角形的斜邊之平方等於兩直角邊平方之和）不是三角形的本質性質，因為他不能清晰地認識到這一點。也就是說，我清晰地認識到這是一個直角三角形，但不知道或者懷疑這個三角形的斜邊的平方是其兩直角邊的平方之和。這樣的話，阿爾諾說，按照笛卡爾的論證，斜邊的平方是其兩直角邊的平方之和這一性質就不是這個直角三角形的本質性質；進一步地說，上帝就可以將直角三角形的性質和後者分開，即上帝能夠造出一個不符合勾股定理的直角三角形。但這個結論明顯是不成立的，笛卡爾自己也不會接受這個結論，因此笛卡爾的論證一定是有問題的。

這個反駁誤解了笛卡爾在完整的東西和不完整的東西之間作出的區分。笛卡爾所說的完整的東西是指在認識中能夠獨立存在的東西，至少是那些不涉及其他性質而存在的東西。在答辯中，笛卡爾明確地指出：「一個完整的東西，我僅僅指的是一個帶有各種形式或屬性的實體，這些形式或屬性足以使我認識到它是一個實體。因為正如我在其他地方已經指出的，我們並不直接認知實體，而是透過我們對某些形式和屬性的認識，以及這些形式和屬性只有依附於什麼東西才能存在這個事實，來認識它們的。我們將這些形式或屬性所依附的東西稱為『實體』。」[15]很明顯的，思維的屬性要有一個依附的東西，這就是心靈；廣延、形狀、運動等屬性也要有一個依附的東西，這就是物體。阿爾諾的反駁中討論的是對一個東西的完全的知識，這和完整的東西是兩個不同的概念。在上面的直角三角形的例子裡，所涉及的是同一個東西（一個直角三角形）的不同屬性（作為直角三角形的屬性和滿足勾股定理的屬性），而不是兩個不同的實體。因此這個例子和笛卡爾的論證是大不相同的。即便上帝不能將兩個屬性分開（即不能創造出一個滿足其中一個屬性而不滿足另一個屬性的東西），這與上帝能否將兩個完整的東西

（實體）分開是極其不同的兩件事。對一個完整的東西的認識並不需要認識到這個東西的所有屬性，而只需要認識到那些決定其存在的本質屬性。笛卡爾認為心靈作為一個純粹思維的存在是一個完整的東西，是能夠獨立於物質事物而存在的，但我們仍然有可能不瞭解心靈所有的屬性。

儘管阿爾諾的反駁中有這樣一個嚴重的誤解，但是阿爾諾的反駁仍然很有價值。因為阿爾諾挑戰的是笛卡爾的一個基本命題：我能夠，根本不涉及身體而完全地、充分地認識到我的心靈。阿爾諾的意思是說這個命題並不是確定為真的。即便我所認識的心靈只是一個思維的存在而沒有任何廣延的性質，但這並不能保證這個認識是完全的、充分的。也就是說我們不能確定心靈是否真正只是一個思維的存在而沒有任何物體的性質。這是以上三角形例子的力量之所在，因為我們也許不能完全認識到屬於三角形的所有知識，包括本質屬性，甚至我們會有錯誤的認識。類似的，我們也許不能完全認識到心靈的所有性質或者對心靈有錯誤的認識；因此儘管從我們當前的認識看心靈沒有任何的物質屬性，但我們並不能因此斷言心靈不具有任何的物質屬性。

笛卡爾在他的答辯裡首先承認我們並不能保證擁有完全的充分的知識；只有上帝才有這樣的知識。至於我們是否能對任何事情有完全充分的知識則要看上帝是否給我們這樣的知識。但他立刻作了一個區分：對一個東西的完全充分的認識，和對一個東西的完整的認識是不一樣的。對一個東西的完全充分的認識是說對這個東西的所有性質都有清晰的認識；但對一個東西的完整的認識並不需要對它的完全的認識，而只需要對這個東西有足夠完全（而不是絕對完全）的認識，也就是，對這個東西作為一個完整的東西有清晰的認識。這和我們以上的說明是一致的。笛卡爾還進一步地對完整的東西作出解釋，將對一個東西的完整性的認識與對一個東西的抽象認識相對立起來。對一個東西的完整認識就是我們還沒有用理智的抽象功能對一個東西進行抽像之前的認識；而抽象之後的認識就不再是完整的，也不是足夠完全的。

總而言之，笛卡爾的想法是說即便我們對一個東西不一定有完全的徹底的認識，但我們可以有足夠的認識來確定這個東西來作為一個實體而存在，而不僅僅是作為一個屬性而存在。這樣的足夠完全的認識是完整的認識，是對其作為一個實體的認識。例如，在我們的認識中，心靈可以作為一個獨立的實體而存在，而不需要任何物體的性質。因此，我們對心靈的認識，儘管可能不是完全的，可以是完整的，而且在這個完整的認識裡，心靈沒有任何的物質屬性。當然這裡的關鍵是我們對心靈的認識是否是完整的。笛卡爾在這裡對此沒有論證，但他顯然認為這是由我們對心靈的清楚分明的認識來保證的。

同時，笛卡爾對阿爾諾的直角三角形的例子給出了具體的分析，並將這個例子和對心靈的認識作了比較。笛卡爾說任何一個三角形的三條邊之間一定有一個確定的比例關係。因此，如果我們不能把握一個直角三角形的斜邊之平方是否等於其兩個直角邊之和，我們對它還沒有清楚分明的認識。如果我們對三條邊之間的關係沒有一個清晰的認識，我們不可能對這個三角形有清晰的認識。而對於心靈和身體，我們都有清楚分明的認識。我們清晰地認識到心靈不具有任何物質的本質屬性（廣延），物體不具有心靈的本質屬性（思維）。因此這樣的存在是可能的，是能夠被上帝這樣創造出來的。

可以看出，笛卡爾對阿爾諾反駁的答辯是很清晰的。不過，我們也可以看到，笛卡爾這裡的答辯，和對卡特魯斯反駁的答辯類似，都依賴於一個重要的假定：我們清楚分明認識到的東西是能夠按照我們所認識的那樣而存在，至少上帝可以如此將它們創造出來。按照我們早先的分析，這個命題不是一個確定的真理。因此笛卡爾的論證也就有了一個缺口。

如上所述，笛卡爾對心身二元論的證明是很精細的。透過以上的分析，我們可以看到笛卡爾的論證也存在著一些問題。這樣的結論並不讓人驚訝。當前大概沒有科學家或者哲學家再接受心身二元論。科學發現和哲學思考讓我們認識到心靈和身體只是一個實體的兩個層面，而不是兩個實體。因此，如果笛卡爾的論證真的證明了心身二元論，那才是一個讓人驚訝的事情。[16]

插曲：當代心靈哲學的回聲？

當今心靈哲學家查爾莫斯（David J.Chalmers），在他1996年出版的《有意識的心靈》一書中，提出了一些很有影響的觀點和論證，其中有些觀點和論證在很多地方和笛卡爾的觀點和論證相似。查爾莫斯試圖說明心靈有著兩類不同的性質：一類是現象學的意識品質（phenomenal consciousness），也就是我們對自己的心靈活動在現象層次上的認識，例如對疼痛的感覺的清楚的獨特的認識。另一類是我們透過科學，如心理學、生理學等對我們的心靈或者精神活動的認識。粗略地說，這裡的第一類認識和笛卡爾的關於心靈屬性的認識相對應，而第二類認識和笛卡爾所說的對於身體（這裡是大腦）屬性的認識相對應。當然，這個類比是很粗糙的，因為查爾莫斯所注意的只是對於心靈的現象學品質的認識，而不包括其他的心靈屬性，，如思考、意願等。而後者對於笛卡爾更為重要，它們才是心靈的本質屬性。

查爾莫斯試圖證明兩個相關的結論。一方面他試圖證明心靈的現象學品質，在邏輯上是不依賴於身體的任何物理性質的。也就是說，在某一個可能世界上，即便是兩個東西有一模一樣的物理性質，它們仍然可能有不同的心靈性質。從這個結論我們可以知道現象學性質是不可還原的，也就是說：即便我們知道了身體（包括大腦）所有的物理性質，我們也不一定能因此得知心靈的現象學性質。不過，查爾莫斯的結論比這個不可還原的論斷要更強一些，因為即便現象學性質是不可還原的，我們並不能推出現象學性質是不依賴於物理性質的。例如經常被討論的突顯性質（emergent property）是不可還原的，但很多人並不認為這樣的性質是超越於物理性質之外的，或者說是不依賴於物理性質的。也就是說，這些人仍然相信如果這個東西有著一樣的物理性質，則它們一定會有一樣的突顯性質。而查爾莫斯認為現象學性質並不受物理性質所制約。

另一方面，查爾莫斯也試圖證明，在我們的現實世界上，心靈的現象學性質是依賴於物理性質的。也就是說，如果兩個東西在這個世界上擁有同樣的物理性質，例如它們是原子對原子（或者在更基本的粒子層次上）的拷貝，則這兩個東西也會擁有同樣的現象學意識的性質。兩個論證都面臨著不少的挑戰，查爾莫斯用了整本書的篇幅來解釋這兩個論證和回答對他的論證的反駁。這裡我們只是簡單地介紹一下查爾莫斯的第一個論證，並對他的這一結論作一說明並和笛卡爾的二元論作一比較。

查爾莫斯是如下論證的：

在我們這個世界上，存在著有意識的經驗。

存在著一個邏輯可能的世界，這個世界和我們的世界在所有物理性質上是完全相同的，但是在這個世界上不存在有意識的經驗。

因此，關於意識的事實是在關於世界的物理事實之上的，是獨立於物理事實的。

因此，物理主義是錯誤的。

首先對以上的論證做一些簡單說明。這裡的意識經驗指的是現象學的意識經驗，是我對自己的心靈活動的獨特感覺。這裡所說的物理主義和唯物主義用的是一個類似的詞（materialism），但和通常我們理解的唯物主義有所不同。這裡指的是當前心靈哲學討論中的一個具體理論：世界上的所有性質都依賴於物理性質。或者說，對於任何的兩個東西，如果它們有不同的性質，則它們必然有不同的物理性質。當然，這個理論的支持者同時堅信世界上只有物質事物的存在。這個是唯物論的基本假設，在當前心靈哲學的討論中為絕大多數人所接受。這裡所談的物理主義則在此假設上進一步斷定所有的性質都是依賴於物理性質的。這裡涉及一個經常被用到的有一定技術性的概念——「依賴」（supervenience），對於這一概念有一些不同的解釋，而不同的理解會導致對物理主義的不同詮釋。查爾莫斯在他的書中對這一概念和其他相關概念作了較為清楚的解釋，對它們的具體澄清和討論我們這裡就不涉及了。

第一個前提是沒有什麼爭議的。只要回顧一下我們的意識行為，就會發現我們的的確確擁有這樣的意識經驗。對於第二個前提，查爾莫斯用了殭屍（zombie）的可能存在來論證。這個哲學上的殭屍概念指的是這樣的一種存在：它們能夠和人做一樣的事（包括言語），以至於在行為舉止上和一般人看不出任何的區別，或者說透過科學的途徑我們無法將它們和人分開。但是，殭屍不擁有真正的意識經驗，也就是說它們不能對自己的認識有一個獨特的體驗。例如，殭屍對疼痛和一般人有一樣的反應（比方說會大叫一聲），但是殭屍不會有我們對疼痛的那種獨特的感覺。查爾莫斯說，我們可以想像，在某一個和我們的世界物理性質完全相同的可能世界上，殭屍實際存在著。如果這樣的話，這說明殭屍是可能存在的，這也就說明我們的意識經驗不是邏輯上依賴於物理性質的。

當然這個命題是可以爭議的。這樣的殭屍到底是否可能呢？這個論證只是根據我們的想像，但這個想像是否是一定邏輯可能的仍是個問題。這裡牽涉我們對這些概念的理解是否足夠的清晰。不過，我們這裡不是要仔細地分析這個論證，而是看一看它和笛卡爾的論證之間的相似性。看起來這個結論和笛卡爾的結論很類似，也在論證心靈和物體的不同。而且查爾莫斯的兩個基本結論和笛卡爾在心身問題上的基本看法似乎也非常相似：查爾莫斯認為心靈和身體儘管可能有不同類的性質，但是實際上（在我們這個世界上）心靈的性質還是依賴於物理性質的；而笛卡爾認為心靈和身體儘管是能夠被上帝分開的，但實際上（在我們這個世界上）心靈和身體是緊密相連不可分的。甚至我們對查爾莫斯的論證的批評和我們對笛卡爾的論證的批評也是類似的，都是針對清晰的認識是否一定是邏輯可能的。

當然，仔細地檢查一下，查爾莫斯的結論和笛卡爾的結論還是有很大的不同，查爾莫斯絕不是簡單地回到了笛卡爾的論斷。首先，查爾莫斯的第一個結論並不是說心靈和物質可能是兩類不同的實體，而只是說心靈的現象學屬性可能並不依賴於物理性質。這個結論和笛卡爾的結論是有區別的。從上面的介紹我們知道，笛卡爾想要的結論是說心靈和身體是兩個不同的實體。這是心身二元論的基礎，是一個本體論的論斷。查爾莫斯只是否認心靈的現象學屬性依賴於物理性質，但沒有否認世界上只有物質事物的存在這一個唯物論的基本前提。這個理論實際上是屬性的二元論，而不是實體的二元論。也就是說，實際上可能存在兩類不同的屬性，它們之間互不依賴，因此也不可歸約，但並不是說可能存在著兩類不同的實體。

當然從這個論證我們可以進一步地說，作為兩類不同的實體，心靈和身體也是可能存在的。為什麼查爾莫斯不接受這個更強的命題呢？這是因為有其他方面的考慮（主要是來自於科學的證據），使得查爾莫斯以及當前的絕大多數人，來斷定世界上的所有存在都是物質事物。查爾莫斯稱他的理論是自然主義的二元論（naturalistic dualism），這裡他所說的自然主義就是指以上的信念：世界上的所有存在都是物質的存在。

從這個故事我們可以看到，笛卡爾的哲學在當前的哲學討論中仍有相當的價值。一方面笛卡爾的問題仍然是我們所關注的核心問題，另一方面笛卡爾的論證和結論對我們仍然可以有很大的啟發。查爾莫斯對心身的屬性二元論的論證，在很多地方都和笛卡爾的論證相切合，其論斷本身也和笛卡爾的結論有驚人的相似。其實這也只是笛卡爾哲學在當代哲學影響的一個小小側面，而笛卡爾哲學在認識論中的影響要更大更直接。

註釋：

[1]在柏拉圖的對話錄《斐多篇》裡，蘇格拉底明確地論證靈魂不朽。絕大多數的柏拉圖對話錄都是以蘇格拉底作為主人翁來寫作的，但對話錄的思想到底是屬於蘇格拉底還是柏拉圖，是哲學史上一個著名的公案。《斐多篇》屬於柏拉圖較為前期的作品，記載的是蘇格拉底臨終前的行狀，多數註釋者認為屬於蘇格拉底的思想。但後期的《理想國》則屬於柏拉圖自己的思想。在《理想國》裡，靈魂理論比在《斐多篇》裡的靈魂理論要更為複雜精緻。在這裡我們不加細分，籠統地以柏拉圖思想一概論之。

[2]當然，亞里斯多德的形而上學理論相當複雜。首先，亞里斯多德認為所有人都有一個同樣的形式。因此人與人之間的不同只能歸結於質料的不同。這樣就必須在質料中進一步作出區分。亞里斯多德在質料之中劃分層次。高層次的質料可以由低層的質料和形式組成。例如說一個雕塑的質料是石頭，而石頭本身又是由其他質料和形式構成的複合體。

[3]不過，笛卡爾的這個結論受到了神學家們的責難。笛卡爾認為一旦證明了心靈的非物質性（這是他在第六個沉思心身論證的主要目標），心靈的不朽則是自然的結論。麥爾塞納和阿爾諾都對此論證提出責難。在第二組反駁的最後，麥爾塞納說從靈魂不是物質的並不能得出靈魂一定是不朽的，因為完全有可能靈魂和身體一起消亡（亞當和塔納里：《笛卡爾全集》，第七卷，第128頁）。在他的答辯裡，笛卡爾承認從靈魂和物質的本質不同不能推出靈魂的不朽。但他說若加上以下合理的假設，例如靈魂的不可分割以及

實體的不朽，就可以推出靈魂的不朽（亞當和塔納里：《笛卡爾全集》，第七卷，第153頁）。注意笛卡爾在《沉思錄》的提要裡也提到了這個論證，並考慮到以上的反駁。阿爾諾在第四組反駁裡也提到這個問題，並用動物靈魂的例子來說明靈魂也是會消亡的（亞當和塔納里：《笛卡爾全集》，第七卷，第204頁）。笛卡爾的答辯裡則強調動物是沒有靈魂的，它們的行為完全可以被身體本身的性質來解釋。

[4]亞當和塔納里：《笛卡爾全集》，第七卷，第78頁。

[5]不過，如果萊布尼茲的同一性法則（所有不可分別的必然是同一的）是正確的話，則這個命題就不成立了。萊布尼茲的同一性法則有兩個命題：一個是說所有同一的東西必然擁有同樣的屬性（不可分別）。對此基本上沒有爭議。但另一個命題說所有不可分別的必然是同一的，而對於此法則的爭論至今未停。

[6]如何具體地分析「可能的存在」是另外一個問題。當前普遍的思路是利用可能世界語義學，但也有人認為這樣的理解實際上是硬將笛卡爾拖入了當代，對討論笛卡爾自己的論證沒有什麼幫助。可能世界語義學也不是一句兩句就能說得清的。因此雖然我們在下面的討論中也會用到一些可能世界的說法，但大部分的討論都停留在直觀的層次上。

[7]亞當和塔納里：《笛卡爾全集》，第七卷，第121頁。

[8]笛卡爾對於屬性有一個很重要的區分。這裡所談的屬性是一般的屬性。除此之外，還有一類特殊的屬性，這樣的屬性決定了事物的本質，笛卡爾用基本屬性（attribute）來指稱這類屬性，和一般的屬性（property）相區分。按照笛卡爾的說法，一個事物只能擁有一個基本屬性，如思維是心靈的基本屬性，而廣延是物

質的基本屬性。笛卡爾的這個概念很重要也很複雜，這裡不作更多的介紹。

[9]亞當和塔納里：《笛卡爾全集》，第七卷，第27頁。笛卡爾對於第二個沉思裡論證的侷限是很清楚的。在《沉思錄》的提要裡，笛卡爾非常清楚地說心身的不同是在第六個沉思裡證明的（亞當和塔納里：《笛卡爾全集》，第七卷，第13頁）。笛卡爾在對第二組反駁的答辯裡再次引用了上面的這段話，明確指出，（在這個時候）他並不清楚這個思維的東西和身體是不是一個東西，儘管他很清楚地知道這個思維的東西是什麼（亞當和塔納里：《笛卡爾全集》，第七卷，第129頁）。

[10]用模態邏輯來表述：LP→LLP。這裡L表示一個命題的必然性。模態邏輯是研究可能性和必然性的一門很有趣的學科，學習之後才知道其中的奧妙。

[11]說謊者悖論說的是這樣一個語句：「我說的這句話是假的。」這句話本身是真還是假？按照真理的直觀定義，它或者是真或者是假。但是，若說它是真的，則根據其所說的，這句話就是假的。但若說它是假的，則這又正合乎這句話所說的內容，因而它必須是真的。悖論因此而生。這類自指語句非常的有趣，後來在哥德爾的不完全性證明上還派上了大用場。

[12]亞當和塔納里：《笛卡爾全集》，第七卷，第218—219頁。

[13]亞當和塔納里：《笛卡爾全集》，第七卷，第27—28頁。

[14]亞當和塔納里：《笛卡爾全集》，第七卷，第199頁。

[15]亞當和塔納里：《笛卡爾全集》，第七卷，第222頁。

[16]當然這是相對於不同的時代而言的。在笛卡爾的時代，絕大多數人都相信心靈和身體是不同的，因此笛卡爾的結論並不讓人驚訝，甚至笛卡爾自己還說他的論證可以更好地說服異教徒。但是在今天，科學的發現已經積累了足夠的證據使我們相信心靈現象必然有一個物質基礎，而不是獨立於身體而發生的。

第八章　心身之統一

笛卡爾的心身二元論將心靈和身體視為兩個本性截然不同的實體。心靈是一個思維的實體，它沒有廣延，自然也就沒有形狀和大小，也不占據空間；心靈之中除了思考和意志的官能之外，還有感覺和想像的官能；心靈對其中出現的所有觀念都有著確定無疑的認識。而身體則完全是一個機械的東西，它必然是廣延的，具備一定的形狀和大小，而且遵循所有的自然規律；就像一個精緻的儀器，例如鐘錶，身體自己的一切活動，不論多麼複雜，都可以透過機械法則來充分地解釋。

這個理論在當時便有很大的爭議，支持者和反對者為此爭辯不休。心身二元論面臨著很多的困難。心靈和身體如果是兩個不同類的實體，它們之間的關係是怎樣的呢？首先，心靈和身體之間的交流是不可避免的。我的心靈能夠指導身體的行動，我的身體可以將外在於心靈的訊息傳輸給心靈，等等。但若身體和心靈是兩個不同類的東西，尤其心靈是沒有任何廣延的存在，而身體是純粹廣延的存在，那麼它們之間的這些交流是如何實現的？再者，我的身體和我的心靈之間有著極為密切的聯繫。對別的心靈和別的物體的認識和對我的身體的認識有著明顯的不同。刀子割在別人身上或者割在一棵樹上，和割在我自己身上，我的感覺是大不一樣的。更重要的是，人到底是個什麼樣的東西呢？是心靈，是身體，還是兩者的結合？若是兩者的結合，心靈和身體是如何結合在一起的呢？

笛卡爾當然清楚這些困難和挑戰。笛卡爾的學說並沒有像很多人所理解的那樣簡單地將這個問題放在一邊，而是對此有一個系統的解答。笛卡爾認為心靈和身體組成了一個有機的共同體，這個共同體具有的特性不能由心靈或者身體單獨來解釋，而必須從這個共同體自身來理解。當然，笛卡爾對於心靈和身體如何構成這樣一個共同體並沒有給出清楚的解釋，而只是簡單地說對這個共同體無法給出進一步的分析，意味著這是一個初始的概念。

笛卡爾的考慮應該說是相當週全的。對於心身問題，我們不能脫離時代的背景來考慮笛卡爾的論證。在笛卡爾的時代，對於心靈現象和身體的認識，相比於今天我們擁有的知識，是很有限的。實際上，從我們以下的分析可以看出，笛卡爾作出的結論應該是在當時背景下能夠得到的最佳結論。如果說在上一章裡我們考察的主要是笛卡爾對心身問題的形而上學論證，在這一章裡我們討論的主要是笛卡爾作為科學家對這個問題的論證。可以看出，笛卡爾的結論是在當時對心身問題所能夠做出的最為科學的解釋。

心身問題

我們先來看一下這個問題的背景。自古以來，心身問題就是一個非常重要的話題。首先是關於死亡：一個人死後還能不能繼續存在？如果對這個問題的回答是肯定的，則心身問題立刻成為一個核心問題。這個死後的存在以何種方式存在？它與生前的人有何關係？死後人的身體很快腐爛變質，因此死後的存在和人的身體應該有本質的區別。但死後的我和生前的我必然有著一定的聯繫，否則怎麼能夠說他們是同一個我呢？實際上，基本上所有的宗教學說都會確認死後的存在是可能的。[1]但不同宗教對這個死後存在的理解是很不一樣的。在這裡我們不需要對各種宗教學說一一分析，只是強調心身問題在人類生活中的重要性。

心身問題並不僅僅是宗教信仰的核心問題。即便是人死之後除了一具臭皮囊之外什麼都沒有留下，一個活生生的人也有很多獨特的性質需要解釋。人與其他事物看起來有著不小的差別。和動物一樣，我們可以自由行動；但我們比動物擁有更多更高的能力：我們可以思考，可以使用語言，可以創造出科學和文化，可以自由選擇、也能夠承擔我們的選擇帶來的責任。這些是包括動物在內的物質世界所沒有的。如何解釋人的這些特性以及人在自然界中的特殊地位呢？即便是動物（甚至植物），也和世界中其他沒有生命的東西有顯著的不同。無論我們是否關注死後的世界，我們都面臨著如何理解生命現象本身這一重要問題。

透過對我們自己的觀察，我們可以看到我們的心靈似乎和身體有著截然不同的性質。我們身體受到各種各樣的限制，例如我們不能突然從一個地方消失而在另一個地方出現，也不能一下子讓自己變得力大無比，但在我們的想像中或者夢中這些都不是問題。作用於身體的因果規律似乎對心靈沒有什麼作用。心靈似乎能夠真正地創造出新的東西，而且我們似乎可以選擇並決定自己的行動。而在物質世界裡，一切都是由因果規律來決定的。即便量子力學是正確的，我們仍然可以對因果規律採用概率的理解，物質世界仍然可以有一個完全的概率解釋，因而沒有真正自由意志的空間。更簡單地說，我發現人類是能夠思考的，能夠使用語言的，但我並不能觀察到任何不同於人類的東西能夠思考和使用複雜的語言。如何解釋這些現象呢？

對於這些現象作出解釋，不僅僅是宗教的需要，更重要的，也是科學的需要。這裡我們關注的不是從信仰作出的斷定，而是試圖發現一個能夠對我們觀察到的現象給出最佳解釋的理論。這實際上是科學研究的基本方法。只有那些對所有已知現象作出最好解釋的理論才是我們應該接受的理論。[2]一個理論本身提出了什麼假設並不重要，關鍵是看它是不是能夠對所有已知證據提供最好的解釋。如果在一定的證據下，最好的理論是靈魂轉世的理論，則我們也應該接受這樣的學說。

儘管在《沉思錄》的獻詞裡笛卡爾宣稱《沉思錄》的目的是要論證上帝和靈魂的存在，但笛卡爾真正的出發點並不是出於神學和宗教的考慮，而是出於科學的考慮，至少是出於哲學的考慮。我認為這是理解笛卡爾心身理論的關鍵。笛卡爾是一個科學家、哲學家，不是一個神學家。他對心身問題的研究是從科學的角度開始的；若我們從科學研究的角度來分析他的結論和論證過程，我們對它會有更好更深的理解。[3]

在前面已經介紹過，在笛卡爾的時代流行的心身理論是經阿奎那改造之後的亞里斯多德學說。同時，柏拉圖的靈魂學說也為人所熟知。實際上，對這兩種理論我們也都可以從科學的角度來考察。柏拉圖的理論是相當完整的，可以解釋我們生活中經驗到的很多現象。柏拉圖的理論比在此之前的簡單的靈魂學說更為精緻，其內部體系更為緊密，對經驗的解釋也更為充分。例如柏拉圖對人的心靈內部性質的理解更為全面。我們經常做自己認為不應該做的事情。為什麼會這樣呢？柏拉圖的靈魂說可以輕鬆地解釋這個問題，因為靈魂的三個組成部分（理性、慾望、激情）經常會互相衝突，如果一個人屈服於慾望的誘惑而違背了理性的指導，則這個人就會做他並不應該做的事。同時我們也可以從《菲多篇》的論證中看到，靈魂不朽的假設使得這個理論內部更加一致，這也是一個好的理論的特徵。但柏拉圖的理論並不一定是最好的解釋。有很多其他的理論，如亞里斯多德的學說，以及後來的伊比鳩魯學派和斯多葛學派提出的對靈魂的不同解釋，也同樣能夠解釋我們的很多經驗。

例如，亞里斯多德的靈魂學說認為，人和世界上的其他個體存在一樣，是由形式和質料共同組成的。質料本身是沒有結構的，在其中也沒有什麼差別。結構和差別是由形式來提供的。人的形式便是靈魂。按照亞里斯多德的理論，人的靈魂不是能夠離開身體而存在的獨立存在，而是人的身體的一個組成部分，是它的形式。靈魂雖然與身體不同，但是靈魂離開了身體也不能單獨存在，因為它是身體的一部分。這個思想為阿奎那繼承和發展，並成為教廷的官方理論。

從《沉思錄》裡我們可以看出，笛卡爾的心身理論有它自己特定的出發點，因而和以往的理論有很大的不同。笛卡爾認為人的心靈和身體是兩個不同的實體，但人並不是簡單的由心靈和身體組成的混合物。後來的哲學家們對笛卡爾的心身理論經常有一種過於簡單的描述，結果造成了對笛卡爾哲學的一個常見的誤解。例如，二十世紀中期的心靈哲學家賴爾，在他頗有影響的《心的觀念》一書中批判笛卡爾的心身二元論。按照賴爾的說法，笛卡爾的理論是個神話，因為我們無法理解作為純粹精神存在的心靈和作為物質存在的身體之間如何交流和聯繫。賴爾用了一個形象的比喻來說明：身體如同一個機器，按照機械的法則來運行，而心靈則如同是一個機器裡的幽靈在裡面遊蕩。顯而易見，這個幽靈和機器之間的關係是一個難以理解的神話。按照賴爾的分析，笛卡爾的心身理論將心靈和身體作為實體來相提並論是犯了一個範疇錯誤（categorical mistake），因為心靈和身體不是一個層次上的東西。他舉了一個例子來說明：一個人如果在參觀完牛津大學的所有建築，例如各個學院、教學樓、圖書館、實驗室、體育館等等之後，仍然要問牛津大學在哪裡，則這個人就犯了一個範疇錯誤，因為他把牛津大學這樣一個整體概念和構成大學的組成部分混為一體。心靈的概念也是類似，不能與身體相提並論，而應該給出另外的分析。賴爾自己的分析是基於行為主義的，在這裡我們不加介紹。

不過，賴爾的分析有一個很大的問題。這樣的心身理論，儘管也許被很多人相信是笛卡爾的理論，實際上卻和笛卡爾自己的想法相差甚遠。上面那個很形象的機器和幽靈的比喻和笛卡爾的理論並不吻合。笛卡爾從來沒有認為心靈是在身體裡遊蕩的幽靈。相反，笛卡爾認為心靈和身體組成了一個共同體。一個人就是心靈和身體的有機組合。儘管心靈和身體是能夠被上帝所分開的，但心靈和身體實際上是緊密聯繫在一起而不能分開的。當然這種緊密組合併不妨礙心身作為實體的獨立存在。[4]賴爾的這個圖像倒是和古希臘的靈魂學說有一定的相似，也和通俗的靈魂信仰接近，但是笛卡爾的理論要更為精緻。笛卡爾的心身共同體有其自己獨有的性質，例如感覺以及依附於感覺的想像，是不能單獨被身體或者心靈來解釋的，而只能由心身的共同體來解釋。某種程度上說，笛卡爾正是因為要解釋感覺等現象才斷定這個心身共同體的存在。

當然，賴爾的批評也不是完全沒有道理，其中的一些責難對笛卡爾的理論也同樣有效。笛卡爾的心身共同體理論的確面臨著很多難以克服的困難。首先，心靈、身體、兩個完全不同類的實體，是怎麼結合在一起而成為一個共同體的呢？再者，這個共同體的性質是什麼？它是一個複合的實體還是一個簡單的實體？這些問題是笛卡爾晚年哲學思考的主要內容，他最後的著作《心靈的激情》對此進行了較為詳盡的論述。在以下的部分裡我們對笛卡爾的心身統一理論作一個簡單的介紹。

心身的共同體

笛卡爾認為心靈和身體是兩個不同的存在，但一個人是心靈和身體組成的共同體。這個共同體不僅僅是兩個東西混在一起組成的混合物，而是一個緊密結合的有機體（union）。但是這個共同體到底是個什麼東西呢？笛卡爾的論述並不是非常的清楚，也經常被其他人誤解。下面我們就笛卡爾的心身共同體理論作一個簡單介紹。

在第六個沉思裡，在他證明了身體的存在之後，笛卡爾立刻說我的身體和我有一種特別的關係。「透過這些疼、餓、渴等等感覺的方式，自然的天性也告訴我，我不僅住在我的身體裡，就像一個海員住在船上一樣，而且我和它是這樣緊密地連接在一起，如同是融合在一起，以至於我和我的身體成為一個東西。」[5]

因此心身組成了一個特別的共同體，而不是一個簡單的混合體。這個共同體是一個什麼東西呢？是不是和心靈、身體相併列的一個實體呢？

笛卡爾明確否認心身共同體是一個新的實體範疇，也不認為除了心靈和身體之外，還有心身共同體這樣一個第三類實體。相反，笛卡爾承認心身的共同體是一個複雜的東西，是由心靈和身體組成的複合體。但是，笛卡爾也說這個共同體，和心靈、身體一樣，是一個基本概念[6]。這樣的一個概念和心靈、身體的概念有本質的不同。在《哲學原理》裡笛卡爾給出了一段讓人費解的陳述：「我只看到兩類最基本的東西：屬於心靈或者思維的主體的知性的或者思維的東西，屬於廣延的或者物體的物質事物。知覺、意志和它們的各種模式都屬於思維的主體；而大小，或者長、寬、高、形狀、運動、可分性等等屬於廣延的物體。除此之外，我們對自己的認識裡有一些東西是不能單獨歸屬於心靈或者身體的，而是屬於心靈和身體組成的緊密共同體；對此我會在適當的地方解釋。這些東西包括饑渴之類的慾望，心靈中不僅僅依賴於思維的感情或激情如憤怒、喜悅、悲傷、愛等；所有的感覺如疼痛、舒適、光和顏色、聲音、氣味、口味、熱、硬；所有其他觸覺的性質。」[7]

笛卡爾在這裡確認了只有兩類最基本的實體，心靈和物體，因此心靈和身體的共同體不構成一類新的實體。但是，笛卡爾這裡同時也說感覺認識是不屬於心靈或者身體的，而是屬於它們的共同體。一方面心身的共同體不是一個新的簡單實體，而另一方面笛卡爾又說心身共同體是一個簡單概念。這兩種說法怎麼才能相互一致呢？

這兩種說法應該是在兩個不同層面上講的。如果我們問的是這個世界上有幾種簡單實體，笛卡爾的回答很明確：只有心靈和身體是簡單實體，而心身的共同體是兩者的複合體，不是一個新的簡單實體。但是如果問的是事物的基本屬性，則笛卡爾的回答就很不一樣了。思維是心靈的基本屬性；廣延是身體的基本屬性；而除此之外還有一類屬性例如感覺和想像，它們不是心靈和身體的基本屬性（儘管它們是作為心靈的一種模式而存在），但卻是心靈和身體之共同體的基本屬性。笛卡爾說心身共同體是個基本概念的意思是指對心身的共同體的認識不能被還原為對心靈和身體的認識。進一步說，關於心身共同體的性質不能從對心靈和身體的個別分析中得到。注意這個問題不僅僅是個認識論的問題，而是牽涉到事物的基本性質，而這些性質並不依賴於我們對它們的認識。笛卡爾並不是僅僅說在我們的認識中我們對這些性質不能做出進一步的分析，而且要斷定這些性質是心身共同體的本質屬性，不能歸結為關於身體和心靈的屬性的分析。按照這樣的理解，笛卡爾是個反還原論者，即否認整體的性質必然可以從其部分的性質中分析得到。[8]

但問題是：為什麼感覺一類的性質是心身共同體的基本性質而不能被還原呢？笛卡爾對此是如何論證的呢？這一點我們要結合笛卡爾對人的整體分析來理解會更清楚。笛卡爾對人和動物的生理結構做過仔細的研究。作為一個科學家，笛卡爾首先試圖弄明白身體的結構。笛卡爾對身體的研究完全是從機械唯物主義的角度出發的。他對人體結構和官能給出了一個相當完整的解釋。具體的內容我們在下一章裡再介紹，不過笛卡爾的結論是說身體完全可以被機械力學的原則來解釋。也就是說，人的身體，以及所有的動物，都是一個精巧的機器，就像一個鐘錶一樣。

但是否人就只是一個精巧的機器呢？和笛卡爾同時代的一些唯物主義哲學家如霍布斯認為人就是一個機器，而人的全部行為都遵循機械力學的原理。笛卡爾是反對這樣的觀點的，但他也不是僅僅把這些觀點視為謬論而扔到一邊，而是給出了精心的論證。實際上，笛卡爾對機械哲學的解釋不但是不排斥的，而且盡力地將它的範圍推至極致，他也是機械哲學的開創者之一。但是，笛卡爾同時也看到了機械解釋的侷限，因而論斷心靈的存在。這裡我們看一下笛卡爾在《談談方法》裡對此作出的一個論證。這個論證，和《沉思錄》裡的形而上學的論證不同，是從經驗的科學的角度來論述，因此在今天對科學家們仍有啟迪意義。著名的語言學家喬姆斯基曾借用這個論證來說明人類語言的特殊性。

笛卡爾說如果有一個機器猴子，做得和真的猴子一樣，這樣我們將無法知道它的本性和動物有什麼不同。但是人就不一樣了。即便有人做了一個和人看起來一模一樣的機器，我們仍然可以有兩條確定的標準來判斷它是機器而不是人。第一個標準是語言。也許我們可以裝一些發條讓這個機器模仿人的發聲，但它的語言能力是非常有限的。類似的，儘管有些動物（如鸚鵡）可以和人一樣的發音並且會說一些話，但是它們的語言是非常有限的。而人的語言能力是沒有限制的，可以創造出無窮的新語句。因此人和機器或動物的語言能力的區別是質的區別，一個只能使用非常有限的單詞和語句，另一個可以運用無窮的語句。第二個標準是說機器的功能是非常專一的，因此也是非常狹窄的。一個鐘錶就是用來顯示時間，一個加法器就只能做加法。但人就不一樣了，可以從事無窮種類的工作。也就是說人的心智慧力是普遍的萬能的，可以用來解決一切的問題，而不是僅僅做一個專門的工作。從這兩個標準我們立刻就可以看出人絕對不僅僅是個機器，而必然有一個什麼東西使得語言和心智的普遍能力成為可能。這個東西，笛卡爾說，便是具有理智的心靈。

笛卡爾的這個論證在今天看起來不如當時那麼有力。今天，我們看到的機器人越來越複雜，已經有機器可以和人類進行對話，還可以用多種語言來對話。現在的電腦是建立在圖靈機的理論上的，而圖靈機是一個普遍機器，可以用來解決所有人類理智可以解決的問題。另外，我們對動物的理解也進一步加深。達爾文的進化理論揭示了人的起源，讓我們看到人和動物只是進化路程上的不同分支，實在沒有本質的區別。人的語言能力儘管比動物的更加複雜，人的心智慧力也比動物的更加強大，這些差別仍不足以證明一定有一個迥異於物質的心靈的存在，因為我們更有理由相信這些差別可能只是由於身體結構，尤其是大腦結構的不同而導致的。

但是，在笛卡爾的時代，人們不知道圖靈機，也不知道進化論，因而這個論證是很有效的。笛卡爾的假設應該是當時最好的能夠解釋我們的經驗現象的理論。按照科學的方法論，在當時的情況下，接受笛卡爾的理論是合理的。

總的來說，雖然人的很多活動都可以透過身體來解釋，但身體，作為物質性的存在，無法解釋人的理性活動。語言的官能、思考的官能和自由的意志等都無法在機械論的範圍內得到解釋。因此，我們只能假定心靈的存在才能解釋這些我們日常觀察到的現象。也就是說，只有這樣的理論才能最好地解釋我們的經驗。注意這樣的解釋根本沒有牽涉任何宗教的教條，甚至沒有提到上帝或者靈魂，而完全是立足於經驗觀察的基礎上的。這可以看作是笛卡爾從科學的角度對心靈的存在作出的論證。

用同樣的思路我們可以理解為什麼笛卡爾要假定心身共同體的存在。透過對心靈的考察，笛卡爾認為我們對心靈的認識是非常清楚的。心靈的本質是一個純粹思維的東西，而心靈對於自己的認識是確定無疑的。這樣的認識甚至包括對那些心靈的非本質屬性，例如想像和感覺。儘管對於感覺的本質我們的認識是不清楚的，但我們對於我們是否擁有這樣的感覺是確定無疑的。用笛卡爾的話說，對這些感覺作為觀念來說的認識，是清楚分明的；但對於它們的本質，關於它們是否來自於外在的事物的認識則是模糊不清的。

但也不是所有的感覺都是模糊的。在我們的感覺認識中，笛卡爾認為我們對於物體的廣延性質有清楚分明的認識。因此，按照清楚分明的認識法則，這樣的東西也是真確的。否則的話，笛卡爾論證說，我們不得不說上帝是個騙子，因為這樣的認識清清楚楚地指示它們來自於與它們相似的物體。

但是，笛卡爾也注意到，心靈中還有些東西，我們並沒有非常明確的認識。例如我們的感覺所告訴我們的顏色、聲音、冷暖、軟硬、味道等等似乎並不對應這真正的存在。

笛卡爾還為此專門對清晰的認識和分明的認識作了一個區分。笛卡爾承認說這些感覺認識是清楚的，但同時宣稱它們不是分明的。在《哲學原理》裡，笛卡爾仔細地區分了清楚的認識和分明的認識。認識的清楚是指認識的強度；一個觀念是清楚的，如果這個觀念清楚地呈現在專注的心靈之前，就如同一個東西呈現在眼前，讓眼睛可以清楚地看到一樣。而分明的認識則是指這樣的認識能夠把對其他東西的認識區分開來。一個觀念是分明的，如果這個觀念是清楚的，而且能夠和其他觀念完全區分開來。因此，分明的認識必然是清楚的認識，但清楚的認識不見得是分明的認識。笛卡爾接著就說：對疼痛的認識是很清楚的，但是這樣的認識卻不是分明的，因為人們經常把對疼痛作為觀念的認識和關於疼痛的根源的認識相混淆。疼痛作為觀念只是心靈的一種模式，而對於疼痛的判斷則常牽涉到身體。[9]

但是這個例子很讓人費解：為什麼疼痛的觀念不是分明的呢？我們可以將不同的疼痛區分開來，誰能不知道心口痛和頭痛的區別呢？顯然笛卡爾這裡的目的不是說對感覺經驗無法區分，而是要說明對於感覺經驗的來源，或者說它們所指向的對象，我們不能清晰地瞭解。這就是感覺經驗的特殊性。我們雖然可以清楚地認識到這些感覺，但這些清楚的感覺不能保證它們所表達的內容的真確。一個截去了雙腿的病人有時仍然會覺得來自腿上的疼痛。顏色、聲音等對於笛卡爾來說也不是物體本身所擁有的性質。因此我們不能清晰地認識到感覺經驗的本質，我們不擁有對感覺經驗的真正知識。

但是為什麼這樣清楚的認識不能帶來正確的知識呢？這正是因為心身的共同體的特性所決定。笛卡爾認為，如果一個認識是對心靈自身的認識（理性的認識），則清楚的認識不會有錯誤。如果是對物體的廣延性質，例如形狀、大小等物體自身的性質的清楚認識，由於上帝不會欺騙我們，因此這樣的認識也不會有錯誤；這一點實際上是笛卡爾機械哲學的核心：我們可以得到關於物質世界的確定知識。但是對於我們的感覺經驗，清楚的認識不能保證它們的真實，而且笛卡爾還斷定這些感覺經驗並不對應著真正的存在。為什麼會這樣呢？對於笛卡爾來說，一個自然的解釋是說這些感覺經驗產生的根源不是心靈，也不是物體，而是心身的共同體。也就是說，若一個清楚的認識是由心身共同體產生的（如感覺），則由於心身共同體的特性，錯誤是有可能發生的。這樣，心身共同體這個概念必然要和心靈的概念、物體的概念區分開來，因為對後者的清晰認識能夠保證這些認識的真確，從而得到確定性的知識，而對心身共同體的清楚認識並不能保證這些認識的真確。[10]

笛卡爾還給出了心身共同體存在的另外一個論證。在以上的論證裡，笛卡爾引入心身共同體的概念來解釋感覺經驗的認識論上的特性，即為什麼儘管這樣的認識是很清楚的，但它們並不能對應真實的存在。同樣，心身共同體的概念也可以用來解釋感覺經驗的現象學性質。這個論證出現在第六個沉思裡。在斷定了我和我的身體是一個東西，也就是一個緊密相連的共同體之後，笛卡爾作了如下論證：「如果不是這樣的話，那麼我，作為一個純粹思維的東西，當身體受傷的時候就不會感覺到痛；相反，我會用純粹理性的方式來認識傷口，如同一個海員用眼睛來觀察他的船是否有所損傷。而且，當身體需要食物和飲料的時候，我應該能夠直接地知道這件事，而不用借助於模糊的饑渴感覺來瞭解。因為很明顯，這些饑渴、痛等等的感覺都是源於心身共同體的一些讓人迷惑的觀念模式。」[11]

這一段裡包含了一個很有意思的論證。笛卡爾的意思是說，我們的感覺是很奇特的一類現象，不能從純粹思維的心靈單獨來理解（當然更不能從廣延的物體來理解）。例如我受了傷，如果是從我的理智直接認識的話，我對我受傷的身體的認識和對他人受傷的身體的認識應該沒有本質的差別。可以想像一個機器人的身體受了損壞，也許這個機器人有一些機制來測知哪一個部位受損，甚至也許可以自己修復這些受損的地方，但是到目前為止，還沒有聽說哪個機器可以感覺到疼痛，我們也不清楚這樣的機器是否可能存在。原則上講，這個機器人對自身的監測和它對外在世界的監測沒有原則區別。但笛卡爾發現，對於人的認知而言，感覺經驗和理智的認識有著本質的區別。透過理智對我的身體的認識和透過感覺對我的身體的認識，似乎有著截然不同的現象學的品質。當我感覺到疼痛的時候，不僅我會對此有所反應，同時我會對這個疼痛有一個非常清楚的感覺。對於疼痛的這個清楚的感覺和對於其他感覺經驗（例如看到了大海）的認識是不同的，它們有著明顯不同的品質。這些對於感覺經驗的純粹感覺上的認識（而不是對於感覺內容的認識）常常被稱為現象學的品質。[12]因此，笛卡爾說，為瞭解釋這種感覺經驗的特殊性質，我們需要斷定一個新的東西的存在，也就是心身的共伺體。感覺就是心身共同體的功能，是由心身共同體來產生的。這個心身共同體儘管並不是一個新的實體，而是心靈和身體的結合體，但它的性質卻不能從我們對心靈和身體的性質的理解中得到。這樣的性質是初始的、簡單的，對它們不能給出進一步的分析。

從以上的引文裡我們還可以發現另外一個論證。我對自己的身體的感覺認識和對外在對象，包括其他身體的感覺認識是不同的。對於前者我能清楚地知道這些認識是來源於我的身體的；而我對其他的身體不能有類似的認識，相反，我知道這些認識屬於別的身體。尤其是，我可以感覺到我自己的疼痛和饑渴，但我不能感受到他人的疼痛和饑渴。這似乎說明我的心靈和我的身體結合地更為緊密，至少比我的心靈和其他身體的結合要緊密的多。這個認識經驗的現象學品質也可以從心身的共同體來得到完滿的解釋。因為我的心靈和身體組成了心身共同體，我對自己身體的感覺認識就是心身共同體對自己的認識，當然會比對其他身體的認識要更為清晰，而且我清楚地知道是對自己的認識。例如，我對自己軀體的運動和位置的認識比我對其他物體的運動和位置的認識更為清楚，而且似乎不需要經過思考便可以知道。而且，也不難理解有些感覺如疼痛和饑渴等只能來源於我自己的心身共同體，因為這些正是心身共同體的特性，而與其他物體無關。

綜上所述，笛卡爾的心身理論更多的是從科學的方法來考慮的。首先，由於對身體的機械力學的描述無法解釋人類精神活動的一些特殊現象，例如人類的語言能力和普遍心智，因此笛卡爾斷定了一個獨立於身體的心靈的存在。同時他的形而上學的論證也使得他堅信這樣一個心靈的存在。而且儘管笛卡爾不是一個神學家，他仍然是一個天主教徒，而對心靈的這種認識在某種程度上和他的信仰達成一致。但是笛卡爾發現，僅僅從心靈和身體出發，我們仍然無法完全解釋我們的感覺經驗的特殊性，因此笛卡爾進一步斷定一個心身共同體的存在，而將感覺經驗的源泉歸結到心身共同體之上。當然，這些論證從今天的角度來看不再那麼有力。這是因為由於科學的發展，一方面我們對世界的觀察比笛卡爾的時代更為全面和仔細，另一方面我們有了更完善的理論來解釋笛卡爾和他的同代人所觀察到的現象，因此笛卡爾的理論現在不再是對經驗的最好的解釋。我們今天相信可以在物質的基礎上解釋心靈的思維屬性，從而不需要假定心靈的獨立存在；進一步地，我們也可以來透過人體生理學和腦神經科學來理解感覺經驗的產生和性質，而不必借助於神秘的心身共同體來作出解釋。不過，即便在今天，我們仍然無法完全理解人類的精神現象，尤其是意識現象。雖然我們不會因此接受笛卡爾的二元論，但至少這個問題仍然是當前科學和哲學研究沒有完全解決的一個疑難。這足以說明笛卡爾理論的重要性，也反映出笛卡爾理論的創造性。而且，接下來我們會看到，笛卡爾的理論在歷史上有重大意義，對後來的思想進程有著直接的影響。

對笛卡爾理論的反駁

現在我們對笛卡爾的心身理論有了一個較為清晰的理解，也瞭解了笛卡爾的思路，不過這並不是說這個理論沒有什麼問題。相反，笛卡爾的理論面臨著很多挑戰，而且即便是在笛卡爾的時代，也受到了強烈的抨擊，並不是被普遍接受的。

我們先來看一下阿爾諾的責難。在對《沉思錄》的第四組反駁裡，阿爾諾提出了一個非常敏銳的問題。阿爾諾這個責難的焦點是我們在上一章討論的笛卡爾對心身不同的證明，但他的這個反駁也關涉到笛卡爾的心身共同體理論。實際上，阿爾諾看到了在笛卡爾這兩個理論之間的張力：如果我們能夠證明心身的截然不同，則我們將很難理解心身是如何緊密結合在一起的；而如果我們能夠證明心身是一個緊密相連的共同體，則我們就很難說明心身的迥異。

阿爾諾說，笛卡爾對心身迥異的論證似乎是證明的太多了，似乎將我們引到了柏拉圖的靈魂學說。也就是說，「人除了靈魂之外什麼都不是，而身體只是靈魂的一個裝載工具，從而人被定義為一個使用身體的靈魂。」[13]另一方面，如果笛卡爾斷定身體和靈魂並非是絕對互斥的，而且實際上是無法分開的，這樣我們對心身是否真正的不同就不能完全確定。這裡的原因牽涉到上一章裡阿爾諾對笛卡爾論證的反駁，主要是說笛卡爾的論證從我們對心靈和身體有截然不同的認識推斷心靈和身體的不同，而這樣的認識論的論證無法保證心身實際的不同，因為我的認識有可能是不完整的。也就是說，有可能我對心靈的認識和對身體的認識是不完整的，儘管在我的認識裡它們是截然不同的實體，但實際上它們仍有可能是同一個東西。

阿爾諾在這裡實際上是對笛卡爾的心身論證給出了兩個反駁。

一個是笛卡爾的論證證明的太多了（從而導致柏拉圖的靈魂理論），另一個是說這個論證證明的太少了（從而無法證明心身的迥異）。嚴格地講，這是不可能的，因為同一個論證不可能有兩個完全不同的性質。不過，阿爾諾是從不同的角度來反駁同一個論證。阿爾諾的第一個反駁實際上是一個反證法，是一個間接推理。阿爾諾是說如果笛卡爾的心身迥異的結論是正確的話，則這個理論將引致柏拉圖的靈魂學說，而這樣的觀點是荒謬的，是笛卡爾本人所否定的，因此笛卡爾的論證不可能是正確的。阿爾諾的第二個反駁是對笛卡爾的論證的具體分析，認為這樣的論證不是有效的，因而無法保證結論的正確。

對於第二個反駁，我們在上一章裡已經作了分析。這裡的焦點是第一個反駁：是不是笛卡爾心身迥異的論斷會導致荒謬的結論？柏拉圖的靈魂學說和後來賴爾對笛卡爾心身哲學的理解很類似，而駕馭著身體的靈魂或者機器裡的幽靈，無論是對笛卡爾的同代人還是對今天的讀者，都是難以讓人相信的東西。笛卡爾如何回答這個挑戰呢？

笛卡爾說：「我不能明白為什麼這個論證『證明的太多了』。因為要證明一個東西和另一個東西是真正不同的，只需要說一個東西和另一個東西可以被上帝的神力分開就足夠了。而且，我覺得我已經足夠小心來避免讓任何人覺得人只不過是『一個使用身體的靈魂』。因為在同一個第六沉思裡，我不僅論及心身的不同，我也證明了心靈和身體同時也是實質結合在一起的。」[14]接下來笛卡爾用了一個類比來說明：「說一個人的手臂是和身體的其他部分真正不同的人，並不因此否認手臂屬於整個人本質的一部分；同樣的，說手臂是整個人本質的一部分的人，也不會因此而懷疑它不能夠獨立的存在。」[15]

笛卡爾的比喻試圖說明心靈和身體，儘管是不同的實體，但仍然是人的整體的一個部分，而且手臂和身體的其他部分也不能隨意地分開。但這個比喻的力量是有限的。一個比喻是否成功，關鍵在於比喻和被比喻的東西之間是否相似。手臂和身體的其他部分都是物質性的實體，它們之間沒有本質的差別；但是心靈和身體是兩個不同類的實體。因此手臂和身體的其他部分，儘管各自是獨立存在的實體，能夠組成一個有機整體這樣的事實，並不說明心靈和身體，兩類不同的實體，能夠組成一個有機的整體。至少是，我們對手臂和身體的其他部位如何組成一個整體能夠有一個清晰的瞭解，但對於心身共同體卻基本上一無所知。

笛卡爾自己承認對於心身的結合他不能給出更多的解釋。心身共同體是一個簡單概念，不能進一步地解釋。如果這樣的話，阿爾諾的問題並沒有得到完全的解決。因為單純地否定他的理論會導致柏拉圖的學說並不能在根本上解決問題，而只有具體地解釋心身共同體是如何可能的才能打消人的疑慮。即便是以上從科學的論證可以用來支持心身共同體的存在，但那也最多是說心身共同體一定是存在的，而沒有解釋它是如何存在的，是什麼樣的性質。這些問題是關於理論自身是否一致連貫的問題，終究是要被理論回答的。如果一個理論一直不能給出一個滿意的解釋，則這將是這個理論的一大缺陷，終究面臨被拋棄的命運。[16]

不過，笛卡爾對心身共同體的結構還是給出了一些解釋的。在《沉思錄》裡和《心靈的激情》一書裡，笛卡爾對此都有一些陳述，尤其是在後者，笛卡爾給出了更為詳細的解釋。由於這個問題和下一個問題緊密相關，我們放在下面一起介紹。

對於笛卡爾的理論來說，更嚴重的挑戰是心身如何互動的問題。即便我們可以接受心身共同體的概念，我們還是不能立刻解釋心靈和身體是如何相互影響和作用的。心靈和身體既然是不同類的兩個獨立實體，那它們之間是如何能夠相互影響和作用的呢？[17]

當我的手伸到火邊的時候，我就會覺得熱和痛；當我從火邊拿開我的手之後，這樣的感覺就消失了。同樣明顯的，我想著要舉起自己的手，而我的手就會被舉起來（除非我失去了對我的身體的控制）。但是，這樣簡單的現象，對於心身二元論來說，卻是難以解釋的大問題。身體是物質性的東西，而心靈是純粹精神的東西，在這兩者之間因果作用是如何發生的呢？

這是個非常困難的問題。甚至在今天的心靈哲學的討論中，精神現象中的活動是否有因果效用，或者有什麼樣的因果效用，仍然是一個活躍的研究領域。笛卡爾和他的同代人類似，並沒有過多地注意這個問題，因為在當時對純精神存在的因果力量是沒有懷疑的。上帝本身便是純粹精神的存在，同時又是萬物的創造者，也可以隨時干預物質世界。只不過後來自然主義（一切的存在都是物質性的存在）倡行，人們將因果關係限制到物質世界之內，心身之間的因果關係是否可能才成了大問題。

因此對於笛卡爾而言，心身之間存在因果聯繫不是個問題。但是，如何具體地解釋這樣的因果關係卻是個麻煩的問題。首先，心身兩個不同類的東西如何發生因果關係？這個笛卡爾似乎用心身共同體的存在來作解釋，而將心身的因果作用歸結為心身共同體的性質，但是他並沒有進一步地說明心身共同體為什麼會有這樣的性質。再者，心身之間是在什麼地方發生因果關係的呢？身體的不同部分之間的因果作用必然是局部的，但是否身體和心靈之間的因果作用不用受到這樣的限制呢？這也牽涉到一個更為一般的問題。身體是有廣延的存在，心靈是沒有廣延的存在，這兩者之間是如何結合到一起的呢？

對此笛卡爾似乎有兩個理論。在《沉思錄》的第六章裡，笛卡爾說：「雖然心靈的整體似乎是和整個身體結合在一起的，但是，如果一隻腳，一隻手，或者身體的任何其他部位被截掉了，我知道我的心靈並不因此缺失一絲一毫。」笛卡爾接著說：「我的心靈並不直接受到身體的所有部分的感染，而只是受到大腦，或者說，很可能只是受到大腦裡面的通常被稱為『共同感官』的那一部分的感染。當這一部分的大腦處於同樣的狀態的時候，心靈便會感受到同樣的東西，即便身體的其他部分與此同時可能有著不同的狀態。」[18]

在這裡，笛卡爾一方面說心靈和身體是整個地結合在一起的，但另一方面又說心靈和身體是在大腦裡的一個特定部位進行交流溝通的。笛卡爾認為這個大腦的特定部位就是通常所說的共同感官的所在地。共同感官是當時一個常用的概念，源自於亞里斯多德，說的是綜合統攝五個具體感官認識而給出一個統一的感覺的地方。來自五官的認識是分離的、片面的，需要綜合之後才能得到我們的感覺經驗。例如，我們看到一隻小鳥，摸著它的羽毛，聽到它的聲音，等等，但我們如何知道這樣的感覺都是關於同一個東西的呢？是因為有共同感官的存在：共同感官的功能之一就是綜合這些來自於不同感官的感覺而將它們合而為一。不過，笛卡爾的理論與傳統理論大不相同，因為笛卡爾所說的是心靈和身體交匯的地方，而不僅僅是不同感官交匯的地方。

笛卡爾的以上兩個說法之間有一定的張力。如果說心靈和身體是整個結合在一起的，則為什麼又說心靈和身體只能在大腦裡一個特定的部位來交流呢？在《沉思錄》裡笛卡爾的重心顯然是在解釋後一個說法，尤其是將其心身理論與科學發現相調和。可以說，後者與對人體的科學觀察更為一致。例如，大腦的狀態直接決定了心靈的感受，而不是任何其他的身體部分；即便是截肢病人仍然會感受到來自於截去的軀體部位的疼痛。另一方面，若神經傳輸出了問題，即便是身體的某個部分受了傷害，疼痛也不會傳輸到心靈。笛卡爾的第二個說法對這些現象可以有更好的解釋。

在他最後的著作《心靈的激情》裡，笛卡爾對此進一步地作瞭解釋。笛卡爾仍然沒有放棄他的兩種說法，並試圖對其進行調和。一方面，笛卡爾在此宣稱靈魂（笛卡爾對靈魂和心靈沒有作嚴格的區分，因此在這裡和心靈說的是同一個概念）和身體的所有部分都是緊密結合在一起的：「為了更好地理解這些事情，我們必須要知道靈魂是與整個身體結合在一起的；而且，嚴格地說，我們不能說它只存在於身體的一個部分而不在身體的其他部分，因為靈魂是一個整體，是不可分的。」[19]笛卡爾這裡的論證似乎是從靈魂是純粹精神的存在，是沒有廣延的和不可分割的等心靈的性質來推斷心靈不可能只與身體的一個部分相結合。但這個論證不是很充分。心靈當然可以和身體的所有部分相結合，但是心靈是否一定和身體的所有部分相結合呢？為什麼心靈不能只與身體的一個部分緊密結合，而與其他部分沒有什麼關係呢？這樣的結論與心靈的屬性並不矛盾。

即便是在《心靈的激情》裡，笛卡爾強調的仍然是他的第二個理論。緊接著以上的論述，笛卡爾立刻說：「我們也必須知道，儘管靈魂和整個身體是結合在一起的，但是，靈魂是在身體的一個特定部分，而不是其他地方，來運作它的功能的。」[20]笛卡爾說這個心靈和身體交匯的地方是大腦的一個特殊部位——松果腺。為什麼是松果腺呢？笛卡爾的論證是依據於當時的大腦生理學，因為按照當時的認識，松果腺位於大腦的中心，是動物精神交匯的樞紐。在這小小的地方，微小的變化便會導致身體巨大的不同，因此斷定心靈和身體在此相互影響是一個很自然的假設，至少我們很難說斷定心身在任何其他地方交匯的理論會比這個假設更為合理。

實際上，笛卡爾在《心靈的激情》裡給出的理論是完全建立在松果腺的假設基礎之上的。松果腺是心靈和身體交流的唯一場所。笛卡爾詳細地解釋了身體和心靈如何溝通。一方面笛卡爾考察了心靈中的各種觀念，將它們分為兩大類。一類是意志行為，另一類是知識內容。意志完全來自於心靈自身，與身體沒有任何關係，但意志可以間接地控制身體，而這樣的控制就是透過松果腺來完成的。松果腺可以被看作是全身的樞紐，心靈和動物精神在此交匯。這裡關鍵的一點是說心靈可以直接影響松果腺，而且可以以不同的方式來影響它。由此心靈可以向身體下達不同的指令而讓身體依據心靈的意志來行動。另一方面，外在事物對感官會有不同的作用，而在身體內部產生各種不同的動物精神，這些動物精神透過神經傳輸到松果腺，對松果腺造成不同的影響，從而使得心靈形成各種不同的觀念。同樣的，對於身體自己的認識，以及記憶裡的認識，都是類似地透過松果腺的不同狀態而對心靈有不同的影響來導致的。

因此，松果腺是靈魂和身體的交匯地。不過，如果靈魂和身體只是在此處交流的話，我們難以理解為什麼笛卡爾要堅持說靈魂是和整個身體結合在一起的。我們也看不到靈魂和身體的其他部分結合的證據。儘管笛卡爾說心靈是一個不可分的整體，但並不能因此斷定心靈是和身體的整體、而不是與身體的一個特定部分結合在一起的。因此笛卡爾的第一個說法仍然沒有得到有力的支持。

但是，如果單純就笛卡爾的第二個說法而言，即心靈和身體在松果腺交匯，這樣的理論並不需要心身共同體的假定。我們可以直接透過關於心靈和身體的松果腺理論來解釋因果作用，而不需要心身共同體的概念。甚至在柏拉圖的靈魂理論裡，也需要解釋靈魂是如何控制肉體的，而類似於以上松果腺理論的說法可以很容易地被融入這樣的系統，來解釋因果作用。因此這個論證不能用來論證心身共同體的存在，而只能用來解釋心身共同體的性質。

更麻煩的是，松果腺理論並不能徹底地解決問題，而只是把問題往後推了一步。原來的問題是心身之間如何相互作用的，笛卡爾說是透過松果腺來進行的。但松果腺只不過是身體的一部分，仍然是一個物質性的東西，它又是如何和心靈——個純粹精神的實體，來發生作用的呢？也就是說，心靈如何影響松果腺，使其有不同的運動方式？松果腺又是如何影響心靈，使其擁有不同的觀念呢？這樣的因果作用是如何可能的呢？實際上，松果腺的理論的基礎是對於人的身體的生理結構和生理行為的機械解釋。笛卡爾對於人體結構有很詳細的研究，認為對身體的構造和活動可以給出徹底的機械力學的理解。位於大腦中央的松果腺在這樣的機械解釋裡被理解為動物精神交匯的中心，是全身的樞紐所在，從而扮演了重要的理論角色。但是，這個理論本身與靈魂和其屬性沒有直接的聯繫。因此，嚴格地講，笛卡爾只是從由於堅信心靈和身體的獨立存在並且兩者必然相互影響，而且因為松果腺是動物精神交匯的中心，從而斷定心靈和身體一定是在這個地方相互影響的。笛卡爾在這裡並沒有給出一個徹底的解釋。後來的科學發現表明松果腺實際上只分泌一些生長激素，而與人的認知和行為沒有任何的關係。因此笛卡爾的松果腺理論是完全錯誤的，從而笛卡爾的心身理論又回到了開始的地方：心靈和身體到底是如何相互作用的？

插曲：伊麗莎白的問題

波希米亞公主伊麗莎白（Princess Elisabeth of Behemia）對哲學很有興趣也很有天賦，在笛卡爾的晚年和笛卡爾有著很親密的通信聯繫。他們之間的哲學通信是哲學史上的一大佳話。關於他們之間的故事，我們在後面還會專門介紹。這裡要談的是伊麗莎白在給笛卡爾的信中牽涉到的一些哲學問題。1643年的時候，笛卡爾和伊麗莎白都在荷蘭。笛卡爾聽共同的朋友說伊麗莎白讀了《沉思錄》而且對他的哲學很有興趣，因此就專門去拜訪她，但卻因伊麗莎白外出而失之交臂。後來伊麗莎白便寫了一封信向笛卡爾請教哲學問題。在這第一封信裡伊麗莎白向笛卡爾請教的便是心身如何作用的問題。這一封信開啟了他們的通信聯繫，而在接下來的幾封信中，笛卡爾和伊麗莎白就這個問題進行了仔細的探討。

在禮貌的寒暄之後（作為公主，伊麗莎白對這類事情是應付自如的），伊麗莎白說她一直為以下的問題所困惑：「一個人的靈魂如何才能決定他的身體的（動物）精神從而產生自由行動呢（假定靈魂只是一個思維的東西）？因為看起來所有對運動的決定作用或者是以一種突然的方式，或者是透過這個推動的東西的運動方式，或者是依賴於後者的表面性質和形狀。對於前兩種方式，接觸是必須的，而對於第三種，廣延是必須的。但是你認為靈魂是完全沒有廣延的，而且接觸對我來說和非物質的東西不相容。這就是我為什麼要你對靈魂給出一個比你在你的形而上學裡所給的更為具體的定義，也就是說，一個能夠將實體和其行為（思維）區分開來的定義。因為，儘管我們假定他們是不可分的（這個對於在母親腹中的胎兒以及極度虛弱的人，是很難證明的），我們仍然可以，就像對上帝的屬性那樣，將它們分開考慮從而得到一個更完美的觀念。」[21]

伊麗莎白的這封信寫於1643年5月16日。數天之後，笛卡爾便做了回覆。笛卡爾先是表達了他的感激和傾慕的心情，然後開始解釋他的心身理論。笛卡爾這裡的解釋非常詳細，大概是因為他不能確定伊麗莎白到底對他的哲學有多少瞭解。他說，有三種簡單的初始概念，即我們上面講的關於心靈的，關於身體的，關於心靈和身體的共同體的。因果關係對於這三類不同的概念不是一回事，因此不能搞混。心身之間的因果作用是屬於心身共同體這個概念的，因此和心靈（靈魂）之內的作用不同，也和物質之間的因果作用不一樣。接著笛卡爾來解答伊麗莎白的問題，即心身之間究竟是如何作用的。笛卡爾舉了一個比方來解釋：「讓我們假定重量是個真正的屬性，就像我們通常認為的那樣可以導致物體向地球的中心運動，我們不會有任何困難來理解它是如何使物體運動的，以及它是如何和物體聯繫在一起的。我們無須假定這個運動必須是由兩個表面接觸才能產生的，因為透過內省我們知道我們有一個特定的概念來理解它。我認為我們在用這個概念的時候是誤用了，這一點我希望在我的《物理學》裡來說明，因為重量實際上和物體並不是真正不同的；但是這個例子只是用來說明靈魂作用於身體的方式。」[22]

顯然，笛卡爾這裡試圖用一個比喻來說明心靈和身體是如何作用的。他的意思是說，就像重量可以作用於物體，心靈可以類似地作用於身體。這裡指的《物理學》實際上是後來《哲學原理》的物理學部分。但笛卡爾自己也承認這個比喻是不恰當的，因為重量只是一個屬性而不是真正的實體。而且這個比喻並不能真正地解決問題。伊麗莎白於6月20日回覆，仍然是先客氣一番說自己的愚蠢和繁多的社會活動使得她無法徹底地理解笛卡爾的答覆，然後承認她實在是不能明白重量的比喻如何能夠幫助我們理解非物質的心靈能夠作用於物質的身體。伊麗莎白接著寫道：「我必須承認，對我而言，說靈魂是物質的和廣延的比說一個非物質的東西能夠移動物體和能夠被物體移動，還要更容易一些。」

很顯然，伊麗莎白對笛卡爾的著作有著清晰的瞭解，笛卡爾在這裡面對的不是一個一般的公主，而是一個具有同等智慧的學者。笛卡爾上面的解釋也許可以滿足一個一般的讀者，但並不能真正地解決問題。笛卡爾很快於6月28日回信，首先道歉說他自己沒有把問題解釋清楚。然後笛卡爾列舉了他應該交代但沒有說清楚的幾個地方，並一一解釋。首先，笛卡爾說對三個簡單概念的認識有著不同的渠道：對於心靈我們是透過純粹理性來認識的，對於身體我們是透過理性和想像來認識的，但對於心身的共同體我們是透過感覺來認識的。因此，笛卡爾說，那些從來不做哲學思考的人們從不懷疑靈魂對身體的作用，因為他們直接從對心身共同體的感覺認識來判斷。笛卡爾接下來說形而上學使人更多地使用理性，而數學使人運用理性和想像，因此他說，正是由於伊麗莎白的形而上學的思考使得她無法完全地明白心身的互動。笛卡爾進一步說，「人類心靈也許不適合約時思考心靈和身體的不同和統一，因為這要求把它們當作同一個東西而同時又當作是不同的東西。」

彷彿為了打消伊麗莎白的疑慮，笛卡爾還專門強調他這裡是嚴肅的。他甚至以他自己為例，說他一般一天用在想像（數學問題）上的時間不會超過幾個小時，而用在純粹理性的思考上的時間一年也就幾個小時。這讓人聽起來更是驚訝。即便我們不懷疑這裡的解釋是笛卡爾認真給出的回答，但這個解答仍然是不能讓人滿意的。笛卡爾在他新的解釋裡只是說明了我們如何認識到心身的相互作用，但並沒有說明這到底是如何可能的。也許我們的認識只不過是個假象，也許就如後來馬勒伯朗士所說，心靈和身體根本不存在相互作用，但上帝在兩者之間建立了必然的和諧。因此，伊麗莎白的問題仍然存在。在伊麗莎白接下來的回信裡，她也清清楚楚地看到了這一點，說：「感覺只是告訴我們靈魂移動了身體，但不論是感覺、理性還是想像都不能告訴我這是如何發生的。」

笛卡爾沒有繼續回覆。這時候的笛卡爾正在深深地捲入與烏特列支大學的神學教授富蒂烏斯的爭辯之中，這場辯論已經發展到人身攻擊的地步，而笛卡爾的安全也受到一定的威脅。因此，笛卡爾也許沒有時間或者沒有心情來回答伊麗莎白的問題。當然，也有一種可能是笛卡爾的確沒有好的答案。笛卡爾一直堅持說心身共同體是個簡單的概念，對它的本質認識不能歸結為對心靈和身體的認識。也許我們真的不能明白心身是如何相互作用的，儘管笛卡爾認定這樣的作用是可能的，也是確實存在的。這個問題一直困擾著笛卡爾哲學，如果說笛卡爾本人認為這不是個問題的話，他的繼承者則在不同程度上試圖解決這個問題，而他們的失敗最終導致了笛卡爾心身理論的破產。

伊麗莎白公主

註釋：

[1]中國的道教似乎是一個例外。道教追求的是長生不老，而

不關注於死後的存在。但是道教也講靈魂和身體的區別，而且宣稱靈魂和身體是可以分開存在的。靈魂可以控制身體的行為，而身體是靈魂的居所。道教所追求的長生不老關注的仍然是靈魂的長生不朽。而且，所有的宗教都關注如何能夠超越死亡，不論是追求長生不死，或者以某種方式繼續存活下去，這應該是宗教的一個基本特色。

[2]「最好的解釋」這一概念當然需要進一步的澄清，不過這在當前的哲學討論（尤其是科學哲學）中是個相對標準的概念，而要解釋清楚需要費些篇幅，因此這裡不作進一步的介紹。

[3]如果有人懷疑這是不是笛卡爾的出發點，可以看一看《心靈的激情》的結構，以及笛卡爾為法文版的《哲學原理》寫的序，就會很清楚了。在這些地方，笛卡爾明確表明他是試圖解釋我們觀察的各種現象，尤其是對於我們自　己的觀察，而他對他的結論的辯護明顯是說這些是最好的解釋。　笛卡爾當然也試圖使他的理論和神學家的理論相吻合，不過這肯定不是他的主要考慮。笛卡爾是個天主教徒，而且在當時的社會背景下神學理論是必須遵循的官方理論。但是即便如此，笛卡爾的心身理論和為教會所信奉的官方理論仍然有著很大的區別。這一點我們在以下會清楚地看到。笛卡爾的論證顯然並沒有說服多少神學家，而且笛卡爾的著作最終還是被教廷放到了禁書的名單上。

[4]在上一章裡解釋過，分開的存在和獨立的存在是兩個不同的概念。如果兩個東西分開存在，這兩個東西自然是獨立存在的；但反過來並不成立：獨立存在的東西並不一定是分開存在的。這與上一章裡分析的笛卡爾的論證是一致的。笛卡爾論證的是心靈和身體是獨立的存在，而不是說心靈和身體是分開的存在。

[5]亞當和塔納里：《笛卡爾全集》，第七卷，第81頁。

[6]笛卡爾用不同的詞來指稱同一個概念：primitive notion，simplenotion，primary notion。

[7]亞當和塔納里：《笛卡爾全集》，第八卷a，第23頁。

[8]我們不知道笛卡爾是不是持有更強的觀點，例如說心身共同體的性質不依賴於心靈和身體的性質，也就是說，如果對於心靈和身體，所有的性質都是一樣的，那麼心身共同體是否也有同樣的性質。看起來笛卡爾並不相信這樣的觀點。

[9]亞當和塔納里：《笛卡爾全集》，第八卷a，第22頁。

[10]也許，笛卡爾在清楚的認識和分明的認識之間所做的區分只不過是為瞭解釋感覺經驗的特殊性。感覺經驗，純粹地從現象學的角度看，是和對心靈和對物體的認識一樣清晰或者更加清楚分明的。但是由於笛卡爾認定這一類感覺經驗不能帶給我們確定的知識，因此為了保證認識的清楚分明原則的正確，才做了以上的區分。

[11]亞當和塔納里：《笛卡爾全集》，第七卷，第81頁。

[12]在上一章的末尾我們已經提到，在當前心靈哲學的討論中，有時提到一個殭屍（zombie）的概念，說這樣的東西可以和正常人一樣生活工作，但是卻缺少對於感覺經驗的現象學認識。例如，當殭屍的手放到火上的時候，殭屍會和正常人一樣將手收回來，甚至也許會大叫一聲，但是它卻不會感覺到疼痛。對其他的感覺經驗也是一樣。例如它能夠看到紅色的東西並做出相應的反應，但是它不會像正常人一樣在看到紅色時對我們的經驗有那麼一種特別的認識。這裡我們可以看到笛卡爾在某種程度上是要論證我們為

什麼不是殭屍。

[13]亞當和塔納里：《笛卡爾全集》，第七卷，第203頁。

[14]亞當和塔納里：《笛卡爾全集》，第七卷，第227-228頁。

[15]亞當和塔納里：《笛卡爾全集》，第七卷，第227-228頁。

[16]科學史上這樣的例子比比皆是。很多理論剛剛提出來的時候，都面臨著很多挑戰。牛頓力學假定了萬有引力的存在，但一直難以解釋它的性質，尤其是如何與機械力學的一個基本原則（正是由笛卡爾提出來的）「沒有跨距離的運動」相協調。這個原則強調所有的運動都是由本地的局部的運動連接起來的，如同一個鏈條一樣，而不可能有跨距離的運動。這個問題在當時是對牛頓力學的一個挑戰，儘管後來由於牛頓力學的巨大成功，這個困難被很多人忽略，但牛頓自己對這個問題始終耿耿於懷，試圖給出一個完美的解釋，但沒有成功。微積分理論剛被發現的時候，其理論基礎被哲學家貝克萊猛烈抨擊，是另外一個很好的例子。

[17]心靈和身體之間的相互作用是很明顯的，但這一點也不是不能被挑戰的。後來的哲學家，尤其是受到笛卡爾哲學影響的人們，試圖尋找新的途徑來避免笛卡爾理論的困難。因此，有些哲學家（如馬勒伯朗士）否認心靈和身體之間有直接的因果關係，而我們經驗到的心靈和身體之間的表面上的因果和諧是上帝保證的，並不是真的在身體和心靈之間有因果作用。這個解釋不包含矛盾，但它是否合理則是另外一回事了。

[18]亞當和塔納里：《笛卡爾全集》，第七卷，第86頁。

[19]亞當和塔納里：《笛卡爾全集》，第十一卷，第351頁。

[20]亞當和塔納里：《笛卡爾全集》，第十一卷，第351—352頁。

[21]在這裡的翻譯裡，伊麗莎白的信根據Nye的著作，但笛卡爾的信用的是Kenny的標準譯本。Nye的譯文問題很多，即便是伊麗莎白的信我也儘量找到其他翻譯作對照。

[22]亞當和塔納里：《笛卡爾全集》，第三卷，第667—668頁。

第九章　笛卡爾的科學貢獻

笛卡爾不僅是一個偉大的哲學家，是現代西方哲學的開創者，也是一個有突出貢獻的科學家。笛卡爾在數學、光學、物理學、生理學以及音樂理論上都有創造性的貢獻。這些貢獻對科學的發展有關鍵性的影響。即便其中的有些理論被後來的科學知識所取代，這些想法在當時仍是很大的突破，而且直接推動了科學的發展。在這一章裡我們簡單介紹一下笛卡爾在科學上的成就。一方面，我們可以更好地瞭解笛卡爾的貢獻和他在科學史上的影響。另一方面，笛卡爾的科學思想和哲學思想是緊密聯繫在一起的，不能簡單地割離開來理解。這對笛卡爾的物理學和生理學尤其如此，兩者和笛卡爾的哲學息息相關。因此，瞭解一下笛卡爾的科學思想也會幫助我們更好地理解笛卡爾的哲學思想。

數學

眾所周知，笛卡爾在數學上作出了劃時代的貢獻，現在常用的坐標系統就是以笛卡爾的名字來命名的。笛卡爾把兩個不同的數學領域——代數和幾何，透過解析幾何的方法，緊密地連接到一起。這樣，傳統的幾何問題就可以透過代數的工具來研究，從而為數學研究開闢了一個新方向。關於笛卡爾如何發現坐標系統，有一個為人熟知的故事。據說笛卡爾在拉弗萊什讀書的時候，有一天生病躺在床上，看著牆角的蜘蛛在那裡結網，突然想到了用直角坐標的方式來表示三維空間。不過，這個故事幾乎可以肯定是虛構的，很可能是由十八世紀的某個數學家杜撰出來的。但由於它的簡單直觀，很快在人們中間流傳。類似的故事也發生在牛頓的身上。很多人都聽說過牛頓如何發現萬有引力的故事。這個故事說，有一天牛頓在花園裡散步，突然一個蘋果從樹上掉了下來，正好砸到牛頓的頭上，讓正在沉思的牛頓注意到這件事，並開始思索為什麼蘋果會掉下來，從而促使牛頓發現了萬有引力定律。這也是一個美麗的故事，在很長一段時間內流傳甚廣，甚至後來有人拿這個故事去問數學王子高斯這件事到底是不是真的。高斯一笑置之，說這樣的故事即便是牛頓自己講的，那也是拿來應付一般人常有的好奇心而給出的簡單答覆。萬有引力理論的真正發現過程，必然牽涉到具體的科學問題和很多技術細節，給一般人講是講不清楚的，也是一般人不感興趣的。[1]科學史上的重大發現都有著其特定的理論背景，這些理論背景往往是很複雜的，但是離開了這些理論背景我們將無法真正理解這些發現產生的淵源和意義。

嚴格地說，儘管他已經充分地描述了這個思路，笛卡爾在他的著作裡並沒有使用過現代意義上的以他來命名的直角坐標系統。而且笛卡爾也沒有明確地宣布要用代數工具來解決所有的幾何問題。

相反，笛卡爾是從傳統的幾何問題出發並在傳統的框架裡尋求答案的。正是在試圖解決這些問題的時候，笛卡爾發現了一些普遍性的新的方法，而這些方法在解決幾何問題上非常有效。當然我們並不是要因此低估笛卡爾的創造性或者他的方法的意義，這些方法的確是革命性的，給後來的數學家提供了一個嶄新的思路和一個嶄新的領域。我們這裡只是要澄清一個歷史事實：和其他偉大的科學家一樣，笛卡爾的天才只有在一定的歷史背景下才能被完整地理解，也只有這樣我們才能更好地理解他所做出的偉大貢獻，而不是僅僅停留在情緒性的崇拜之上。

我們一開始介紹過笛卡爾與貝克曼的交往。這樣一個偶然的機會喚醒了笛卡爾對數學的熱情。接下來的十年中，笛卡爾在數學研究上花費了不少精力並且得到了重要成果。一開始笛卡爾所要解決的問題是傳統幾何學裡的三大難題中的兩個：兩倍立方，三等分角（另外一個難題是劃圓為方）。這些問題，如果僅僅用直尺和圓規是無法解決的；但若容許用其他的工具，則是可以解決的。笛卡爾就是構建了這樣的工具來解決這些問題的。笛卡爾最早在他自己的筆記裡記錄了對這兩個問題的解決方法。對於三等分角的問題（如何將一個角平分為三個相等的角），笛卡爾構建了以下的工具：

這個工具是這樣構造的：AB、AC、AD、AE是四條直尺，在A點處連接在一起。F、I、K、L是固定的四個點，而且AF = AI = AK = AL。G、H是兩個可以分別在AC和AD上滑動的點，但FG、KG、HI、HL是固定長度的直尺，而且FG = KG = HI = HL = AF。很容易就可以看出，角EAD = 角DAC = 角CAB，也就是說，角EAD是角EAB的三分之一。這樣，對於任意一個角，我們只要把AE與它的一個邊對齊，把AB和它的另外一條邊對齊，這樣AC和AD這兩條線就將這個角分為三個相等的角。因此利用這個簡單的工具就解決了這個著名的幾何問題。

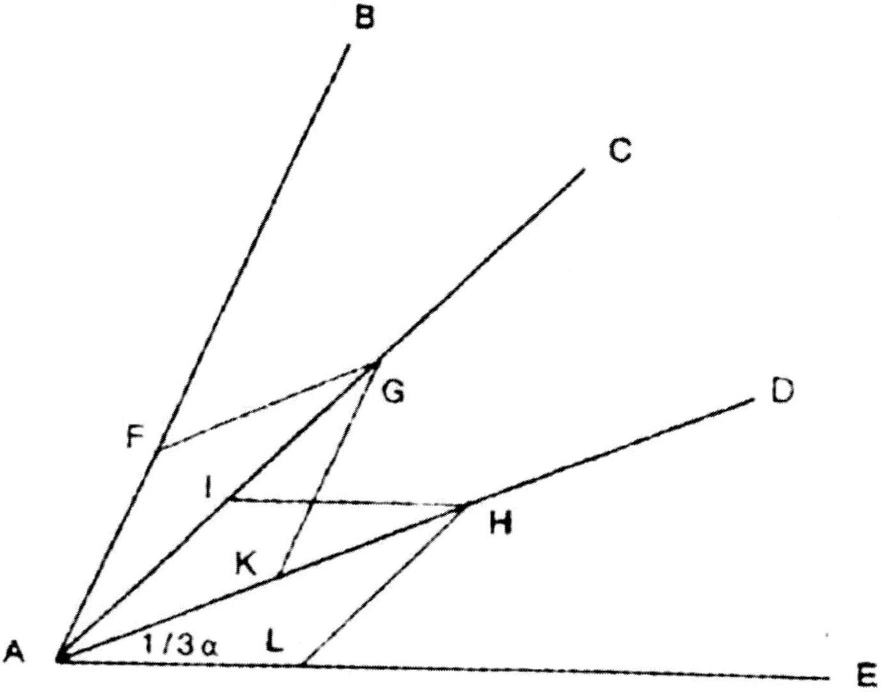

圖9-1 三等分角的工具

當時對於工具的興趣是普遍的。很多數學家都收集了不少稀奇古怪的工具，有些人還自己製作它們。笛卡爾在荷蘭定居後，據說不少的數學學者專程到笛卡爾的家中觀摩他的數學器械。不過，這些工具，以及同時代的其他數學器械，儘管它們大多非常精巧而且充滿創意，但對數學的發展並沒有太大的影響。相比之下，笛卡爾對於兩倍立方問題的解決方法更為重要。兩倍立方問題源自於古希臘的一個故事。當時瘟疫流行，於是人們向神求救。神諭指示說，要想停止瘟疫，必須把祭壇擴建為原來的兩倍。因為祭壇是個立方體，因此這個問題就是兩倍立方的問題：如何構建一個新的立方體，使得它的體積是原來的兩倍。注意這裡的要求是能夠實際構建這樣一個立方體，而不是僅僅給出一個理論上的解決。所以，僅僅說新立方體的邊長是原來邊長乘以二的三次立方，是沒有什麼用處的，因為問題的根本在於如何計算二的三次立方。

這個問題在古希臘的時候被希波克拉底（著名的希臘醫學之父，大約生於公元前460年，死於公元前370年）還原為一個求解等分邊的問題。假定立方體的原邊長為a，若我們能找到滿足以下方程的x和y，$\frac{a}{x}=\frac{x}{y}=\frac{y}{2a}$，則x就是我們要找的新立方體的邊長，因為從這兩個方程可以得出$x^3 = 2a^3$。注意這裡對這個問題的代數表述已經是笛卡爾的創造了。笛卡爾是一個很講究方法的人，因此他引入了不同的符號來表示不同性質的數量。他用x、y、z來表示變量或不為我們所知的數量，用a、b、c等來表示常量。這個用法至今仍為我們所遵守。

這裡的問題，和所有傳統的幾何問題一樣，是如何具體地找到這樣的兩個等分邊。笛卡爾利用了一種等分規來解決這個問題。類似的等分規曾經被他人設計過，在笛卡爾的音樂研究中他也瞭解到類似的工具。但笛卡爾的等分規仍然是一個很有創意的設計。後來在與《談談方法》一起出版的《幾何學》裡，笛卡爾對這個等分規給出了詳細的描述。如圖9-2所示：

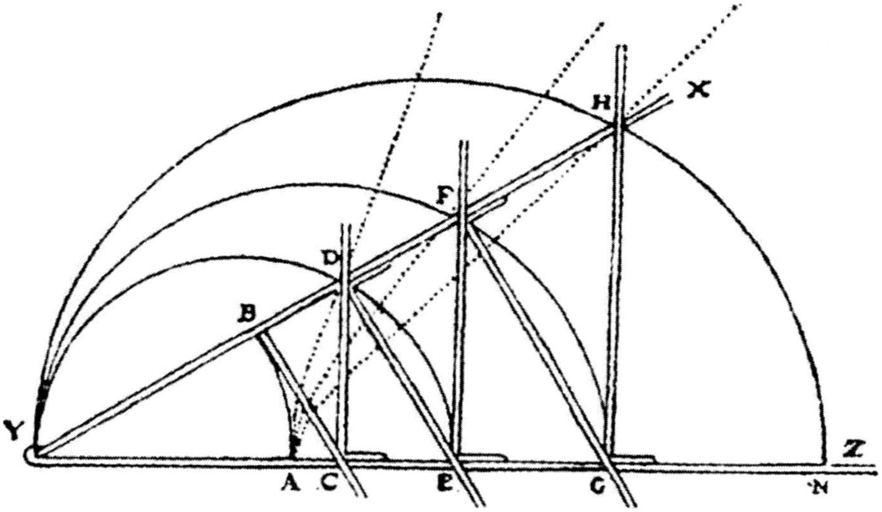

圖9-2　等分規（proportional compass）

在這個等分規裡，YX和YZ兩條直尺在Y處相連。A、C、E、G是YZ上的點，B、D、F、H是YX上的點。CB、ED、GF是垂直於YX的直尺，而DC、FE、HG是垂直於YZ的直尺。這些直尺都是可以延伸的，在理論上可以假定延伸到無窮。可以看出，如果我們固定B點，而且假定這個等分規的初始狀態下YX和YZ是重疊的（這時候其他的直尺也都重疊在一起），然後我們繞著Y點轉動支持YX，則AB是B點滑動的軌跡（一個圓），AD是D點滑動的軌跡，AF是F點滑動的軌跡，而AH是H點滑動的軌跡。這些軌跡在圖中都由虛線表示出來。根據相似三角形的性質，我們可以立刻得到以下關係：

$$\frac{YB}{YC}=\frac{YC}{YD}=\frac{YD}{YE}=\frac{YE}{YF}=\frac{YF}{YG}=\frac{YG}{YH}$$

如果我們讓YB的長度等於a，也就是說固定B，然後讓XY沿著Y點為軸轉動，直到YE等於二倍於YB的長度，即2a。根據以上的方程，我們知道 $\frac{YB}{YC}=\frac{YC}{YD}=\frac{YD}{YE}$，也就是 $\frac{a}{YC}=\frac{YC}{YD}=\frac{YD}{2a}$。透過簡單代數運算，我們立刻知道YC3＝2a3。因此YC就是我們要找的三倍立方體的邊長。

笛卡爾立刻注意到他的這個工具不僅可以解決兩倍立方的問題，更一般地，它可以對很多三次方程求解。在給貝克曼的信中（寫於1619年3月26日），笛卡爾說用他的等分規可以對以下的三次方程求解：

x3 = ax + b

x3 = ax2 + b

x3 = ax2 + bx + c

在他的信中，他只給出了對第一類方程的解法。實際上他的解法只能解決（x3 = x + b）類的方程，由於他的一個錯誤使得他誤以為可以解決更為普遍的問題。不過，這時的笛卡爾信心十足，他相信他發現了一個完全嶄新的科學，一種普遍的方法，而不僅僅是解決一些具體問題的工具。在寫給貝克曼的同一封信中，笛卡爾宣布他要創建一門全新的科學，從此解決關於數量的所有問題，不論它們是關於連續數量還是關於離散數量。尤其是對於關於連續數量的問題（幾何問題），笛卡爾給出了一種劃分方式將這些問題分成三類。一類是可以透過直尺和圓規來解決的，也就是說這些問題是關於直線或者圓的問題，這也是傳統幾何所承認的解決方式；一類是可以透過類似笛卡爾的等分規來解決的，笛卡爾認為這樣的工具產生的曲線與直線和圓沒有本質區別；最後一類問題所牽涉的曲線是最複雜的，它們是有兩個或兩個以上的相對獨立的運動來產生的。要解決所有幾何問題是一個非常艱鉅的任務，笛卡爾承認這並非一個人的力量能夠完成，但年輕的笛卡爾說他已經看到了曙光，並且堅信他的方法指出了正確的方向。

不過，這時候的笛卡爾還只是試圖用幾何方法來解決幾何問題，以及用幾何方法來解決代數問題；但笛卡爾還沒有將代數和幾何統一起來，用代數的方法來研究幾何問題。但隨著笛卡爾對這些問題的深入研究，發現它們不僅僅可以用他的等分規來解決，而且可以透過常見的圓錐曲線（如拋物線和雙曲線）來解決。大概在1625年左右笛卡爾將他的發現告訴麥爾塞納，並由後者交流給巴黎的學術圈子。笛卡爾首先試圖用這些曲線來解決代數方程，主要是對三次和四次方程的求解。但在對複雜曲線的分類時，笛卡爾也注意到代數方程的意義。這時的笛卡爾似乎在兩種分類方法上左右不定，一方面是他原來的想法，以幾何構造的複雜度來給曲線分類；另一方面是用曲線對應的代數方程的複雜度來分類。

1631年，笛卡爾試圖解決著名的巴布斯（Pappus）問題。[2]他大概花了六週的時間找到了他的解決方法。這個證明是他《幾何學》一書的關鍵部分。在這個證明中，我們可以清楚地看到笛卡爾將幾何問題還原為代數問題來研究，從而開啟瞭解析幾何這一個新領域。當然笛卡爾並沒有直接地引入我們今天常見的直角坐標系，但坐標系的概念在這個證明裡已經很清楚了。

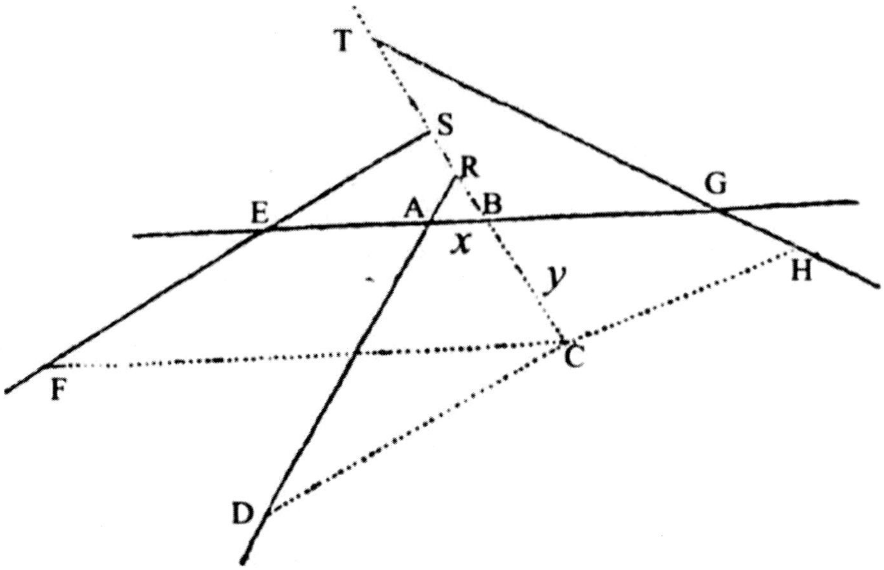

圖9-3　巴布斯問題（Pappus problem）

巴布斯問題是古希臘幾何的一個重要問題，古希臘數學家歐幾里德（Euclid）、阿波洛尼奧斯（Apollonius）以及巴布斯都曾經試圖解決它，但都沒有完全成功。巴布斯問題實際上是一類問題，簡單地說，這個問題是要發現一個點，從這個點以給定的角度向幾條（可以是三條或者三條以上的任何數目）已知的直線劃線，而使得這些線段的長度符合一定的比例關係。具體來說，用笛卡爾在《幾何學》裡示範解決的關於四條已知直線的例子，這個問題是這樣的：給定四條直線，來找到一個點，以給定的角度向這四條線劃直線，並與這四條線相交。這相交的四條線段滿足一個比例關係，即其中的兩條線段的乘積等於另外兩條線段的乘積。笛卡爾用圖9-3來解釋這個問題：

AB、AD、EF、GH是四條已知的直線。巴布斯問題是要找一個點C，從C向這四條直線以特定的角度引直線，即CB、CD、CF、和CH，而且這四條線段符合一個比例關係：例如，CB×CD

＝CF×CH。圖9-3是笛卡爾在《幾何學》裡的原圖。在笛卡爾的解法中，笛卡爾假定我們要找的點C已經找到，然後看各個直線之間的關係。笛卡爾以兩條直線為基點，AB和CB，然後將其他直線都用這兩條直線來表示。實際上，這裡笛卡爾已經使用了坐標系的概念，只是這個坐標系不一定是直角坐標而已。這裡B是原點，從B到A的距離笛卡爾稱為x，從B到C的距離稱為y，而其他的線段，由於它們和C都有特定的角度，則可以全部表示為關於x和y的函數。最後根據它們之間的比例關係，我們就可以得到一個代數方程。這個方程所表示的曲線就是由所有滿足以上比例關係的點組成的，也就是所有巴布斯問題的解。這個解法清清楚楚是解析幾何的思想。

笛卡爾的證明體現了他的方法的優越性。這樣的證明不僅能夠解決以上的四條直線的巴布斯問題，而且對於其他數目直線的巴布斯問題提供了同樣的解決方法，可以說是一舉解決了這個難題。而且笛卡爾還把這些問題根據它們最後對應的代數方程來分類，使得我們對這些問題有更清楚的認識。笛卡爾自己是非常清楚他的解法的意義的，這不僅僅是解決了一個問題，而是提供了一個強大的新工具來解決一系列的問題。

笛卡爾進一步地說明如何具體地構造這樣的曲線，這在當時是個重要的問題，因為那時的幾何學家只接受能夠被工具（如直尺和圓規）畫出來的圖形，而不是僅僅由一個代數方程來表示的一個曲線。在這裡笛卡爾仍然是著眼於一般性的方法，在《幾何學》的一開始就討論了如何把代數中的加減乘除運算移植到幾何上來，用一些很簡單的方式來定義了線段的乘積、開平方，等等，並討論了一些代數方程的幾何構造（例如透過圓錐曲線得到）。不過，複雜的巴布斯問題會導致高階的代數方程，而它們有可能不再是能夠用一般方法來構造出來的。

這個時候笛卡爾開始對曲線重新刻畫。古希臘的數學家（如巴布斯）將曲線分為三大類：平面曲線（plane，可以由直尺和圓規畫出的），立體曲線（solid，加上圓錐體的幫助能夠畫出的），線性的（linear，需要其他工具才能畫出的）。笛卡爾在《幾何學》的第二章試圖給出一個新的劃分，原因是第三類的曲線包含了各種各樣不同性質的曲線，而都被籠統地放在一起。笛卡爾用他的等分規來做說明，儘管它可以畫出線性的曲線，但是這樣的曲線和立體曲線或者平面曲線沒有本質的區別，因此我們沒有什麼理由將種類曲線排斥在外。在後面具體的論述中，笛卡爾實際上是用代數方程來刻畫曲線，並且宣稱所有幾何的問題都可以被歸結為一類問題：對某個代數方程求解。可以看到笛卡爾在這裡是真正地把握瞭解析幾何的精神，明確地運用了它的方法。

笛卡爾對他的方法充滿了自信，以至於《幾何學》的最後一句話是：「關於數學的發展，一旦我們發現了最初的兩三個概念，發現其他的就不那麼困難了。我希望後來者對我心存感激，不僅僅因為我已經解釋的東西，而且因為那些為了讓我們的後代能夠體會到發現的快樂而我自動放棄的東西。」笛卡爾對他的發現的驕傲可見一番。

物理學

笛卡爾在物理學上也作出了非常重要的貢獻。笛卡爾在這方面的貢獻是多方面的。笛卡爾的機械哲學強調從基本元素和它們的力學性質出發來解釋所有的物質現象，從而脫離了傳統的亞里斯多德理論，而奠定了新科學的理論基礎。同時，笛卡爾也提出了力學的三大基本定律，對物理學的發展造成了很大的推動作用。再者，笛卡爾對一些重要的物理現象作出了科學的解釋並發現了一些物理規律，使得我們對自然的認識更加清楚。這包括對彩虹的解釋、對折射定律的發現以及對大氣、潮汐的解釋，等等，這些在當時都是非常重要的發現。

和貝克曼的交往使得笛卡爾對當時的自然科學的發展有了更多的瞭解，而且更重要的是讓笛卡爾看到了一個完全不同於經院哲學的研究方向，而且這個方向展示了光明的前景。因此，雖然笛卡爾當時的工作重心是在數學上，但他同時也對自然科學的研究十分留心。在遊歷了歐洲（包括義大利，儘管笛卡爾說他並沒有見到伽利略）之後，1625年笛卡爾回到了法國。當時的巴黎是歐洲學術的中心，各種各樣的思想都很活躍，也有一批和笛卡爾志趣相投的朋友，例如笛卡爾與他一生的好友——麥爾塞納，應該就是在這個時候結識的。笛卡爾應該是在他巴黎生活的後期開始認真地研究自然科學的。到了荷蘭之後，他繼續他的研究並準備將他的結果寫成一本書。這就是笛卡爾第一本準備出版的著作《世界》。該書的手稿大約在1633年完成。但正當笛卡爾準備將之付印的時候，羅馬教會於1633年官方譴責伽利略的日心說理論。這件事對笛卡爾的一生有著巨大的影響。首先，最直接的影響是笛卡爾立刻放棄了對該書的出版計劃。這是因為笛卡爾在《世界》一書中的基本觀點和伽利略的理論相近，笛卡爾對伽利略的研究方法也是讚賞的。[3]

若以伽利略的聲望和他眾多顯要的教廷朋友都不能使其免於譴責，那麼笛卡爾的觀點，如若公開發行，肯定會給笛卡爾帶來很大的麻煩。在1633年11月給麥爾塞納的信中，笛卡爾寫道：「我原本要把《世界》寄給你作為新年禮物......但是，同時我也想看一看在萊頓和阿姆斯特丹有沒有伽利略的《世界體系》，因為我以為我聽到它去年在義大利已經出版了。我被告知它是已經出版了，但是所有的本子都已經在羅馬燒掉了，而且伽利略也已經被判定有罪和處罰了。我是如此的震驚，以至於我差點決定燒掉我所有的文章，至少不讓任何人看到它們。因為我無法想像，他，一個義大利人，而且我相信他還是教皇的朋友，竟然僅僅因為他試圖（而且他確實做到了）證明地球的運動，就被宣判為一個罪犯。......我必須承認，如果這個觀點是錯誤的，則我的哲學體系的全部基礎也是錯誤的，因為這一點可以從它們很容易地推出來。而且這是我的體系的如此關鍵的一個部分，以至於如果我把這一部分去掉，則我的體系也就有問題了。但是無論如何，我不想出版哪怕有一點點為教廷所不同意的論文，因此我寧願不出版它，也不願將它殘破不全地出版。」[4]

這件事對笛卡爾可能有更加深遠的影響。有一種推測說笛卡爾因此對科學研究喪失了熱情，而集中注意於對形而上學理論的研究。這固然是哲學之福，但也許笛卡爾能夠做出更大的科學貢獻。這個推測是否正確恐怕是無從驗證的了。

在笛卡爾放棄了該書的出版之後，笛卡爾的最初反應是一輩子也不會發表他的任何想法。不過沒過多久，在他的朋友的督促下，笛卡爾還是把他的思想公布於世。他的第一部著作《談談方法》於1637年用法語出版。該書附錄的三篇科學論文：光學、幾何學和氣象學，介紹了笛卡爾在數學和科學上的重要發現，這裡的光學篇和氣象學篇的內容概括和發展了《世界》中笛卡爾的一些重要發現，但是這些著作不能完整地顯示笛卡爾科學思想和哲學思想的全貌，在某種程度上是對《世界》一書的殘破的介紹。笛卡爾後來在1644年出版的《哲學原理》中試圖將他的形而上學和科學結合在一起，或者準確地說，試圖將他的科學建立在他在《沉思錄》裡說明的形而上學體系之上，因此在這本書裡介紹了他的物理學。《哲學原理》中對物理學的介紹和《世界——論光》的很多內容很接近，但是要更為詳細和精確。在這裡，笛卡爾最終還是公開發表了他對哥白尼的日心說的支持，並用他的理論對此加以解釋。原因之一應該是因為《哲學原理》是在荷蘭初次發表的，而當時的荷蘭是一個思想比較自由的新興資本主義國家。它信仰新教，國內相對和平。荷蘭人善於經商，因此生活富裕。而且他們很少管別人的事情，而政府對私人事物也不干涉。它的大學不是由教會控制的，而是由當地的議會來管理的。尤其重要的是，荷蘭的中央政權對學術研究沒有什麼限制，而當地的議會往往是由頭腦實際的人來掌控的。結果荷蘭是當時歐洲思想最為自由的國家，成為了很多自由思想家的安全港灣。

在笛卡爾死後兩年（1662年），與《世界》同時寫作的《論人》出版；兩年後（1664年），《世界》中的《論光》才得以面世。按照笛卡爾的想法，《世界》一書將闡述他的整個科學體系。這個體系分為三個部分。一是對自然現象的研究，二是對動物和人的身體的研究，最後是對靈魂的研究。當時笛卡爾完成的僅僅是前兩個部分，對自然現象和對動物的研究。第一部分就是我們現在看到的《世界——論光》的那一部分，而第二部分就是現在存留下來的《論人》的手稿。但是，對於靈魂的研究笛卡爾當時並沒有寫下什麼東西，這個工作很可能是等到後來寫作《沉思錄》時才開始進行的。我們下面就以《世界——論光》一書和《哲學原理》中的相關篇章為主，同時採用《談談方法》的兩篇附錄——《光學》和《氣象學》來介紹笛卡爾的物理學。在下一個小節裡我們透過《論人》，並結合《光學》和後來的《心靈的激情》來介紹笛卡爾的生理學。[5]

在《世界》一書的開始（《哲學原理》的第二部分與此類似），笛卡爾就說由我們的感官所得到的對事物的認識和事物的實際情況不一定是一回事。我們的感覺並不一定對應著事物實際擁有的性質。這一點在今天是一個常識，但在笛卡爾的時代是一次革命，因為這與傳統的亞里斯多德理論相衝突。傳統理論認為感覺認識是導致感覺的對象的真實反映，因為我們的認識實際上是將對象的形式（form）傳遞給心靈，因此不會有誤差。笛卡爾仔細說明了為什麼這個感覺和外物的相似性原則是沒有根據的。相反，我們的經驗告訴我們，我們的感覺並不可靠，因此這個原則並不正確。這裡笛卡爾分析了我們的各種感官認識，用很有力的例子清楚地說明了我們感覺認識的對象和實際對象有很大的差別。在這裡，笛卡爾對他的機械哲學的思想作了詳細的解釋。

這個發現有著重要的意義。一方面在科學上，我們不能再把感覺作為事物的真實性質的標準，甚至不能把感覺作為事物是否存在的標準。笛卡爾舉例說，我們看不到空氣，但是這並不是說空氣就不存在。再者，看起來物體有著種種的形態和性質，但實際上它們只是由幾種基本元素組成的，也只不過有幾種基本的運動形式。在哲學上這也有著重要的意義，儘管笛卡爾這裡並沒有涉及這方面的問題。如果我們放棄了感覺和外物的相似性假定，則我們的認識論則要從頭開始，而這樣的話我們如何才能得到確定的知識呢？我們已經看到這是笛卡爾在《沉思錄》裡關注的核心問題。

笛卡爾在物理學上的一個重要貢獻是他所提出的關於世界的三大自然法則（Laws of Nature）。雖然法則（law）是來自於《聖經》的，指的是出自於上帝的法令，但是自然法則是一個新概念。笛卡爾說這裡講的自然法則不是來自於上帝的神力，而是自然界的事物所遵從的規律。當然笛卡爾認為這些規律是由上帝建立的和維持的，但是在上帝創造出事物之後，事物的運動則完全遵循這自然法則，而不需要上帝的干預。也就是說，我們可以透過這些自然法則完全地理解自然界的一切現象。我們的認識沒有侷限，可以穿透一切自然的奧秘。這個觀念是科學史上一個非常重要的突破。

第一條自然法則是慣性定律：任何東西，自身都保持同樣的狀態，除非有外因作用；所以所有運動的物體會繼續運動。[6]這裡的狀態說的不僅僅是運動，而且包括大小、形狀、質量等等。如一個東西是方塊，若無外因的作用，它將繼續保持方塊的狀態。但是對於後面這些狀態而言，當時的理論和笛卡爾的說法並無區別。笛卡爾的創新在於對於運動的慣性認識：如果沒有外力的作用，一個運動的物體會以同樣的速度繼續運動下去。也就是說，靜止和運動沒有本質的區別，靜止只不過是運動的一種特殊狀態。這一理論是和亞里斯多德的物理學相違背的，因為亞里斯多德認為只有靜止的東西可以自然地保持它們的狀態，而運動的東西如果要維持它們的速度，則必須要有力量加在這個物體之上。例如，我們推車的時候，如果我們不再用力，則車子就停下來了。但是亞里斯多德的學說面臨著很多的困難，例如對於箭的飛行就難以解釋。笛卡爾的理論則很容易地解釋了箭的飛行，因為飛行中的箭由慣性來保持原來的速度，但由於空氣的阻力逐漸地喪失速度，最後墜落。[7]

第二條自然法則是：所有運動，就其自身而言，都是直線運動；所以圓周運動的物體有離心的傾向。笛卡爾用鐘擺來作說明，儘管鐘擺的運動路線是個圓，但可以看出鐘擺的每個部分，在每一刻都是試圖直線前進的。實際上，這仍然是慣性法則的一個特殊情形，但是由於在笛卡爾的理解中運動的方向並不是速度的一部分，而是和運動相獨立的一個性質，因此不能直接運用上面的第一法則得到。笛卡爾的這種理解和伽利略以及後來牛頓的理解不一樣。他並沒有完善地定義速度這一重要的力學概念。

第三條自然法則試圖給出關於物體碰撞的法則，說：一個物體，如果和更大的東西碰撞，則不會損失任何的運動；如果和更小的物體碰撞，則它傳輸給那個物體的運動和它失去的運動是一樣多的。這個法則是大有問題的。而且，在《哲學原理》中對這個法則的描述甚至沒有在《論光》裡的描述更準確。在《論光》裡，笛卡爾說，在碰撞的過程中，一個物體能夠給予另外一個物體的運動和這個物體所失去的運動是相等的。也就是說，在物體碰撞的時候，運動是守恆的。當然，即便是這個表述也不準確。笛卡爾並沒有仔細地研究運動（motion）這個概念，沒有能夠在以下幾個概念之間做出區分：速度（笛卡爾甚至沒有充分理解這一重要概念）、動量（速度和質量之乘積）和動能（速度之平方和質量之乘積）。而籠統地說，這三個概念都可以被理解為運動。但是，速度在碰撞中並不守恆，動量和動能才是守恆的不變量。後來在牛頓的力學三定律裡這一法則相應地被牛頓的第三定律所取代，而在現代物理學中兩大守恆定律才是更基本的法則。從這個例子我們可以看出，概念的澄清對於科學發現有著非常重大的意義。如果我們對研究的現象沒有一個清楚的概念上的認識，則我們甚至不能知道我們在觀察和研究什麼東西，結果是我們面前模糊一片，因此在科學發現的道路上根本無法前進。我們看到，即便是笛卡爾這樣重視方法的天才人物，也會因為基本概念沒有澄清而犯錯誤。

在這些法則的基礎上，笛卡爾開始解釋自然界的所有現象。首先笛卡爾要解釋的是星球的運動，例如太陽系的行星是如何才能夠繞著太陽轉的。笛卡爾是用渦流的方式來說明的。在水中，我們可以觀察到船可以繞著渦流的中心打轉，笛卡爾推論說星球的運動也可以作類似的說明。從這個系統裡，地球的繞日運動是個自然的結論，因此笛卡爾說無法將他的理論支離破碎地出版。儘管這個解釋很有創意，也能解釋很多的現象，但後來證明是有問題的，在這裡我們不再做進一步的介紹。

下面我們介紹笛卡爾的兩項具體成果，一項是光的折射定律，另一項是笛卡爾對彩虹的解釋。這兩項成果都有著相當的意義，也是笛卡爾科學方法的精彩應用，從中我們也可以看到笛卡爾對這些問題的解決並不是很徹底的，而使我們看到科學發現的曲折過程。

在日常生活中我們很容易觀察到，當光從一種介質（例如空氣）進入另一種不同的介質（例如水）的時候，會改變它的前進方向（其實光速也會有變化，不過這個很不容易觀察到）。例如，把一根筷子放到水裡，我們看到在水中的部分會變彎，這正是因為光線入水以後改變了方向。折射定律對這個現象的進一步研究得出的關於這兩個方向的一個量化的關係，可以用數學公式表達如下：

$$\frac{\sin(\alpha)}{\sin(\beta)} = \lambda$$

這裡α和β分別是進入介質和離開介質的角度，入是個常量，不依進入介質的角度（α）而改變。

這個定律是科學史上很重要的發現，不過對於這個發現的優先權有所爭議。首先，這個定律在歷史上很早就被阿拉伯科學家所發現，後來荷蘭數學家施奈爾（Willebrord Snell）再次於1621年（獨立地）發現了這個定律，但終其一生他也沒有發表這個結果。笛卡爾在他的《談談方法》一書的附錄《光學》裡提到並證明了這個定律（儘管沒有明確地用以上的方式來表述）。笛卡爾的同代人費馬（Pierre de Fermat；費馬用另外一種方式來證明了這個定律）認為笛卡爾在荷蘭看到了施奈爾的手稿，後來荷蘭的惠更斯（Christiann Huygens）再次確認了這個說法。結果是這個說法後來得到了多數人的接受，而這個定律便以施奈爾的名字來命名。由於笛卡爾在他的著作裡絲毫沒有提到施奈爾和他的發現，笛卡爾倒成了剽竊者。不過最近的一些學術研究表明笛卡爾可能並不知曉施奈爾的發現，而且笛卡爾的思路和施奈爾有著很大的不同。[8] 施奈爾基本上是從實驗的角度作歸納而發現這個定律的，但笛卡爾是從他的基本原則出發來推導出這個定律的。

笛卡爾的興趣顯然不是僅僅表述這個定律，或者說從經驗中歸納這個定律，而是用他的物理學的基本原則來推導出這個定律，也就是說這個定律只是他的力學體系裡的一個定理。笛卡爾的真正影響來自於他的基本假設。笛卡爾首先試圖說明光的本質，他認為光實際上是微小的堅硬粒子，雖然不能被肉眼所看到，但其本質和一個臺球沒有什麼差別。這就是對光的粒子解釋。笛卡爾的理論直接影響了牛頓的老師巴魯（Isaac　Barrow），對牛頓有著間接的影響。

笛卡爾在《光學》裡給出的證明非常優美。首先要注意的是，笛卡爾這裡試圖給出一個非常一般的證明，不僅能夠說明光的折射現象，而且能夠說明其他物體進入不同介質的行為，例如，將一個球打入一層層布中，或者一個鐵球扔到水裡（一發砲彈打到水裡）之後的運動狀況。這裡我們也可以看到笛卡爾研究方法的具體應用：如果我們無法直接研究微小的光粒子，則我們可以研究和光粒子本質相近的可以清楚觀察的現象，球的運動方式。例如，用第一個例子，一個高速運動的球撕裂一層層的布繼續前進。笛卡爾說在這種情況下，我們可以假定鐵球在布中的運動分解為兩個方向的運動，一個水平運動和一個垂直運動。可以看出，布對球的水平運動的阻力和對鐵球的垂直運動的阻力是不一樣的：笛卡爾假定說對於水平運動無阻力，而對垂直運動減速三分之一。因此我們就會推斷球會按照一定的方式來改變它的運動方向。同樣的，這個分析對鐵球入水的例子是一樣有效的。如圖9-4（《光學》中的原圖）所示，我們可以對這樣的運動進行如下分析：

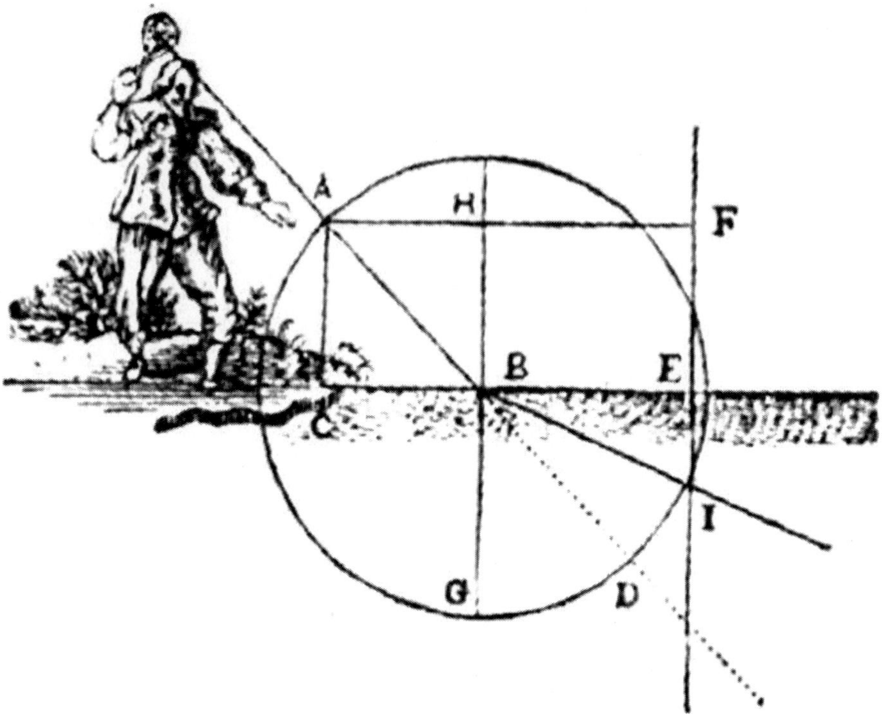

圖9-4

可以看到，在這個圖中，鐵球入水之後改變了前進方向，從BD（圖中虛線所示）變為BI。而且，我們可以從三角形BEI和BAH之間的關係立刻得到以上的sine函數表示的法則。因此，儘管笛卡爾這裡沒有明確地提到以上表述的折射定律，但對這個定律是很清楚的（笛卡爾在其他地方曾明確地用sine方程來表示折射定律）。

但是，我們立刻注意到，光線在水中的折射和鐵球在水中的運動是不同的。在光的折射過程中，折射光更靠近於垂直線而不是水平線（如圖9-5所示）。

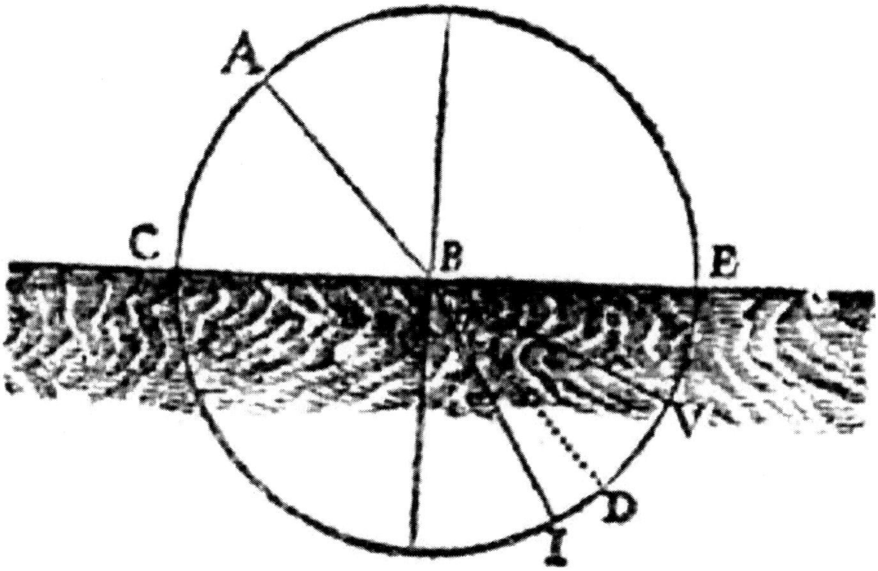

圖9-5

按照笛卡爾以上的解釋，我們只能說光粒子在入水之後加快了在垂直方向上運動的速度，而不是像鐵球一樣減緩了速度。這裡笛卡爾需要假設光在入水之後增加了速度，似乎在光入水的時候在界面上得到了新的驅動力。但這個說法不太合理，因為我們無法理解這個外加的驅動力從何而來。因此笛卡爾給出了如下的解釋：「這就好像一個球落在一個軟物上比落在一個硬物上會失去多得多的動力，以及在一個空空的桌子上比在一張地毯上滾動的更為容易一樣，對於這個精緻的物質（指光的粒子），軟軟鬆鬆的空氣所帶來的阻力能夠比水所帶來的阻力更大，而水所帶來的阻力比玻璃或者水晶所帶來的阻力更大。所以，如果一個透明的東西的微小顆粒越加堅硬，則光線更容易穿過，因為光線不必將這些顆粒從它們的位置打跑，不用像球那樣要把水驅散才能從水中透過。」[9]這個解釋避免了假設存在於界面的驅動力，但是看起來仍很牽強。從某種程度上說，笛卡爾在這裡並不是試圖發現光的折射定律，而似乎是心中已經有了折射定律的結論，這裡只是在想辦法解釋這個結論。這和笛卡爾整體的科學方法是一致的。

在《光學》裡，笛卡爾繼續描述了其他光學現象和光學儀器。這裡笛卡爾顯示了他卓越的數學技巧，對各種棱鏡的功能做了清楚的解釋。特別值得提到的是笛卡爾對人的眼睛和望遠鏡的結構都做出了非常系統詳盡的說明，這些解釋也是我們今天所接受的標準說明，因此其具體內容我們這裡就不再介紹了。

圖9-6望遠鏡的原理

下面我們再介紹一下笛卡爾對彩虹的解釋。一方面我們可以看到，儘管笛卡爾的解釋離最後的答案還差一步，但是已經是一個全新的突破，整個思路非常精彩，充分展現了他的科學天才。

對彩虹的解釋有著重大的意義，而笛卡爾立於自然主義的解釋成為了一個新範式，規範著以後對這類問題的解答的基本框架。笛卡爾在《氣象學》的開篇說，我們對於天上的事物比對地上的事物有著更多的崇拜，我們往往假定是上帝或者神導致了這些現象。例如關於風、雷、閃、電等等，幾乎所有的古代文化都認為它們是由神或者強大的精靈來導致的。笛卡爾在這本書裡的目的是運用他的機械哲學的體系來完全充分地解釋這些自然現象。而如果這樣的現象也能夠被機械力學充分地解釋，就大大支持了機械哲學的綱領。我們有充分的理由相信對於任何的自然現象都可以給出一個機械的解釋。從這個角度來說，彩虹是一個很好的例子，笛卡爾在這裡的解釋也非常精彩。

彩虹是一個非常美麗的現象，歷來為人們所注意，因此對其也有各種宗教的解釋。在《聖經》裡彩虹是上帝給人類的一個信號，指示著希望和上帝的許諾。例如在大洪水結束的時候，上帝向諾亞顯示了彩虹，告知他洪水即將結束，世界將重歸安寧。但我們會看到，笛卡爾對彩虹的解釋與上帝或者任何超自然的力量，沒有任何的關係。

首先，笛卡爾斷定彩虹是由雲中的水珠和陽光導致的，這一點可以從我們在噴泉上也能看到彩虹得到確認。笛卡爾的任務是如何解釋這個過程。笛卡爾認為水珠的大小對問題沒有影響，因此為了讓我們可以看得更加清楚，笛卡爾假想有一個巨大的水珠，陽光從一個方向照向這個水珠，如圖9-7所示：

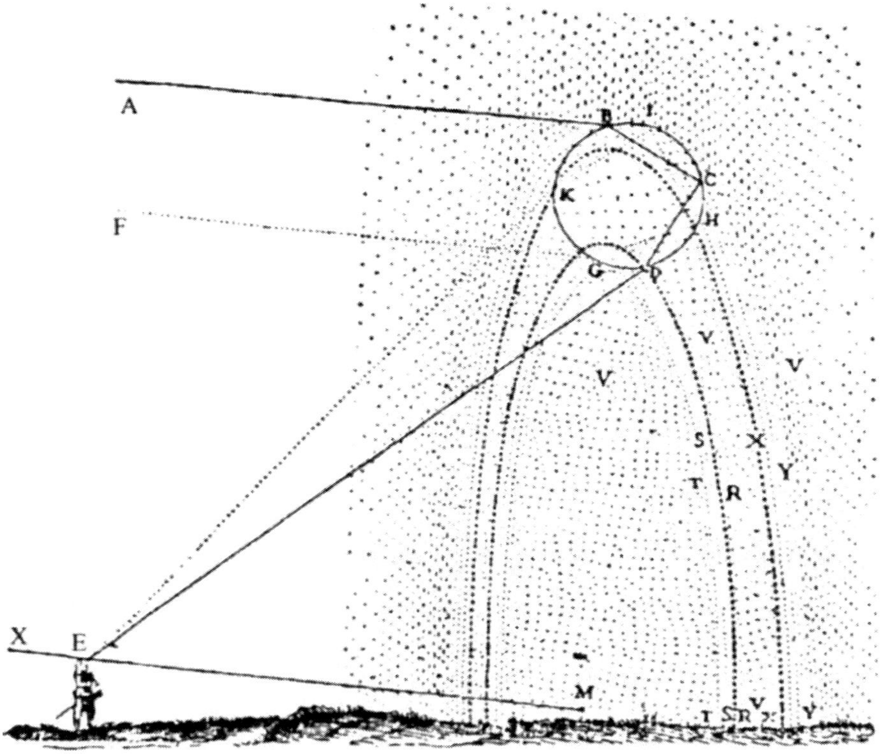

圖9-7

這裡AB是太陽光，它從B點進入水珠，折射後在C點反射，在D點再次折射，經由DE到達人的眼睛。笛卡爾說如果ED和EM兩條直線之間保持42°角，則我們會看到紅色。這樣的話，我們看到的所有在弧線DRV上的點（包括D點）都是紅色（假定水珠遍布於這些區域）。因此弧線DRV就是彩虹的紅色帶。笛卡爾同時解釋了有時候我們會看到第二條彩虹，比第一條更為暗淡一些，這是由FG方向進入的陽光在G點折射，在H點和I點兩次反射，並在K點再次折射後離開水珠進入人的眼睛。同樣的，對於弧線X上的其他點也是類似的，因此這個弧線X也是紅色的，這個角度笛卡爾說是52°。由於這個過程比上面的過程多了一次反射，因此看起來會要暗淡一些。

整個解釋是很精彩的，但笛卡爾立刻承認主要困難仍然存在：為什麼我們會看到不同的顏色呢？而且這些顏色有著固定的順序（紅橙黃綠青藍紫）？這裡笛卡爾並沒有給出一個最完美的解釋。儘管笛卡爾注意到光經過透鏡後也會現出不同的顏色，因此知道這種現象並不需要依賴於圓球的形狀，但笛卡爾並沒有認識到太陽光實際上是複合光，而不是單色光。這要等到牛頓著名的雙棱鏡實驗之後才確認的。笛卡爾的解釋仍然立足於他對於光的基本假設。他認為這些光粒子，儘管形狀大小一樣，它們之間在自轉的性質上仍然有著一些差別：有些光粒子可能轉得更快一些，有的則更慢一些。我們看到的紅色就是轉得最快的，而黃色則是比較慢的。笛卡爾進一步解釋說，即便一開始這些光粒子有著同樣的轉速，但它們有著不同的傾向，結果是在光的折射過程中，這些傾向得到了具體的實現，從而顯示出不同的顏色。這個解釋似乎和牛頓的假設很接近，認為不同的色光是有不同自轉傾向的粒子，但這個解釋不能讓人滿意。一方面它不是很清晰，笛卡爾對於具體過程的分析更多是猜測；另一方面這個解釋假定了這些粒子有不同的自轉傾向，而自轉的傾向這個概念不是一個簡單的機械力學的概念，卻更像是傳統亞里斯多德物理學的隱秘概念。

透過以上的介紹，我們可以看到笛卡爾在物理學上做出了傑出的貢獻。首先，從《世界》一書裡可以看到，笛卡爾對於自然世界持有機械唯物主義的觀點。笛卡爾認為一切自然現象，包括感性認識，都可以最終被歸結到簡單粒子之間的相互作用。這些簡單粒子只有機械性質，即形狀、大小和運動速度。一切現象，不論是顏色、光、重量，都被歸結到一些看不見的簡單粒子的相互作用。這在當時是一個很大膽的假設，對以後的影響也是巨大的。同時，作為一個科學家，笛卡爾在這個機械哲學的基礎上，具體地解決了一些重要的科學問題。這些問題的解決也給機械哲學的基本原理帶來了相當的支持。

生理學

笛卡爾對人體的生理結構也有著極大的興趣。據說，在笛卡爾移居荷蘭之後，他經常去觀看屠夫解剖動物，有時還把動物內臟帶回家自己繼續研究。在笛卡爾的時代，哈維的血液循環理論已經為人所知，但對於人的精神活動人們所知甚少。在與《世界》同時期的著作《論人》（Treatise on Man）裡（其實這本書應該是笛卡爾《世界》一書的第二部分），笛卡爾斷定人的身體，和所有動物的身體一樣，只是一部精巧的機器，所有的身體行為都可以透過機械運動來解釋。仔細地觀察人體，其生理和神經結構、血液循環等等，儘管精巧無比，但與一個完美設計的機器如鐘錶、磨坊等，並沒有本質的區別。在《論人》的開始，笛卡爾仔細地解釋了血液循環系統、呼吸系統、消化系統以及神經系統，並強調這些官能在本質上和一個機器沒有區別。笛卡爾的解釋在大的方向上是正確的，但是限於當時的條件，在具體細節上不夠準確。其中一個重要的概念值得特別的注意。笛卡爾提到了一個現在已經廢棄的概念——動物精神。笛卡爾認為血液中最精細的部分不僅和一般的血液一樣有著營養的功能，更重要的是，它們可以滲透到大腦，在大腦的某個部位（松果腺）產生一種特別精細的風或者說是特別純淨的火焰，這就是動物精神。笛卡爾認為動物精神是動物控制行為的主要方式，也是理解我們情感的關鍵（我們還曾經提到它是身體和靈魂交流的媒介）。圖9-8描繪了在松果腺裡的動物精神。

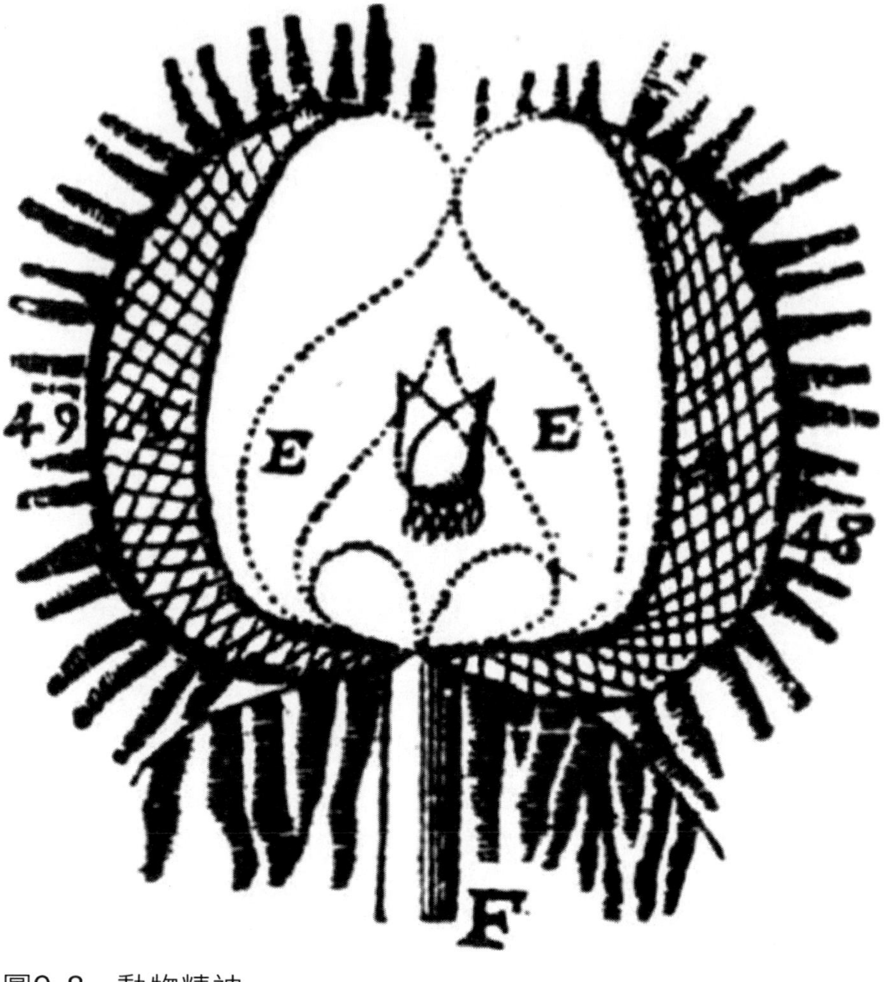

圖9-8　動物精神

笛卡爾年輕的時候參觀過巴黎郊區皇家花園（Chateau de Saint-Germain-en-Laye，聖—日爾曼—昂萊城堡），對那裡的機械噴泉留下了深刻的印象。在《論人》一書裡，他把人的身體和機械噴泉作比較，說：「對於我所描述的這個機器，它的神經實際上可以比作那些噴泉裡的機械管閥，它的肌腱比作噴泉裡驅動機械的發動機和彈簧，動物精神比作驅動它們的水，而心臟是水的源泉，大腦裡的溝回是各種控制的機關。而且，呼吸運動和其他類似的一般的自然的運動，和一個鐘錶或者磨坊的運動是類似的，動物精神的流動決定著這些運動也正如連續不斷的水流決定著後者的運動一樣。外在的物體，能夠透過它們的存在影響感官而使得人們有不同的反應（有賴於大腦的不同部分的狀況），就如進入那些噴泉裡的洞穴裡的陌生人，不經意地導致了各種在他們眼前出現的景象。因為當他們進入的時候，不可能不踏在某塊磚上，而這樣的磚有著特定的安排，例如，當他們走近沐浴的黛安娜時，他們會導致她藏入蘆葦之中，而他們繼續向前尋找她的時候，就會導致海神的出現並拿著他的三叉戟向他們揮舞，如果他們轉到另一個方向，就會導致一個海怪從海裡出來，把水噴到他們的臉上；以及其他種種由著工程師的古怪念頭來設計出來的其他事情。」[10]

圖9-9聖—日爾曼—昂萊城堡的機械噴泉

顯然這個機械噴泉給笛卡爾留下了深刻的印象。對於一個初次經歷的人，它無疑是很神奇的，但一旦明白了其原理，就會知道一切都是機械運動的結果。如果有神奇的地方，也只是工程師的巧妙設計罷了。笛卡爾認為人體也是如此。不論看起來多麼神奇的功能，如果我們仔細分析一下，都可以有一個機械的解釋。下面我們用兩個簡單的例子來具體地介紹一下笛卡爾的生理學。一個是解釋為什麼手（或者腳）碰到火之後會立刻收回來。另外一個稍為複雜，是解釋我們如何能夠看到東西，即我們的視覺。

在日常生活中，每個人都會注意到，當我們的手碰到火的時候，我們不經思考，立刻就會把手抽回來。[11]這似乎是一個很簡單的機械運動，但如何來解釋呢？笛卡爾做了以下說明（圖9-10

是克萊爾色列在出版《論人》的時候請人重畫的）：

圖9-10

這裡，當一個人的腳接觸到火的時候，火中的微小粒子會作用到皮膚上，使得神經cc立刻被拉緊，從而立刻在它的另外一頭，在大腦裡開了一個小口。這個過程很快，就像用繩拉鈴似的。然後，動物精神從F進入並且被傳送到相關的肌腱從而使腳和整個身體脫離危險。笛卡爾認為透過類似的解釋我們可以理解所有其他的身體運動，不論是外部的還是內部的。可以看出笛卡爾這裡的解釋是很粗糙的，很多地方還只是猜測，並沒有確實的證據。尤其是對大腦和動物精神的解釋，讓人感覺非常地模糊，而且有很多問題。

接下來笛卡爾對大腦作了進一步的刻畫，尤其是對松果腺有更多的介紹，但這些仍然大多是猜測。例如，圖9-11描繪了笛卡爾對大腦結構的理解。注意這裡位於大腦中央的H是松果腺，是動物精神匯聚之地。大腦裡有著很多不同的通道與身體的各個部分相連，而動物精神從這些通道裡進進出出。可以看出，並不是所有的動物精神都會到達松果腺。當時對大腦的研究是很有限的，無法和我們現在所擁有的知識相比。儘管笛卡爾的研究有著很強的時代侷限，笛卡爾的很多猜測後來都被證明是錯誤的，但我們還是應該尊敬他所作出的科學努力。正是因為像笛卡爾一樣的科學家的不斷探索，我們才能擁有今天的知識，才能更好地瞭解自己和世界。

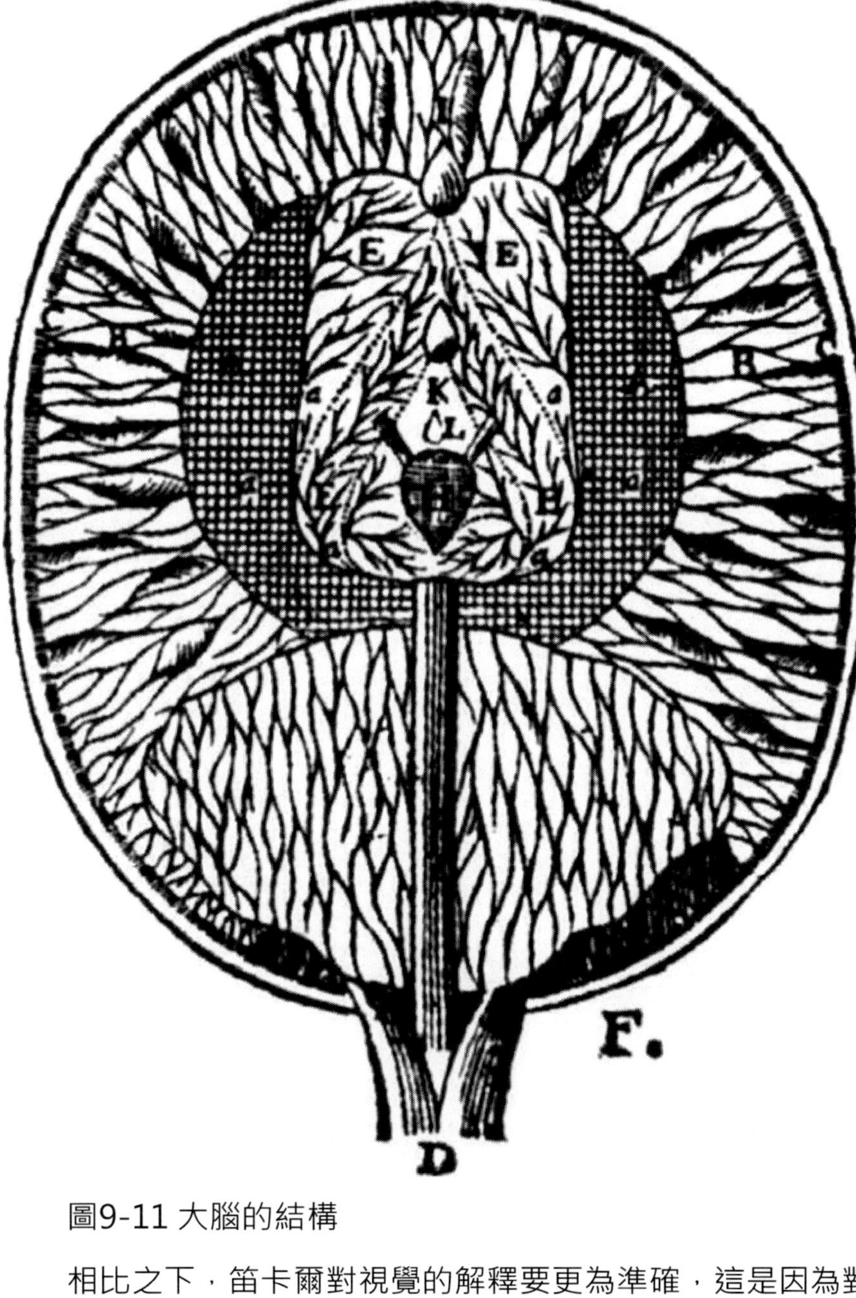

圖9-11 大腦的結構

相比之下，笛卡爾對視覺的解釋要更為準確，這是因為對眼睛的觀察要容易得多，而且當時的物理學可以解釋眼睛的結構。無論是在《論人》裡還是在《光學》裡，笛卡爾將眼睛完全地當作一個精巧的光學儀器來研究，而且兩者的內容基本是一致的，不過在《光學》裡對視覺的介紹是更為精細和系統。眼睛的結構如圖9-12所示，其中最重要的是可以變化長短厚度的晶狀體（棱鏡）L。

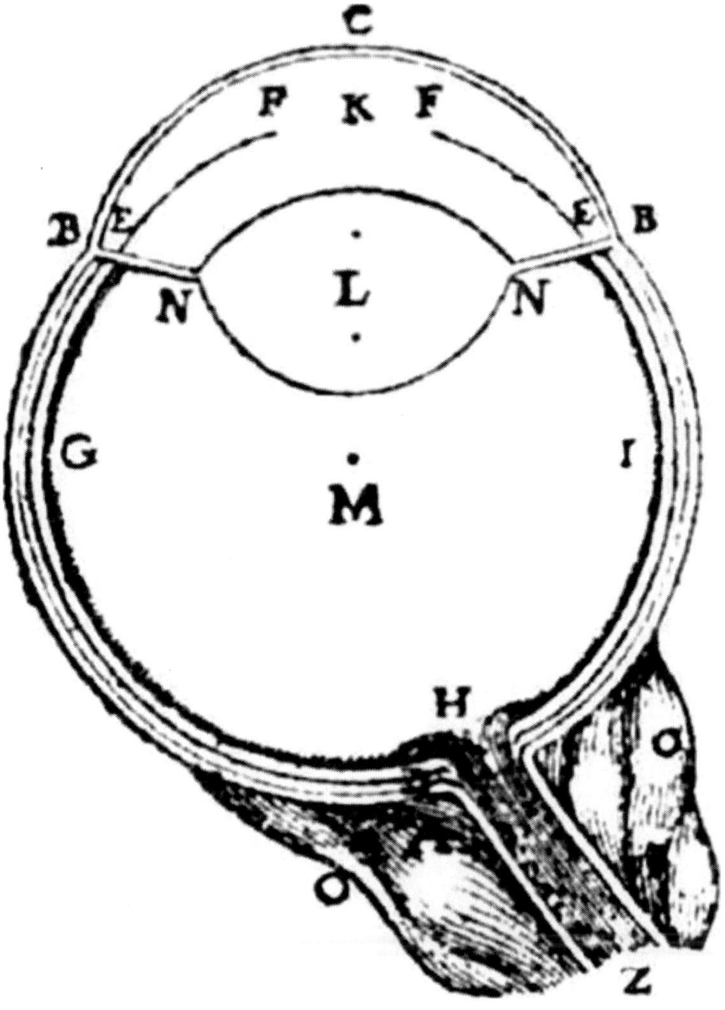

圖9-12　眼睛的結構

在這個描述裡，眼睛實際上就是一個可以自動聚焦的照相機，儘管在笛卡爾的時代我們還沒有這樣的東西。不過笛卡爾已經清楚地知道透鏡成像的原理，因此將這個理論應用到眼睛上我們就可以解釋為什麼會清楚地看到外在的事物。笛卡爾在《光學》裡給出了圖9-13來說明。

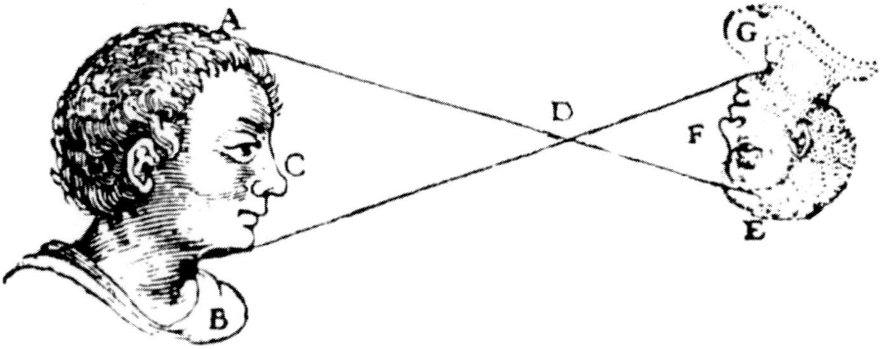

圖9-13

關於視覺的一個難題是對距離的認識：圖像反映到視網膜上基本上是一個平面圖像，那我們知道事物的遠近呢？這是一個著名的問題，在笛卡爾之後仍然是個疑難問題。例如，對於圖9-14中的X、R、T　三個點，它們在視網膜上的位置非常地接近，我們如何知道它們是不同距離的點呢？對於這個問題笛卡爾給出了三個可能的答案，不過他沒有說哪一個是正確的或者是否都是正確的。一個是由眼睛的晶狀體來決定的（見圖9-14），因為在我們看不同距離的東西的時候，聚焦後的晶狀體大小是不一樣的，因此我們的身體能夠利用這個區別來測知距離（儘管我們也許不能有意識地知道身體是如何做到這一點的）。在這個圖中，眼睛可以清晰地看到R，但是若要清晰地看到遠處的X，則前面的棱鏡會更窄一些，如I所示；而若要清晰地看到近處的T，則會更寬一些，如F所示。這樣我們對眼睛肌肉的鬆緊程度對距離就會有一定的認識。

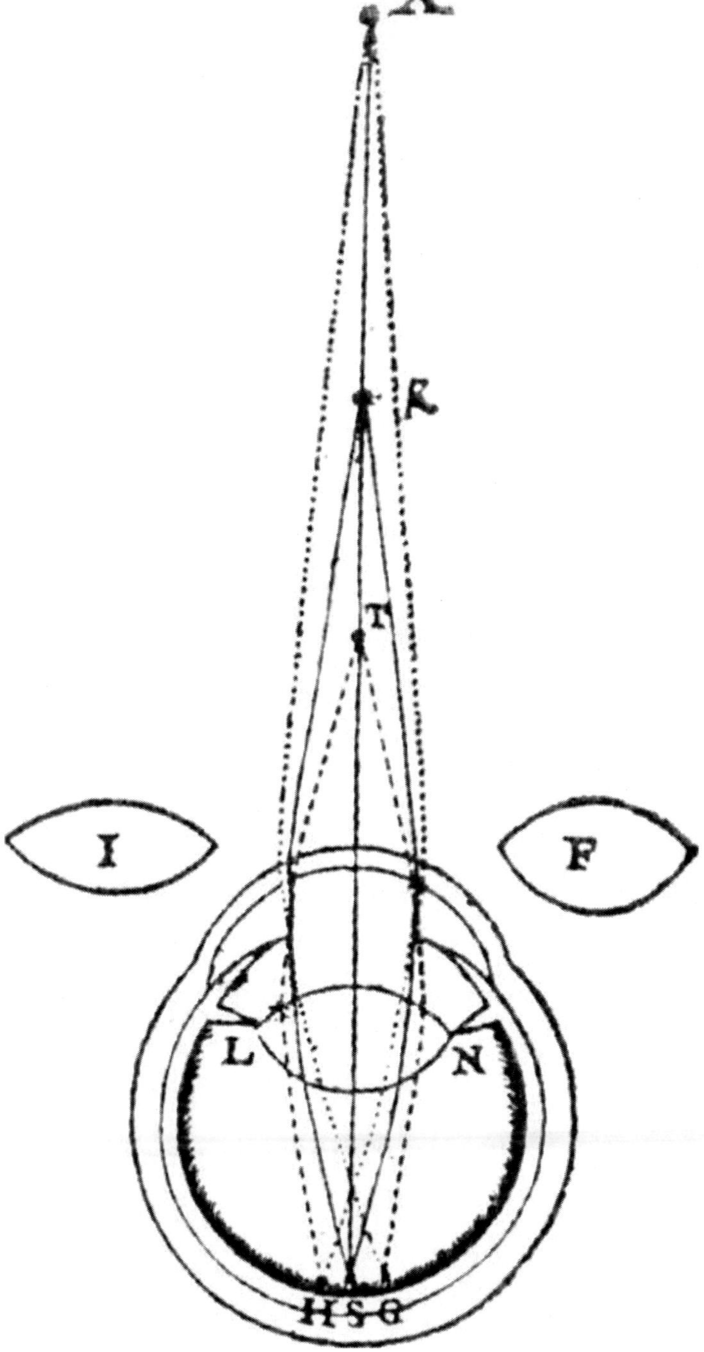
X
R
T
I
F
L
N
H S G

圖9-14

第二個解釋是透過幾何性質來說明的。因為人有兩雙眼睛，因此我們會得到兩個不同角度的影像，而這兩個眼睛間的距離是確定的，因此透過兩個影像之間的夾角我們可以確定這個物體離我們的距離。笛卡爾說這和盲人透過兩根竿子來確定距離一樣[12]（圖9-15），我們也可以類似地用兩雙眼睛來確定視覺距離（圖9-16）。

圖9-15

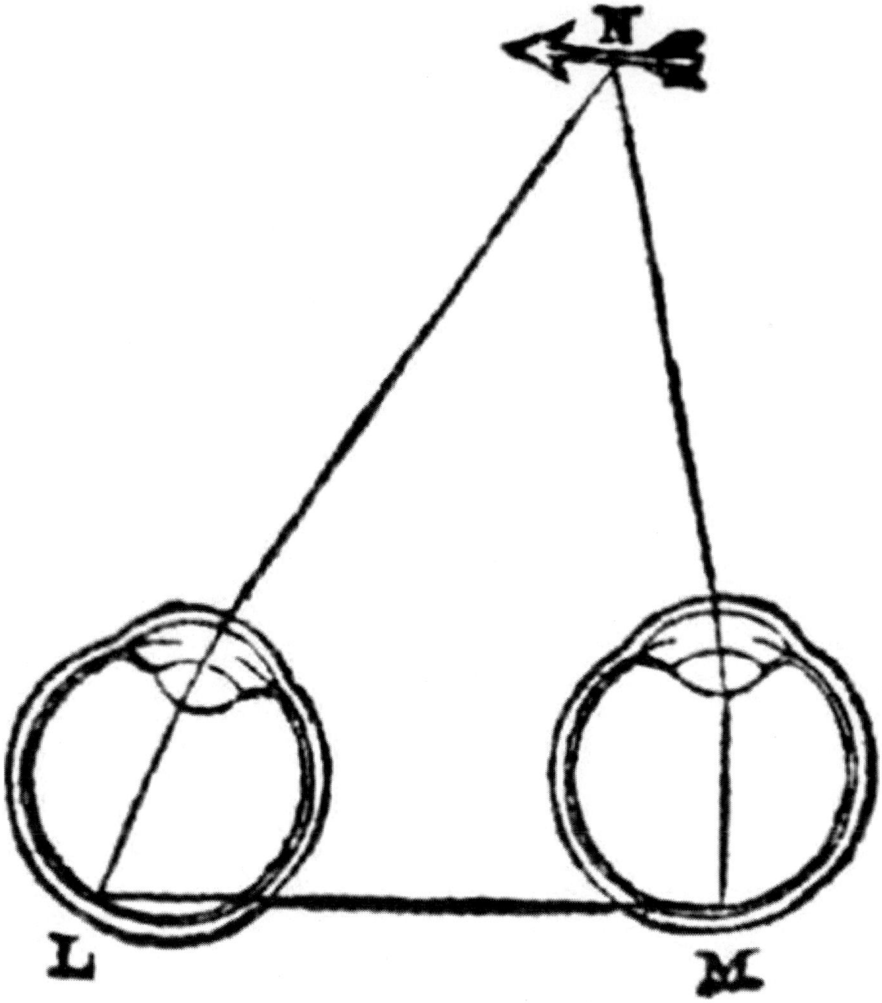

圖9-16

最後一個解釋是透過圖像的清晰程度，因為遠處的東西看起來比近處的東西要更加模糊。[13]這個解釋可能是三個解釋中最有問題的，因為圖像的清晰程度可以由很多其他因素來決定，例如光線的強弱。但人的視覺即便是在黃昏的時候，對距離也能有清楚的認識。

對於距離的視覺認識是心理學上著名的問題。如果我們將眼睛理解為一個高級照相機，則不可避免地就會遇到這個問題。因為我們得到的圖像都是二維圖像，但我們的視覺卻是三維的。因此三維的視覺必然要依賴於一些其他因素。在笛卡爾的時代這個問題不可能得到徹底的解決，但現在已經有了比較完滿的答案，儘管在不少方面仍有爭論，在一些方向上還有不少的人在做研究。笛卡爾的前兩個說法都有一定的道理，是很有創見的想法。

綜上所述，笛卡爾利用機械力學的原理對自然現象和人體的生理結構給出了一種完全自然的解釋。這個觀點和當時的唯物主義哲學家，如霍布斯和伽桑狄等所提倡的機械唯物論，有很大的相似之處。但是我們要看到笛卡爾不是一個完全的機械唯物論者。他的機械唯物論只限於自然世界、動物和人的身體。笛卡爾承認所有物質事物都可以用機械力學來解釋，但笛卡爾認為世界並不完全是物質的，而有非物質的東西存在，例如上帝和人。上帝當然是徹底超越機械力學的，而人是由兩個截然不同的部分組成的統一體。一個部分是身體，它是完全機械的；但另一個部分，心靈，是超越於物質世界的，是不受自然規律所控制的。因此笛卡爾是一個二元論者，而不是一個完全的唯物論者。

不過，在歷史上，很多人往往只是注意到笛卡爾的心身二元論，而忽視了他在機械唯物論上的重要貢獻。這是不公正的，也是不恰當的。實際上，笛卡爾對機械唯物論的貢獻是不能抹殺的。笛卡爾的思想在科學和哲學的歷史發展上有著不可替代的影響。我們尤其應該注意到，笛卡爾的這種貢獻和影響不是靠一兩句口號來取得的，甚至不完全是因為他提出的機械哲學的體系，而是來自於笛卡爾在這個體繫上對大量的經驗現象給出的清晰、準確和深刻的解釋和說明。這些解釋和說明使得我們對世界的認識更加深入精確，從而反過來支持了笛卡爾的哲學思想。在以上我們對笛卡爾心身理論的分析中，我們已經發現笛卡爾在那裡採用的實際上也是這樣的一種科學方法。笛卡爾之所以斷定靈魂的存在和心身的緊密結合，正是因為他認為這樣的理論能夠對我們的全部經驗給出最好的、最合理的解釋。我們今天接受了與笛卡爾的理論不同的學說，但是應該注意到我們今天採用的科學方法和笛卡爾是完全一致的。換句話說，假若笛卡爾在今天復活，他可能會興高采烈地接受新的理論，而心甘情願地放棄他的心身學說。

註釋：

[1]關於愛因斯坦的相對論也有一個類似的故事，大意如下：有一個小夥子問愛因斯坦什麼是相對論，愛因斯坦說時間是相對的，若你坐在一個漂亮姑娘的旁邊，時間過得很快；但若坐在熱熱的火爐旁邊，時間會過得很慢。

[2]據萊布尼茲所說，這個問題是由荷蘭數學家雅克伯·戈流斯（Jacob Golius）向笛卡爾提出來的。

[3]不過，笛卡爾對伽利略的物理學理論可能並不是完全的瞭解。例如，伽利略對運動的研究笛卡爾可能並不清楚，否則笛卡爾的理論應該會有所不同。這可能是因為笛卡爾無法瞭解到伽利略後來的思想。不過這只是揣測，因為按照一個資料所說貝克曼曾將以上的禁書借給笛卡爾一個週末的時間。

[4]亞當和塔納里：《笛卡爾全集》，第一卷，第270-271頁。

[5]雖然《世界——論光》和《論人》是笛卡爾早期的著作，在笛卡爾在世的時候也從未公開出版，但在這些著作裡笛卡爾能夠自由地闡述他的思想，不論是其形而上學的基本原則還是和與基督

教會相衝突的想法，因此從這些著作裡我們有時能夠比從他公開出版的著作裡瞭解到更多的內容。另一方面，笛卡爾公開出版的《哲學原理》和《談談方法》後附錄的科學論文比他的手稿更為精緻和準確，因此兩者結合能夠對笛卡爾的科學思想給出一個較為完整的圖像。　笛卡爾在《光學》裡仔細解釋了眼睛的生理結構，而《心靈的激情》對人體的生理機構有所陳述。實際上，《哲學原理》原本計劃有六章，但最後出版的只有四章，剩下的兩章很可能就是後來《心靈的激情》裡的內容。

[6]對這三條自然法則的表述和次序在《哲學原理》裡和《論光》裡不太一樣。這裡我們介紹的是在《哲學原理》中的表述，因為後者是笛卡爾的晚期作品，而且看起來更為成熟和精確（但並非在所有的地方都是如此）。　在《論光》裡對這三條自然法則的表述有如下區別：首先，第二法則和第三法則換了順序。再者，對這幾條原則的表述也有不同。具體地說，第一個自然法則是：一個東西的任何部分都維持原先的狀態，直到與其他東西的碰撞改變了它的狀態。第二個自然法則是：在碰撞的過程中，一個物體能夠給予另外一個物體的運動和這個物體所失去的運動是相等的。也就是說，在物體碰撞的時候，運動是守恆的。第三個自然法則是：在一個物體的運動過程中，儘管這個物體的運動不是直線，但在每一刻這個物體都有沿著直線前進的趨向。

[7]笛卡兒並不是當時唯一對亞里斯多德的物理學進行批判的人。在笛卡爾之前和同期已經有不少的批評。布爾丹（Buridan）的慣性理論在中世紀末期就已經廣為流行，更不用說伽利略對物理學的研究比笛卡爾還要更深入一些。

[8]參考Kwan，A.，Dudley，J.，and　Lantz，E.，“Who

really discovered Snell's law?" Physics World，2002，15（4）。

[9]亞當和塔納里：《笛卡爾全集》，第六卷，第103頁。

[10]亞當和塔納里：《笛卡爾全集》，第十卷，第130—131頁。

[11]當然，如果我們有意識地去控制，我們可以在這種情況下不作出任何反應。還有一種極端的情況，是有些人根本就對這樣的事情沒有反應，因為他們根本不覺得疼痛。對他們來說，火燒到自己的身上和燒在別人的身上，甚至說在一棵樹上，在感覺上並沒有什麼差別。結果，這些人對別人覺得很可怕、很疼痛的事情一點都不覺得可怕和疼痛，甚至對別人的驚訝感到好奇。但是，這種不怕痛的「天賦」並不是什麼好事情，因為這些人不知道去保護自己，往往自己的手臂摔斷了或者手燒傷了都不知道，因此他們常常不到成年就死去了。

[12]實際上對於盲人來說，一根竿子就夠了，因為我們可以利川一個直角三角形，竿子作為它的斜邊，人離物體的距離是它的一條直角邊，人自己的身體是這個三角形的另外一條直角邊，並且盲人知道這個高度。因此當我們用一根竹竿點擊前方的物體的時候，只要知道竹竿的角度（這個應該憑感覺可以知道），則我們就知道這個物體離我們的距離。

[13]這裡介紹的順序是按照《光學》裡的介紹給出的。在《論人》裡，笛卡爾把這個解釋放在第二個，而上面的第二個解釋則是第三個，而且在和第二個解釋之間還穿插了一些其他的東西。看得出來，笛卡爾對這個解釋似乎並不是很有信心，至少是相比前兩個解釋而言更不靠譜。

第十章　生活中的笛卡爾

到現在為止，我們所認識的只是作為哲學家和科學家的笛卡爾，但我們對笛卡爾的個人生活還沒有什麼瞭解。我們知道笛卡爾是個偉大的學者，在哲學和科學上都作出了卓越的貢獻，但我們並不真正地知道笛卡爾是個什麼樣的人。他和他的父親、兄弟姐妹的關係如何？有沒有過浪漫的愛情和自己的家庭？要知道即便是偉大人物，也是有血有肉、有著七情六慾的人，我們的理解如果忽視了這一個方面則是不完整的。這對於笛卡爾這樣一個複雜的人物是如此，對於像康德、牛頓那樣的大家認為生活很單調的哲學家、科學家也是如此。一個人，不論是什麼樣的人，都有著其獨特的生活和個性。也許，這些個人生活的細節與他們在哲學和科學上的貢獻並沒有直接聯繫，而且我們並不需要知道這些細節才能充分理解他們的理論，但是，這些細節對於我們更好地理解他們是什麼樣的人是至關重要的。這樣的理解可以排除對於科學家和哲學家通常的一些誤解或者偏見，例如以為他們都是不食人間煙火的聖人，或者是不通人情世故的書呆子。實際上科學家（或者哲學家）和凡人一樣有著各種各樣的慾望，有時即便是最偉大的科學家們，也不能免除名利的誘惑或世俗生活的困惑。這在歷史上是如此，現在是如此，在看得見的未來也是如此。牛頓和萊布尼茲關於是誰最先發現了微積分的苦澀爭吵將英國和歐洲大陸的學術界對立起來接近一個世紀。最近發現的關於愛因斯坦的資料表明，在其發現廣義相對論的前夜，也就是即將作出他一生最重要的成果的時候，愛因斯坦的個人生活卻面臨崩潰：他和他的第一個妻子分居，並在對孩子問題和經濟問題上的紛爭大為苦惱；在學術研究上又極其擔心著名數學家希爾伯特會將他的研究成果占為己有（愛因斯坦將自己的結果告知了希爾伯特，而後者正在寫一篇相關的文章），但又無法訴說這樣的擔憂（最終證明這個擔心是多餘的，因為希爾伯特完全承認了愛因斯坦工作的獨創性）。透過對偉大的科學家的個人生活的介紹，我們對科學或者哲學的研究能夠得到一個更完整的認識。這方面的工作是很重要的。一方面這樣的介紹經常會對理解他們的理論帶來一些幫助；另一方面，也是更為重要的，是可以讓我們知道一個偉大的科學家是如何煉成的。每一個科學家的路都是不太一樣的，但有一點是肯定的：絕不需要像傳說中的那樣，只有斷絕人間煙火摒棄七情六慾才能成為偉大人物。相反，如果一個人連個人的生活都料理不好，怎麼能夠成為做出傑出貢獻的人呢？用一句古話來說，一屋不掃，何以掃天下？其實縱觀古今，傑出的科學家或者哲學家往往也是傑出的個人，是負責任的父母，可以信賴的朋友，關注社會正義的公民。他們（包括她們）有時給人留下一些不食人間煙火的印象，也只不過是他們將所有的精力都投入到科學研究中去了，而無暇顧及生活瑣事。但這並不是說他們生活得不好，更不是說他們沒有生活自理的能力。

我們在這一章裡介紹一下生活中的笛卡爾。勒內·笛卡爾生於1596年3月31日。他的父親是約阿希姆·笛卡爾（Joachim Descartes），他的母親是讓娜·布羅夏德（Jeanne Brochard），勒內是他們的第四個孩子。在他之前有兩個男孩和一個女孩。他們的第一個孩子——皮埃爾，出生的時候就死去了；第二個孩子也是個男孩，也取名叫皮埃爾。第三個孩子是個女孩，和她的母親一樣叫讓娜。笛卡爾還有一個弟弟，但是也是在出生不久就死去了。更糟糕的是，他的母親在生這個孩子的時候去世，當時笛卡爾才一歲兩個月、因此笛卡爾的母親對笛卡爾沒有什麼影響。笛卡爾唯一一次提到他的母親是在寫給伊麗莎白公主的信裡，而且在這裡笛卡爾還把他母親去世的時間搞錯，說她在他出生幾天之後就去世了。

笛卡爾的父親是一個議員和法官，在當地享有很高的聲望。雖然他的家族不屬於貴族階層，但應該說是屬於紳士階層紳士階層是當時一個特殊的群體，他們不但擁有足夠的財富而不用為衣食住行所擔憂，而且因為德行而在社會上廣受尊重。由於他的職務所限，笛卡爾的父親一年至少有三個月要離開家鄉。因此，他和他的哥哥姐姐小時候是由他的奶奶照顧的。笛卡爾對他的一個保姆印象非常深刻，後來提到她的時候說他永遠不會忘記她。後來他的父親再娶，並又生了四個小孩，但笛卡爾從來不曾提起他的繼母，和他的異母弟妹們也幾乎沒有聯繫。

從現存的資料上看，笛卡爾對他自己的家庭沒有顯示出太多的感情，或者說至少沒有在他的書信中流露出什麼深厚的情感。在笛卡爾現存的書信中，沒有一封是寫給他的姐姐的。在寫給他的哥哥的有數的幾封信中，內容大多是關於家庭事務的，語調也不是很熱情、他的父親應該是對他最有影響的人了。笛卡爾小的時候身體比較虛弱，但已經顯示出強烈的好奇心和對學習的熱情。據說他的父親曾稱他為「小小哲學家」，並在比較他的兩個兒子的時候，開玩笑說笛卡爾「除了埋頭於書本之外一無所長」。也許因為笛卡爾的天賦和對學習的興趣，他的父親決定將他送到拉弗萊什學習。不過他的哥哥那時已經在拉弗萊什學習，因此這個決定可能僅僅是出於拉弗萊什的名聲。笛卡爾的書信中對他的父親也沒有顯示出特別的親情。笛卡爾寫給父親的信也很少，而且大多都是關於錢的問題。但在他父親於1640年去世的時候，笛卡爾在寫給朋友的信中承認這件事對他的打擊很大，以至於他要流淚傷悲。

從拉弗萊什畢業之後，笛卡爾在普瓦捷大學讀了一年的法學，這是因為法律是他們家的傳統職業，自然也是他父親的意願。在此之後的兩年，我們不太清楚笛卡爾的行蹤。1618年的夏天笛卡爾作為自願兵加入荷蘭拿索的莫里斯王子（Prince Maurice of Nassau）的軍隊前往荷蘭，在那裡於一個偶然的機會認識了貝克曼，從而徹底地改變了笛卡爾的人生，也改變了哲學和科學發展的進程。一年之後的一系列的夢使笛卡爾堅定了自己的信念，明確了一生奮鬥的方向。當時，雖然笛卡爾的工作重心是數學，但他同時也對自然科學的研究十分留心。

在遊歷了歐洲（包括義大利，但笛卡爾說他並沒有見到伽利略）之後，1625年笛卡爾回到了法國。按照巴耶的說法，笛卡爾這時也嘗試著找一個位置安頓下來，包括按照他父親的意願從事法律方面的工作。但是，最終笛卡爾還是留在了巴黎，靠他的母親留下來的遺產生活。當時的巴黎是歐洲學術的中心，各種各樣的思想都很活躍，也有一批和笛卡爾志趣相投的朋友，例如笛卡爾與他一生的好友麥爾塞納，應該就是在這個時候結識的。這些朋友很多是已經頗有成就的數學家、物理學家。麥爾塞納本人，雖然是一個神學家，但同時對數學和聲學都有重要的貢獻，並且也是機械哲學的信奉者。因此笛卡爾在巴黎的精神生活應該是毫不寂寞的，他也應該受到這批朋友不少的影響。當然笛卡爾的才能和他的新方法也逐漸地為人所知。我們對笛卡爾在巴黎的生活所知不多，但有一個事件經常被人提起。有一次笛卡爾參加了由教皇使節巴格諾（Baigné）召集的一個學者聚會。[1]在這次聚會上，有一個著名的醫生和煉金術士尚杜（Chandoux）作了一個攻擊經院哲學的講座，認為亞里斯多德的理論束縛了科學（他的主題應該是化學）的發展，並且提出　了一個新理論來取代舊理論。當時在座的人（包括不少知名的學者）都對他的講座大表讚賞，只有笛卡爾是個例外。紅衣主教貝律爾（Cardinal de Bérulle）注意到笛卡爾的反應，便請他解釋一下他為什麼不贊同尚杜的觀點。笛卡爾在客氣了一番之後，說尚杜的講座除了雄辯之外並沒有多少的真理，和他所批評的經院哲學其實沒有什麼差別，都不是確定的真理。然後笛卡爾介紹了他自己的科學方法，說這樣的方法更自然，更有效，更能使我們發現真理。當時在座的很多人都大為驚奇，紛紛要求笛卡爾將他的方法細緻地寫下來

MARIN MERSENNE
Religieux de l'Ordre des Minimes Theologien,
Philosophe, et Mathematicien Celebre &c.
Né près du Mayne mort à Paris en 1648 agé
de 60 ans.

麥爾塞納

但笛卡爾逐漸發現巴黎的生活方式不再適合他。隨著笛卡爾的名聲鵲起，他經常被邀請參加各種聚會，也有各種各樣的人跑到他的住處攪亂他的沉思。結果笛卡爾後來為了能夠更好地沉思冥想和開始系統地整理並出版他的思想，只好離開繁忙熱鬧的巴黎前往安靜的荷蘭。[2]笛卡爾在巴黎的這個朋友圈，後來經過麥爾塞納的組織成為一個科學學會，定期舉行會議。笛卡爾，即便遠在荷蘭，也透過通信和他們保持著密切的聯繫。

除了最早期的一些手稿之外，笛卡爾幾乎所有的著作都是在荷蘭完成的。在荷蘭，笛卡爾找到了自己的思考和寫作的理想環境，這一段時間也是他最富有創造力和最多產的時期。大概於1628年左右，笛卡爾試圖完成《指導心智的規則》，但很快就放棄了這個寫作計劃，而專心於他的巨著《世界》。這本書大概於1633年完成，但正在笛卡爾試圖將它出版的時候，他得知伽利略因其日心說理論而受到教廷的審判，結果只好放棄該書的出版。這件事對笛卡爾打擊很大，使得他一度不願發表他任何的想法。但是，在朋友的督促之下，笛卡爾最終將自己的方法論和自己在科學上的發現於1637年出版。這就是《談談方法》（Discourses on Method），而且這本書是用法語而不是官方的學者語言拉丁語出版的，因為按照笛卡爾的意思，這樣可以讓更多的人知道這個方法。《談談方法》是哲學和科學的一個非常有趣的結合。笛卡爾認為他的科學發現是建立在他的哲學方法上的，因此要首先明白他的方法。不過，這本書在當時的影響應該說主要是因為它的三篇科學論文，而不是他的哲學方法論。但在今天則正好相反，他的科學論文已經沒有什麼人讀了，而笛卡爾的哲學方法論卻是被反覆閱讀的經典。

1640年笛卡爾完成了他的形而上學理論《第一哲學沉思錄》，並寄給麥爾塞納，由他來收集批評並出版。《沉思錄》以及附錄的「反駁與答辯」於1641年在巴黎出版。這是對他的哲學理論最仔細、最精確的陳述，笛卡爾也是對此費盡了心血來完成的。後來笛卡爾繼續了他在《世界》一書中的宏大計劃，將他的哲學體系和科學體系在《哲學原理》裡做了完整的表述。這本書於1644年出版。在《哲學原理》付印之後，笛卡爾回了一次法國，這也是他在1628年離開之後第一次回到祖國。儘管笛卡爾告訴麥爾塞納不要告訴別人他的旅行，但消息飛快地傳播，結果笛卡爾在巴黎甚至整個法國學術界受到了英雄一般的歡迎。在這次還鄉之旅中，笛卡爾見到了很多老朋友，也結識了很多新的朋友，例如後來在笛卡爾生活中很重要的克萊爾色列（Claude Clerselier）和他的姐夫夏努（Pierre Chanut）都是在這次和笛卡爾初次見面的。

笛卡爾和他的朋友們經常通信，而且這個時期的通信絕大部分都保留了下來。這些通信對我們理解笛卡爾這個人有很多的幫助，很多註釋者試圖從中看出笛卡爾的性格為人。但這些信的內容繁雜，而且對於性格的分析是一件十分困難的事情，不僅需要當事人的訊息，而且還要知道大量的背景資料，因此不易得出一個有意義的結論，因此這裡就不討論了。不過其中有一件事是比較著名和典型的，因此這裡我們稍作介紹。笛卡爾到了荷蘭之後，再次見到了貝克曼。不過，這時候的笛卡爾和十年之前已經大不一樣。如果說以前他們是半師半友的關係，而且笛卡爾對貝克曼還有點崇拜的感覺，但現在他們的位置基本上轉了一個方向，是貝克曼對笛卡爾的成就非常推崇，以至於貝克曼對他早年對笛卡爾的發現和幫助感到驕傲。後來在貝克曼和麥爾塞納的通信中提到了笛卡爾，以及他和笛卡爾早期在音樂上所做的工作。麥爾塞納似乎對貝克曼和笛卡爾之間的關係不是很清楚，結果認為他是在試圖說明笛卡爾的工作裡（這裡說的應該是《音樂概要》）也有貝克曼的一份，因此立刻寫信告知笛卡爾這個情況。麥爾塞納對此事也沒有交代很清楚，而且笛卡爾，和他的同代人一樣，對發現的優先權是很在意的，結果笛卡爾對他的早年摯友大發雷霆，寫信痛斥貝克曼的狂妄並要求他退還笛卡爾所有的早期手稿。信中還寫道：「當你向我的朋友吹噓你自己的時候，那只會損害你自己的名聲。……因為人們知道我甚至習慣用螞蟻和蟲子來做我的老師，所以別人只會認為我也是這樣使用你的。」[3]

可憐的貝克曼不知所以。實際上貝克曼從沒試圖占有笛卡爾的發現，而大概只是感嘆他們之前的關係，但被不知就裡的麥爾塞納一攪和，結果造成了一場不必要的誤會。雖然他們的誤會很快就澄清了，笛卡爾也恢復了與貝克曼的友誼，但他們之間的友誼再也沒有達到以前的高度。不過這也可能是必然的結果，即使沒有這場誤會，笛卡爾和貝克曼之間的關係也不可能回到從前，因為兩個人和他們所處的環境都不一樣了。

笛卡爾在荷蘭也有很多的追隨者。雷內里（Henri Reneri）是笛卡爾在荷蘭最早的信徒，而笛卡爾對他也是倍加重視和關心。雷內里大概是於1630年與笛卡爾結識的，兩個人很快建立了親密的關係。雷內里對笛卡爾崇拜至極，說笛卡爾是「我的陽光，我的太陽。」而笛卡爾對他也是十分關心。當雷內里1631年到丹文特（Deventer）大學任教的時候，笛卡爾也於1632年遷到此處（大約一年半後返回阿姆斯特丹）；當雷內里1634年到烏特列支（Utrecht）大學任教的時候，笛卡爾也跟著前往。《談談方法》就是在烏特列支完成的，只是後來為了《談談方法》的出版，笛卡爾才移往萊頓的出版商所在地。雷內里是在荷蘭，也許是在整個歐洲，第一個教授笛卡爾的科學和哲學思想的人。同時，雷內里也是笛卡爾和惠更斯起初通信的中間人。惠更斯（Constantijn Huygens，1596—1687年）是個詩人和政治家，在荷蘭宮廷中身居要職。但他也對科學問題有著強烈的興趣，也十分敬佩笛卡爾的天才和他的思想，因此與笛卡爾結成了很好的朋友。他的兒子克里斯蒂安（Christiaan Huygens，1629—1695年）後來成為十七世紀歐洲大陸最偉大的科學家（光的波動理論就是他提出來的）。按照一個比較可靠的說法，笛卡爾曾經參與規劃過克里斯蒂安的早期教育，因此幫助了這個天才的成長。

不幸的是，雷內里在1639年因病去世，使得笛卡爾痛失好友。不過，笛卡爾這個時候在烏特列支已經有了一個新的弟子，這就是和雷內里同在烏特列支大學任教的雷吉斯（Henri Regius）。雷吉斯是受了雷內里的影響，自己向笛卡爾寫信要求成為他的學生。不過，雷吉斯比雷內里更為激進，而且更為好鬥，因此給笛卡爾惹來了不少麻煩。

和雷內里一樣，雷吉斯也把笛卡爾當作偶像一樣來崇拜，視笛卡爾為當代的阿基米德或者亞里斯多德。他熱切地傳播笛卡爾的思想，而且急於駁斥任何對笛卡爾思想的反對意見。這個時候，笛卡爾的思想已經廣為傳播，在學術界和社會上都有相當的影響，因此引起爭論也是不可避免的。在這些事上笛卡爾本人是很小心的，一般儘量避免與人爭辯，尤其是那些沒有真正知識的人。但雷吉斯卻並非如此，他視傳播笛卡爾思想和駁斥異見為己任。歷史上這樣的事情並不少見。達爾文本人是個很謙遜的人，不喜歡和人辯論；但他的朋友和學生赫胥黎卻是非常的好戰而且是個辯論的高手。赫胥黎自稱是達爾文的鬥犬。1861年赫胥黎和大主教維爾伯夫斯的著名辯論是科學史上的一個經典故事。就是在這場論辯中，維爾伯夫斯嘲弄達爾文的進化論，責問什麼人願意要一個猴子做祖先。而赫胥黎抓住這個機會，說他寧願要一隻猴子做祖先，也不願要一個傲慢愚蠢、無視事實的人做祖先。雷吉斯與赫胥黎應該很類似。

富蒂烏斯

當時笛卡爾理論在荷蘭的主要反對者是烏特列支大學的神學教授富蒂烏斯（Gisbertus Voetius）。富蒂烏斯受到當地學者的大力支持和社會民眾的普遍尊敬，但他是一個二流的學者，笛卡爾自己很看不起他。雙方之間的爭辯從一個很具體的問題開始。雷吉斯和一個法國醫生爭論哈維關於血液循環的新理論，但爭論很快地擴展到哲學和神學的層面。逐漸地，雙方的辯論牽扯到更多的人，而且從純粹學術的爭論演變為苦澀的人身攻擊。雷吉斯本人就有蔑視、貶低他的論辯對手的習慣，而他的敵人自然不會對此視若無睹。富蒂烏斯本來對雷吉斯在烏特列支的所作所為就心懷不滿，對他所傳播的理論更是深惡痛絕。而且，他的目標不僅僅是雷吉斯，而是直接指向雷吉斯的導師笛卡爾。1641年3月，富蒂烏斯當選為烏特列支大學的校長。不久，也許是有意的挑釁，雷吉斯提出了新的一輪辯論。在這一輪辯論裡，雷吉斯開始辯護笛卡爾的心身二元論，即論證心靈和身體是兩個不同的實體。兩者儘管是結合在一起存在的，但仍然是作為兩個不同的實體而存在，並非如經院哲學家（從亞里斯多德而來）所宣稱的人是由心靈作為形式因、物質作為物質因而結合的一個實體。而對此富蒂烏斯立刻就提出了反駁，並宣稱這樣的理論只會鼓勵懷疑論而威脅到人們的信仰。

雷吉斯對此大為憤怒。儘管笛卡爾一再地要求他小心從事，但雷吉斯還是公開地出版了他對富蒂烏斯反駁的答辯。這樣的行為使論辯進一步升級。以前的爭論還是以辯論的方式來進行，現在則開始用文字的方式來公開發布論戰的觀點，從而將論辯擴展到更大的範圍。富蒂烏斯對此的反應是可以預料的。首先，他要求禁止發行雷吉斯的書並取得成功，但這使得這本書更加有名。然後，他要求他的大學譴責笛卡爾哲學，並禁止其在大學裡講授。尤其是對雷吉斯有更明確的規定：雷吉斯只能教授醫學知識，並且不能提及任何與笛卡爾理論有關的東西。

儘管笛卡爾常給雷吉斯提供理論上的支持，在此之前他還只是一個旁觀者的角色，並經常寬慰雷吉斯不要為敵人的無理攻擊而煩惱。但當烏特列支大學公開譴責他的理論的時候，他沒有辦法再保持沉默。他出版了一個小冊子，其中十分技巧地說他的哲學受到耶穌會教士（大主教）的責難，因此與荷蘭的新教徒們有著共同的敵人，因此不應相互攻擊。不過，若按照類似的理由，他的理論也受到了新教徒的攻擊，因此在法國的大主教徒眼裡笛卡爾也應受到同情。無論如何，笛卡爾在這裡再也無法抑制住自己對富蒂烏斯的蔑視，不點名地對他大加攻擊。他如下寫道：「他以自稱的極度虔誠和無法抑制的宗教狂熱吸引了各種各樣的小人；他攻擊社會官員，攻擊羅馬教會，攻擊任何與他自己的觀點不同的見解，用愚蠢可笑的東西來充斥一般大眾的耳朵。每天他都編寫沒有人讀的小冊子，引用的那些作者他自己也許只知道個大概，這些作者更多的時候是不願反對他而不是要支持他。他經常隨意地談論所有的科學，似乎對他們都很精通，但只不過是在無知者面前充作有知識罷了。」[4]

富蒂烏斯當然不會對這樣的侮辱視為不見。首先他讓他的兒子著手起草反駁的文書，又和他以前的一個學生一起寫了一本小冊子來痛斥笛卡爾及其哲學。笛卡爾對其中對他的誹謗和對他的哲學思想的歪曲十分憤怒，因而為此寫了一封長達282頁的公開信，並向富蒂烏斯提出誹謗的訴訟。這時的笛卡爾更像他的學生雷吉斯那樣勇猛向前，而不再是小心翼翼的哲學家了。但在這樣一個由公眾來決定的論戰中，笛卡爾，一個外國人，一個耶穌會異教徒，是不可能勝過一個在當地享有崇高聲望、權力在握，並且宣稱要捍衛人民神聖信仰的神學家的。結果可以想像，烏特列支市議會最後仲裁笛卡爾誹謗富蒂烏斯，而不是相反。

感到了危險，笛卡爾只好搬到了海牙（Hague），這樣他在荷蘭宮廷裡位居高位的朋友（惠更斯）可以確保他的安全。這場爭辯延續了六七年的時間，範圍也擴展到荷蘭的其他地方，例如萊頓大學也透過了類似的禁令。這些煩擾一度使得笛卡爾想離開荷蘭，但他在歐洲並沒有什麼更好的地方可以選擇。笛卡爾後來又回了數次法國，但發現法國並不比荷蘭的情況要好。他的朋友有的已經去世或者身體狀況不佳（如麥爾塞納在1648年去世），再者很多想見他的人只是要認識他的臉而不是他的思想（使他覺得自己像個稀有動物），而法國社會以及神學界對待他的哲學思想的態度與荷蘭相比是一樣的糟糕甚至更加的敵對，而且他在法國並沒有什麼顯要的朋友。也許，這是為什麼後來笛卡爾接受了克里斯蒂娜的邀請去瑞典嘗試一下他的運氣。

值得一提的是，笛卡爾和雷吉斯——他的這個早期崇拜者的關係後來有了很大的變化。在這場爭辯之後，雷吉斯開始試圖調和笛卡爾的理論和宗教思想，對笛卡爾的理論逐步進行自己的發揮。1647年底，雷吉斯匿名發表了一個笛卡爾哲學的綱領（匿名的原因也許是因為沒有得到笛卡爾的認同），在這裡他試圖闡釋他自己對笛卡爾思想的理解和發展。這個綱領包含了21條關於心靈本質的論斷，在關鍵的地方和笛卡爾的思想有出入。笛卡爾對此十分憤怒，不惜拋棄他和雷吉斯的友誼而公開反駁這個綱領。在逐條反駁之後，笛卡爾還加上一段對作者本人的評價：「我不得不承認我對以下的事感到羞愧：過去我曾經稱讚這個作者擁有最具穿透力的智慧，甚至還寫到『我不認為他教授過的任何理論是我不願意承認是我自己的』。[5]但是當我寫下這些話的時候，我看到的只是他作為一個忠實的複製者而沒有看到真正屬於他自己的思想，除了有一次在一個名詞上他的錯誤導致了那麼多麻煩以至於我希望他不要在那上面執著；而且，由於我看到他對其他我認為接近於真理的事情熱烈地辯護，我把這些歸結為他的智慧。但現在更多的經歷使我認識到他不是出於對真理的熱愛，而是出 於對新奇的熱愛。因為他認為他從他人那裡所學的一切都是老舊過時的，覺得除了從他的腦子裡鼓搗出來的東西之外沒有什麼東西是足夠新奇的，而且，他同時對自己的創造很不高興，結果在他寫的東西里，我從來沒有看到一個字（除了那些從別人那裡抄來的）是不含有值得譴責的錯誤的。因此我必須警告那些以為他擁護我的觀點的人，這些觀點，我說的不僅是在他所與我公開對立的形而上學問題上，而且在他也曾經涉及的物理學問題上，沒有一個不是被他所錯誤表述和曲解的。」[6]這些都是非常激烈的語句。笛卡爾本來就對別人武斷的批評非常不耐煩，這裡也看出他難以容忍他的學生對他的思想進行歪曲的解釋。

總括來說，隨著笛卡爾的名聲和影響越來越大，笛卡爾也越來越難以繼續自己想要的安靜生活，而必須面對來自於各方面的麻煩事。笛卡爾剛到荷蘭的時候所擁有的寧靜生活已經是一去不返了、這大概是每一個成名人士所必須面對的吧。下面我們再介紹一下笛卡爾個人生活的幾個側面，來進一步加深我們對笛卡爾的瞭解。

笛卡爾的女兒

對於笛卡爾的愛情生活我們所知甚少。笛卡爾對自己的個人生活是很注意保密的。例如在他一生之中，他都不願將自己的生日告知世人，因為他擔心會被星相學家所利用，從而對他造成傷害。若不是在笛卡爾的一幅畫像裡發現了他的生日的銘記，我們現在恐怕都不能確定笛卡爾的生日。在後來的一封給友人的信中，笛卡爾解釋是什麼原因讓人愛一個人而非另一個人的時候，他用了一個自己的例子來說明。他說他年輕的時候愛過一個和他差不多年紀的有一點斜視的女孩。結果，在後來很長的一段時間裡，笛卡爾說他在看到斜視的人的時候，他都會有更多的愛意。不過我們對這個斜視女孩除此之外一無所知。

笛卡爾一生未婚，但卻有過一個私生的女兒。在荷蘭的時候，笛卡爾結識了一個女傭人，並與她生下一個女兒。這個女傭的名字叫海倫，是一個新教徒。笛卡爾對其他人幾乎從來沒有提過海倫，兩個人也從來沒有結婚。至於他們為什麼沒有結婚，有很多種說法。有人推測說是因為他們的信仰不同（笛卡爾信仰的是天主教），有人則推測說是因為他們的社會地位不同。兩者都有很合理的解釋。笛卡爾自己後來說他和海倫之間的關係只不過是他的一時衝動，而不是有著什麼浪漫的愛情。這不一定說他和海倫沒有一段較長時間的交往，只是說這種交往可能比很多讀者想像的要平淡許多。笛卡爾在一本書的扉頁上留有一個日期，1634年10月15日，這一天很可能是他的女兒受孕的日子。海倫很可能是笛卡爾所寄居的主人家裡的女傭。她應該比一般的女傭受過更多的教育，因為她可以給笛卡爾寫信，儘管她和笛卡爾之間的通信都沒能存留下來。而笛卡爾自己也沒有提到和海倫的任何交往，偶爾提到她的時候牽涉的也是和他們的女兒有關的事情。

在1635年的春天，笛卡爾安排海倫到丹文特（Deventer）去，因為那裡有他很多的朋友。笛卡爾和海倫的女兒法蘭西妮（Francine，意思是「小法蘭西」）於1635年7月19日出生。在他的女兒出生的時候，笛卡爾應該是不在身邊的。法蘭西妮在8月7日受洗，她的受洗證明上父親的名字並不是笛卡爾的原名，而說的是勒內，約阿希姆的兒子。現在找不到法蘭西妮是私生子的記錄，因此有人猜測說也許笛卡爾和海倫已經秘密結婚了。不過這個可能性不大。現有的記錄是從18世紀開始的，而且法蘭西妮是在新教教堂裡受洗的。很難想像如果他們已經結婚的話，天主教徒笛卡爾會同意他的女兒在新教教堂受洗。從現有的資料來看，我們甚至不能確定笛卡爾在法蘭西妮兩歲之前是否見過她。

如果說笛卡爾對海倫的態度我們不是很清楚的話，則我們清楚地知道笛卡爾對他的女兒很關心、很喜愛。在僅有的一封明確提到法蘭西妮和她的母親的信中，笛卡爾說要將他的侄女接到他的地方來。這裡的侄女明確指的是法蘭西妮。信中也提到讓海倫一起過來，繼續做女傭的工作。我們不清楚母女倆個是否到了笛卡爾的住處，但是也沒有理由懷疑她們的確和笛卡爾團聚在一起。從笛卡爾這一段時間的近乎隱居似的生活來看，倒是很有可能因為海倫母女和他在一起，而使得他儘量地避免客人。

法蘭西妮五歲的時候，笛卡爾著手考慮她的教育。他準備親自將她送回法國，由著名的特龍謝夫人（Madam du Tronchet），也是他的遠房親戚，來負責她的教育。但是，當特龍謝夫人已經開始著手安排這件事的時候，不幸的消息傳來了：法蘭西妮由於得猩紅熱於1640年9月7日去世。笛卡爾得到消息後迅速趕往她的住處，但我們不知道笛卡爾是否在她死之前趕到並試圖醫治她（笛卡爾對醫學研究甚深）。笛卡爾的傳記作家巴耶說笛卡爾為法蘭西妮之死失聲痛哭，並說真正的哲學並不禁錮人的天性。但和巴耶的很多其他描述一樣，當時的情形是否真的如此不得而知。從另外的資料來看，笛卡爾倒是常常因為自己能夠控制情感的影響而驕傲。在一封寫給朋友的信中，笛卡爾說在這樣的情形下如果一個人一點點悲傷都感覺不到的話，那就成了野蠻人了；但同時也不能像懦夫一樣讓自己完全由悲痛來控制。

笛卡爾毫無疑問地對法蘭西妮的去世深感悲傷。大概同時（10月20日）他的父親也過世了。在一封書信中，笛卡爾提到了他失去了兩個親人（「兩個和我關係很近的人」），而且分析說如果一味地壓制感情則會更加傷悲。這裡關於這兩個人到底指的是誰我們並不清楚，因為笛卡爾的姐姐也在這期間內去世。笛卡爾對付傷痛的辦法是透過理性的分析，讓情感遵循於理性的引導。在他的朋友惠更斯剛剛喪妻的時候，他寫信安慰說這一切都是上帝的安排，而且逝者已去，也就不必再傷悲了。他的理由是說當我們在希望和擔憂之間徘徊的時候，痛苦是不會避免的；但若已經沒有了希望，則也就沒有什麼可擔憂的，也就沒有什麼可痛苦的了。

這段經歷可能是笛卡爾生活中唯一的一次感情經歷，結果是以悲劇而告終。對於海倫的下落我們一無所知，很可能笛卡爾和她從此再沒有任何聯繫。不過，笛卡爾的晚年生活中倒是有兩位紅顏知己，而且她們都有著高貴的身份：一位是公主，一位是女王。對這兩段經歷我們在下面分別介紹。

公主和哲學家

談到晚年笛卡爾的生活，不能不說起笛卡爾和伊麗莎白公主的交往。這可能是哲學史上最有名的一段故事之一。首先哲學家和公主的交往本身就是一個很有趣的事情，常人心裡的哲學家形像是生活在象牙塔裡整日思考玄奧問題的人，而公主則是與浪漫、美麗、清純等等聯繫到一起的，因此大家很難理解哲學家和公主怎麼會有親密的關係。但是笛卡爾和伊麗莎白的確是亦師亦友的關係，伊麗莎白會在痛苦的時候向我們的哲學家傾訴，而笛卡爾不但會提出朋友或者老師似的建議，有時也會將自己的苦惱向伊麗莎白訴說。再者，伊麗莎白對哲學有著濃厚的興趣和非凡的能力，因此笛卡爾和伊麗莎白的通信中涉及了一些重要深刻的哲學問題，例如我們在上面介紹的他們在心身問題上的通信。有些時候，笛卡爾和伊麗莎白的通信更像是兩個學者之間的交流，他們之間的通信對我們更好地理解笛卡爾的哲學有一定的幫助。而且，笛卡爾後來將他在1644年出版的《哲學原理》獻給了伊麗莎白，並在長長的獻辭中對伊麗莎白的智慧大加讚美，而且讀起來不像是客氣話。後來，笛卡爾生前出版的最後一部著作——《心靈的激情》（出版於1649年），按照笛卡爾的話說，是建立在他和伊麗莎白通信基礎上寫成的。因此，笛卡爾和伊麗莎白之間的關係絕不是一般想像的公主和哲學家之間的關係。

伊麗莎白的肖像

我們先看一看我們的哲學家和公主，在他們於1643年相遇的時候，各自過著什麼樣的生活。當時的笛卡爾已經名聲遠播，他的著作——《談談方法》和《沉思錄》已經廣為流傳，但是他的思想也受到很強烈的批評，他自己正在和富蒂烏斯進行著公開的論辯，而且論證越來越激烈，後果也越來越嚴重。這場論辯可能不僅會影響到他的思想的順利傳播，而且可能影響到他自己的人身安全。因此笛卡爾這時候的生活絕對談不上是愜意的。

伊麗莎白（1618—1680年）這時候的日子也不是很好。伊麗莎白公主來自於歐洲最著名的一個家族。她的外公是英格蘭國王詹姆斯一世，她的叔叔是查理一世，也就是那個在1649年被他自己的臣民砍頭的英國國王，她的侄子喬治後來也成為英王；她的父親來自於著名的橘色之屋（The House of Orange，荷蘭的統治家族）。她的父親弗德里克（Frederick，1596—1632年）本來享受著富裕安逸的王子生活，但是在1619年的時候，答應了反叛神聖羅馬皇帝費迪南德的清教徒而成為波希米亞的國王。這是因為他自己的家庭是信奉新教的，而且他的家族歷來保護新教信仰的自由。但悲慘的是在位不到一年便被羅馬教廷、西班牙和內部的分裂力量趕下臺，被迫移往荷蘭他的叔叔那裡求得庇護。笛卡爾在1619年的時候作為天主教軍隊的一員參與了這場戰爭的序曲，也就是說和弗德里克的軍隊對峙於烏拉姆。但後來和新教徒們簽署了一個合約（新教徒答應保持中立），戰爭並沒有真正地打起來，因此笛卡爾才有機會在他的溫暖小屋裡冥思苦想。失去了新教徒支持的弗德里克很快就兵敗沙場，他為此不僅丟掉了王位，丟掉了封地，而且被迫到荷蘭海牙避難，還被羅馬教廷剝奪了其他王位的候選權。弗德里克當然不會甘心，他為了復位而四處奔波，但並沒有什麼結果，最終在1632年得病死於戰場。

伊麗莎白是家中的第三個孩子，但卻是第一個女孩。一開始和她的祖母生活在一起，後來才到荷蘭和她的母親及家庭團聚。伊麗莎白從小就顯示出在學習上的天賦，不僅對語言文學得心應手，而且對數學、物理學以及形而上學都充滿興趣。她和家庭裡的其他成員很不一樣，包括她那一心想復位的母親和她那些經常打打鬧鬧的兄弟們。她的傑出的智力才能使得她對俗世的應酬沒有什麼興趣，在她的周圍也沒有什麼真正的朋友。

伊麗莎白一生未婚。1633年一個波蘭王子曾向伊麗莎白求婚，但最終因為信仰的不同而沒有結果。波蘭人不願接受一個新教徒，而伊麗莎白也絕對不願意放棄她和她的家庭所信奉的理念　由於她的父親在她十四歲的時候就去世了，伊麗莎白很早就開始承擔家庭的責任，　協助她的母親管理家庭。但她的母親和他的哥哥一心努力爭取恢復失去的王位，為此投入了大量的資金，這使得本來就已經緊迫的收入更加緊張

據說有一次笛卡爾應邀參加了在伊麗莎白母親家裡舉辦的沙龍。笛卡爾在荷蘭過的是半隱居的生活，但仍然和當地的學者們保持著緊密的聯繫。儘管伊麗莎白的家庭失去了他們的領地，過著寄人籬下的生活，但他們仍然是大有身份的人，而且也透過各種方式結交各界名流因此，她家的沙龍是當時很有名的，經常被各種著名人士光顧。很可能就是在這個沙龍聚會上，笛卡爾第一次和伊麗莎白相見。這一年笛卡爾47歲，伊麗莎白25歲。我們並不清楚這第一次見面的情形，但是在聚會之後，笛卡爾聽到他的朋友帕洛第告訴他伊麗莎白公主對他的哲學思想很有興趣。笛卡爾大概聽說過伊麗莎白的哲學愛好，因此很有興趣和公主再見一面來具體討論哲學問題。後來笛卡爾再次訪問海牙的時候，他到伊麗莎白的家裡拜訪，但公主正好不在。等伊麗莎白回來之後，得知了笛卡爾的來訪，因此給笛卡爾寫了一封信。在這封信裡伊麗莎白對笛卡爾的哲學提出了一個問題，也就是以上我們談到的關於心靈如何能夠驅動身體的著名疑難。從此哲學家和公主開始了長達七年的通信，直到笛卡爾在瑞典去世。這就是笛卡爾與伊麗莎白相識的背景。

兩個人逐漸形成了真正的友誼，這恐怕也是出於笛卡爾的意料之外。[7]但分析一下也是合情合理。首先伊麗莎白的才能和興趣使得他們能夠進行精神的交流，另一方面特定的環境也將兩個人聯

繫到一起。伊麗莎白視笛卡爾為一位智者、老師而逐漸地與他成為朋友。一開始兩個人的通信還有很多客套，內容也集中於對問題的討論，但是後來他們之間似乎無話不談。伊麗莎白還把自己和家裡的事情告訴笛卡爾，有時還請笛卡爾提出建議。

伊麗莎白稱笛卡爾為她的靈魂的醫生。笛卡爾也經常對伊麗莎白提出一些具體的人生建議。例如，在他們交往之初，笛卡爾就勸伊麗莎白不要整日沉緬於形而上學的沉思裡。他說人的一生應該有一次形而上的思考，但一次就夠了，如果我們整日沉思，則對我們的生活是有害的。後來有一段時間伊麗莎白的身體不是很好，經常有些低燒和乾咳。笛卡爾年幼時自己的身體也不是很好，後來曾經費心研究過醫學，因此寫信給伊麗莎白提出建議，讓她不要過度思慮悲傷的事情，因為這樣會對血液循環造成不良影響。後來，笛卡爾還告訴伊麗莎白要用理智來控制自己的情感，例如對不應該再傷悲的事情就要停止悲痛，這樣對身體健康會有很大的幫助。總的來說，與笛卡爾的通信使伊麗莎白找到了一個可以真正交流思想的精神導師，也找到了一個可以傾訴一切、值得信賴的朋友。對於伊麗莎白的生活而言，笛卡爾的友誼是很重要的。

另一方面，雖然笛卡爾在荷蘭也有不少的朋友，但從沒有一個像伊麗莎白這樣的崇拜者。一個有哲學天賦的年輕公主在笛卡爾的心中應該是很有份量的。而且笛卡爾自己也常常向伊麗莎白傾訴自己的苦惱，這些事情往往無法對別人訴說。因此，與伊麗莎白的交往對我們的哲學家來說也是很重要的。

笛卡爾死後，伊麗莎白的生活仍然是很忙碌的。她繼續操持她的家庭事務，為她妹妹們的婚姻費心盡力。在他的哥哥查理·路易斯（Charles Louis）終於回到海德堡（Heidelberg）之後，她還幫助他重建海德堡大學，講授新科學，並建議邀請什麼樣的學者來講學。這些想法一定受到笛卡爾思想的影響，而如果笛卡爾還在世的話，他肯定是在名單上的首選。伊麗莎白後來繼續和不少歐洲知名的學者保持著聯繫，最終前往西伐利亞的海福德（Herford in Westphalia）修道院做院長。在她的領導下，海福德修道院守護思想的自由，保護了一批持有不同信仰的思想家。伊麗莎白於1680年因病去世。

瑞典女王克里斯蒂娜

克里斯蒂娜（Christina，1626—1689年）是歷史上最著名的女王之一。她是一個很奇特的人。她的長相並不漂亮，聲音像男的一樣，自己從不注意梳妝打扮，甚至不喜歡女孩的衣飾。從很小的時候開始，她的睡眠每天不超過五個小時，習慣於寒冷的冬天。據說在她小的時候就喜歡聽到槍響的聲音。她自己是一個傑出的騎

手，有人說她更像一個騎兵而不像一個女人。她的父親也只有她這一個孩子（兩個哥哥都夭折了），因此像男孩一樣教育她，而且克里斯蒂娜從一開始就展現出她的天賦。她有著出色的記憶力、極強的好奇心和極其旺盛的精力。因此她通曉多種語言，精通很多知識，並對政治有著特殊的愛好。六歲的時候（1632年），她的父親在戰場上去世，她繼承王位成為瑞典女王。

馬背上的克里斯蒂娜

可以理解，這樣的一個女王對知識比對女工要更有興趣。同時，克里斯蒂娜也很注意知識帶來的實用價值，因而非常在意如何具體應用這些知識。在她的宮廷裡建有歐洲最好的圖書館之一，但是很快地，書本上的知識已經滿足不了她的需求，因此她邀請歐洲知名的學者到她的宮廷來訪問講學。克里斯蒂娜想把斯德哥爾摩（Stockholm）建成歐洲的學術中心；這不僅僅是出於她個人對知識的熱愛，也是因為她要使她的祖國成為歐洲的驕傲。笛卡爾就是在這樣的背景下來到瑞典的。

當時法國駐瑞典的大使夏努（Pierre Chanut）是笛卡爾多年的好朋友，也是笛卡爾哲學的崇拜者和熱心宣傳者。他自己也是一個很有思想的人。自然地，他會向喜愛知識的年輕女王大力推薦笛卡爾的哲學，同時這也可能有著政治上的考慮，如果笛卡爾的哲學或者笛卡爾本人能夠對瑞典女王有所影響，則不論是對法國還是對笛卡爾自己都是好事。

笛卡爾在克里斯蒂娜的宮廷

上圖的局部

笛卡爾對克里斯蒂娜是有所瞭解的。在1646年寫給夏努的信中，笛卡爾以伊麗莎白為例來說明即便是王族的人，即便是女性，一樣可以有傑出的智慧和才能。但同時他也委婉地表示克里斯蒂娜所感興趣的話題，例如道德和政治方面的問題，不是他願意討論的東西。而他所感興趣的問題恐怕克里斯蒂娜也沒有什麼興趣或者有不同的觀點（克里斯蒂娜是路德派的新教徒）。一個月後，夏努回信說克里斯蒂娜在讀《哲學原理》，並向笛卡爾提了三個問題，其中包括克里斯蒂娜關於愛和恨的一個問題。這個問題與笛卡爾在《心靈的激情》裡所研究的問題相關聯，在他的回信中笛卡爾詳細地解答了這些問題。就這樣克里斯蒂娜和笛卡爾開始了通信聯繫，大部分時間是透過夏努作為中間人。剛開始的時候主要問題還集中在情感和道德方面，笛卡爾還將《心靈的激情》一書寄給克里斯蒂娜。後來夏努開始給克里斯蒂娜介紹《哲學原理》，並建議女王請笛卡爾自己來講述他的哲學。克里斯蒂娜欣然同意，於1649年2月邀請笛卡爾赴瑞典講學。

這裡的關鍵是笛卡爾是否願意去瑞典。對於笛卡爾為什麼決定去瑞典有著不同的說法，但沒有確定的證據來斷定哪一種說法更為可靠。一種可能是笛卡爾想試試新的環境，而且對克里斯蒂娜也有所好奇；也有一種解釋說笛卡爾去瑞典的原因之一是為了伊麗莎白的緣故，因為他透過建立和克里斯蒂娜的友誼，試圖替伊麗莎白結交一個有力的朋友，從而對伊麗莎白的處境能夠有所幫助。

笛卡爾為此給夏努寫了兩封信，一封信是只給夏努看的，另一封是給女王看的。在給女王的那封信裡，笛卡爾愉快地表示接受邀請，只是說還不能確定自己的行期。但在專給夏努的信中，笛卡爾對此行深感憂慮：克里斯蒂娜對哲學的興趣到底有多少？他自己在斯德哥爾摩會受到什麼樣的接待？尤其是想起最近的法國之旅，他的同胞對他的哲學並沒有什麼真正的興趣，而是把他當作一頭大象或者豹子這樣的稀奇動物來觀賞，因此對他在斯德哥爾摩的生活，笛卡爾也不甚樂觀。

收到笛卡爾的回信之後，克里斯蒂娜倒是毫不猶豫，立刻派她的海軍將軍弗來明去荷蘭迎接笛卡爾。不過這時候笛卡爾自己還沒有徹底地準備好，因此弗來明只好空船而歸。笛卡爾是個很小心的人。他在荷蘭居住了二十多年，一切都已經習慣，一旦離開有很多東西要整理。他也知道在這樣的長途旅行中什麼事情都有可能發生，因此他對很多事情都作了交代，甚至留了一份遺囑，不知道笛卡爾是否預見到他將一去不返。就這樣，笛卡爾終於在1649年8月31日登上了開往斯德哥爾摩的海軍戰艦。據說船長對笛卡爾的航海知識非常敬佩，說他在三個星期裡從笛卡爾那裡學到的東西比他在海上六十年學到的東西還要多。

克里斯蒂娜對笛卡爾的到來非常高興。據說她對笛卡爾的尊敬使得她宮廷裡的其他學者都感到嫉妒。笛卡爾被免除一切宮廷的瑣務，只需要每天早晨和女王討論哲學問題。女王大概沒有想到笛卡爾痛恨早起，而因為她自己每天早晨四點鐘就起床，所以她熱情地建議在清晨五點鐘開始他們的哲學對話，因為這個時候女王還沒有為繁雜的國事所煩擾，而且女王的大腦此時也是最清晰的。當然女王給了笛卡爾一些時間來適應他的新生活。克里斯蒂娜很想讓笛卡爾永久地待在瑞典，甚至準備給他貴族的稱號。不過笛卡爾對貴族的封號似乎並沒有很大的興趣，而且他還想著回荷蘭甚至法國的。在給伊麗莎白的信中，他說在明年夏天之前他應該可以回到荷蘭。不過笛卡爾立刻寫道，未來是不可預測的，不知他是否想到在斯德哥爾摩的這個冬天將是他生命中最後的一個冬天。

女王的宮廷裡有很多知名的學者。由於克里斯蒂娜對語言有著特別的愛好，當時她正師從一個年輕的荷蘭人奧斯（Iscac Vossius）學習希臘語。笛卡爾對此很是不以為然，因為他一貫認為沒有不要在這些古典語言上浪費時間。這樣的態度當然使得奧斯和其他語言學者們懷恨在心。不過克里斯蒂娜對笛卡爾十分尊重和信賴。她請笛卡爾幫助建立瑞典皇家科學院，並想請他來擔任院長。笛卡爾委婉謝絕了院長的任命，但的確幫助制定了一套規則。

1650年1月，克里斯蒂娜開始了與笛卡爾的哲學討論。笛卡爾的教學從每天早晨五點鐘開始，每週三次，每次大約四五個小時。克里斯蒂娜是個很聰明的學生，儘管她的興趣更多的偏於實際事務。有可能她從笛卡爾關於情感的理論裡發現了如何對待自己的情感的方法。早晨的哲學討論對於女王來說是一天最激動的時刻，但對於我們的哲學家來說更多的是一種不便，甚至說是一種折磨。克里斯蒂娜精力極其旺盛，早晨起得很早，五點鐘正是頭腦最清醒的時候。但笛卡爾是個喜歡睡懶覺的人，醒來之後仍然喜歡繼續在床上沉思默想。當時笛卡爾住在夏努的家中，在這裡他可以得到最好的照顧，但夏努的家離克里斯蒂娜的宮廷還有一段距離。那一年的冬天是斯德哥爾摩六十年來最冷的一個冬天。結果是，笛卡爾不久就生了病。一開始是感冒，很快發展為肺炎，結果從2月2日起笛卡爾就高燒臥床。克里斯蒂娜派她的醫生來診斷治療，但笛卡爾對醫生不相信，也不願意接受他的治療方案（放血）。高燒中的哲學家拒絕食物和藥物，結果身體越來越虛弱，腦子也逐漸模糊。最後，病情逐漸惡化以至於無法挽回。1650年2月11日，笛卡爾安靜地離開了這個世界。

笛卡爾的最後幾天是很平靜的。當他的燒退了之後，他和夏努討論上帝的意願，說他應該聽從上帝的安排，因此應該讓醫生來治療。因此他同意被放血，但這只是使得他的身體狀況變得更加糟糕。這時他知道自己的病已經無法救治，但卻安然面對，繼續和夏努討論宗教問題，並說若死亡是上帝所願望的，他會遵從上帝的意願。他對夏努說：「我們的生命，不應該由它們的長短而是由它們的德操來衡量；如果我不能知道如何死亡，我的一生就白活了。」

有人推測說笛卡爾是被毒死的。這種推測經不起事實的檢驗。更可能是笛卡爾從夏努那裡傳染上肺炎的。夏努在此之前因為流感而引發肺炎，笛卡爾生病的時候夏努剛剛開始恢復。笛卡爾為了夏努的病還和夏努的太太一起費心操勞，但是當他自己病倒的時候卻不能好好地照顧自己了。

註釋：

[1]這個故事的主要細節是由巴耶提供的，但對於巴耶的敘述有所爭議。例如對於這件事發生的時間，巴耶說是1628年12月，但也有人認為這個時候笛卡爾已經在荷蘭了，而正確的日期應是1627年的秋天。不論任何，由於笛卡爾在1631年一封致友人的信中明確地提到了這件事，因此它的真實性應該是沒有疑問的。尚杜不是一個真正的科學家，似乎更是一個喜歡標新立異的人後來他因為製造假幣於1631年被絞死。

[2]這是笛卡爾自己給出的一個解釋。但是笛卡爾此次離開之後，除了三次短暫的回到法國訪問之外，後來的二十多年一直定居在荷蘭（1628年至1649年），直到他應克里斯蒂娜的邀請前往瑞典並死在那裡。因此笛卡爾自己的解釋只能說明他離開巴黎的起因，但不能解釋他為什麼會選擇荷蘭作為他的理想居住地，而且為什麼一去不返。對此有很多的解釋，例如荷蘭的寬容的思想氣氛吸引了笛卡爾，荷蘭的氣候更為適宜，等等，但難以有一個確定的說法。

[3]把這封信和笛卡爾早年寫給貝克曼的一封信比較一下是很有趣的。笛卡爾當時對貝克曼推崇備至，在他們相識不到半年的時候寫信給貝克曼：「實實在在地說，你一個人就把我從懶散中拉出來，讓我記起我所學過的和所忘記的；當我在徘徊猶豫於我的方向的時候，是你把我領到正確的道路上；如果我作出任何有價值的東西，那都全部屬於你」（通信集，第一卷，第14頁）

[4]亞當和塔納里：《笛卡爾全集》，第八卷b，第584頁。

[5]見《哲學原理》的法文版前言，第十卷，第19頁。

[6]《哲學原理》法文版前言，第八卷b，第364-365頁。

[7]不少人猜測在哲學家和公主之間有無愛情的火花。沒有任何的證據表明有這樣的跡象，而且在當時的社會環境下這件事也不太可能。

尾聲

笛卡爾死後最傷心的是夏努。但是夏努必須料理他的朋友的後事。克里斯蒂娜想把笛卡爾葬在瑞典的皇家墓地，並為他舉行盛大的葬禮，而且所有的費用都由她來負擔。夏努委婉地謝絕了克里斯蒂娜的安排。笛卡爾是一個天主教徒，不可能與其他新教徒葬在一起，否則的話人們還認為笛卡爾臨死前改變了信仰。不少瑞典的路德教徒對笛卡爾懷有敵意，在他死後有一份報紙這樣宣布了他的過世：一個曾經說過他可以想活多久就活多久的傻瓜在瑞典剛剛去世。這裡影射了笛卡爾自己對醫學的研究和試圖延長人的壽命的實驗。再者，笛卡爾一生簡樸，不喜歡過分的鋪張和招搖，因此不會喜歡盛大的葬禮。所以夏努替笛卡爾選擇了一個世俗的墓地，是專門為還沒有受洗就死去的孩子安葬的地方。笛卡爾於2月13日下葬，葬禮也是非常簡單，只邀請了天主教徒參加，其中主要是笛卡爾的朋友。

接下來的問題是如何處理笛卡爾的手稿。由於笛卡爾在瑞典的時候已經將他的所有手稿整理了一遍（也是應克里斯蒂娜的要求），這件最重要的事變得容易了很多。手稿中唯一的問題是他與伊麗莎白的通信。由於他們的通信牽涉重要的哲學問題，因此公開發行這些信件會對理解笛卡爾的哲學思想有所幫助。因此夏努致函伊麗莎白，通知公主關於她的好朋友的不幸消息，同時懇求伊麗莎白同意將這些書信發表。伊麗莎白自然對笛卡爾的去世深感悲傷，但卻不同意將這些信件發表，並要求將這些信件退還給她。夏努似乎並沒有退回這些信件，但它們的出版則要等到兩百年以後了。

笛卡爾把他的手稿託付給他的朋友克萊爾色列。夏努將笛卡爾的所有手稿寄往巴黎。這些手稿在海上的時候倒是安然無恙，也沒有得到海盜的光顧，但卻在上岸的時候出了問題。在巴黎旁邊的一個港口，裝載手稿的小船翻了，而裝手稿的箱子在三天之後才被打撈上來。更糟糕的是，負責將這些手稿晾乾的克萊爾色列的僕人既不明白這些手稿的內容也不清楚它們的重要意義，而將它們掛在繩上晾曬，致使笛卡爾細心安排的手稿被徹底搞亂了次序。結果是，在以後的十七年裡，克萊爾色列慢慢地整理這些手稿，並將它們逐漸出版，這樣笛卡爾生前從未出版的著作（如《世界》）才得以面世。克萊爾色列也編輯了笛卡爾的書信，分為三捲出版。夏努的回憶錄後來到了克萊爾色列手裡，而克萊爾色列將它交給了巴耶（Adrien Baillet，1640—1706年）。後者在此基礎上，又透過廣泛的採訪和調查，在1691年完成了一本非常詳盡的笛卡爾傳記。這本傳記，儘管有一些問題，例如巴耶在傳記中按照自己的喜好加入了很多東西，結果我們有時很難區分想像和事實，但它仍然是一本非常有價值的資料，對我們瞭解笛卡爾的生活有著極大的幫助。

笛卡爾的思想影響越來越大，笛卡爾的名聲在以後的時間裡也越來越響亮，因而法國國內要求將他的屍骨運回法國的呼聲也越來越高。同時克里斯蒂娜於1654年退位離開瑞典，夏努在1662年去世，笛卡爾在瑞典的墓地再也無人照料。最終1666年瑞典政府同意將笛卡爾的遺體送回法國。笛卡爾的遺體挖出來之後，被零散地放在一個不足兩尺半的小銅棺材裡，而且還不包括他的頭骨，因為他的頭骨在整理過程之中被憲兵隊長偷走，私藏終生。不僅如此，頭骨上還被刻上笛卡爾的名字和歷代收藏者的名字，在瑞典還曾被拍賣。直到1821年，笛卡爾的頭骨才從一個收藏者手裡購回，並存放在巴黎的自然科學博物館（Musee de I'Homme）裡。

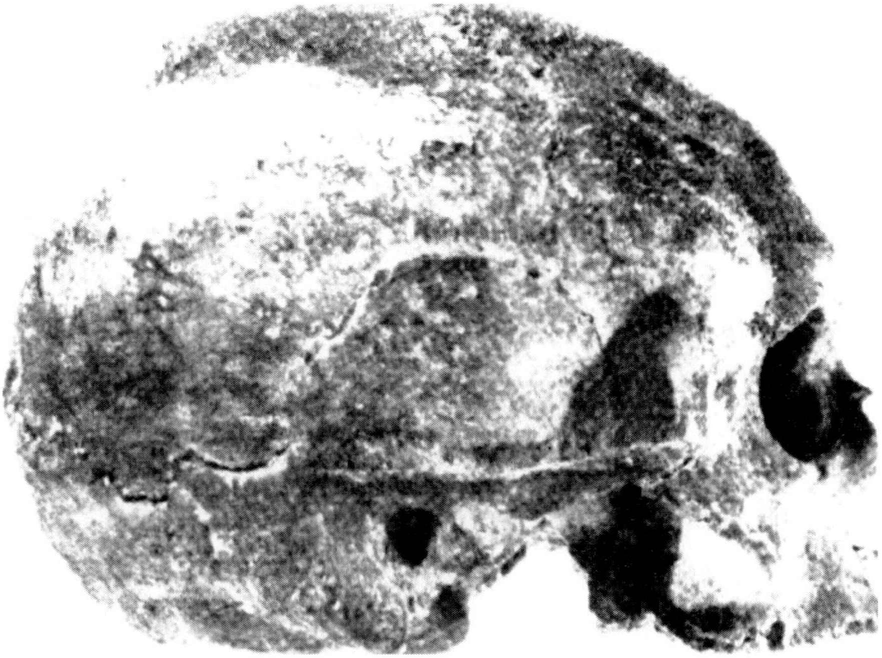

笛卡爾的頭骨

在遺體運往法國的途中，這個小銅棺材也是被多次打開，遺骨也多次被笛上爾的崇拜者偷竊。很多笛卡爾的崇拜者像信徒對待聖物一樣來對待笛卡爾的遺體，急切希望能夠得到哪怕小小的一塊笛卡爾的骨頭。最終笛卡爾的遺骨於1667年1月抵達巴黎，在等了 6個月之後於 6月24日再次入土。後來笛卡爾被多次改葬，他的遺骨被移來移去，隨著時代的變化而得到不同的對待。

郵票上的笛卡爾（1937年紀念《談談方法》出版300年）

郵票上的笛卡爾（1996年，紀念笛卡爾400年誕辰）

克里斯蒂娜的生活是最富有戲劇性的。笛卡爾死後四年，克里斯蒂娜放棄了她的王位，並由新教改宗天主教。克里斯蒂娜後來說笛卡爾和夏努對她的信仰轉變有著關鍵的影響，不過這裡有多少真理的成分就不可知了。當時克里斯蒂娜在國內遇到不少的麻煩，而且她也不善於治理國家，可能對此也失去了興趣，因此她的退位與這些原因可能有更多的關聯。後來克里斯蒂娜到了羅馬，在那裡大受歡迎，她的故事也是轟動一時。她自己也在相當長的一段時間裡沉醉於義大利的藝術和科學之中，但她永遠是一個閒不住的人，在哪裡都會惹出一些故事。圍繞克里斯蒂娜的故事太多了，後來好萊塢還拍了一部關於她的電影，我們這裡就不多介紹了。

笛卡爾的思想遺產

笛卡爾對後世的影響之大，無論如何估計都不為過。今天他被稱為近代哲學之父，但他的貢獻並不僅僅限於哲學，而是遍及人類思想的各個方面，如科學、藝術、宗教，等等。和歷史上所有的偉大思想家一樣，笛卡爾在不同的時代經常被給予不同的解釋，也常常受到不同的對待。在笛卡爾的生前和他死後的一個半世紀裡，笛卡爾是一個很有爭議的人物，對其理論的擁護和反對的聲音都很強烈。從笛卡爾的祖國（法國）對待笛卡爾的遺體的態度上我們就可見一斑，笛卡爾的遺骨經過數次反覆才決定運回法國安葬，最終還多次改葬。笛卡爾在法國和歐洲的影響非常之大，以至於幾乎任何從事科學研究的人都受到他的著作的影響。在法國這種影響甚至延續到十九世紀。但他的著作在1663年被教廷列入禁書的名單，而且在當時法國和歐洲大學裡反對笛卡爾思想的聲音始終不斷。

笛卡爾哲學思想的繼承人在法國應該有兩個人。一個是我們提到的深受笛卡爾賞識的阿爾諾（Antoine Arnauld，1612—1694年）。不過，阿爾諾後來的處境並不太好，由於他的觀點與耶穌會教士的觀點相左，他又是一個願意辯論並善於辯論的人，結果他被驅逐出神學院，最後不得不離開法國，在荷蘭和比利時度過餘生。

笛卡爾聽到他的消息之後，曾經慶幸自己沒有涉及神學的討論。阿爾諾受笛卡爾哲學的影響很大，萊布尼茲說他始終是個笛卡爾主義者。但阿爾諾的哲學和笛卡爾並不完全一致，而是與神學的關係更密切一些，目的也是要真心地辯護神學。在心身問題這個笛卡爾哲學的疑難上，阿爾諾進行了很多思考，從神學的角度來論證非物質的心靈完全可以導致物質的運動，而且說這正是自由意志的本質。這和法國另一個笛卡爾主義者馬勒伯朗士完全不同。馬勒伯朗士（Nicolas Malebranche，1638—1715年）應該說是最有影響的笛卡爾主義者，甚至在當時的影響超過了笛卡爾本人。馬勒伯朗士是在笛卡爾哲學的氛圍下長大的，甚至他後來出版自己的著作《真理的追求》的時候，也要模仿笛卡爾在出版《沉思錄》時的做法，將書寄出去徵求反駁意見再一一答辯。不過他對反駁意見很不客氣（例如痛斥別人讀不懂他的書），結果別人便不敢暢所欲言了。馬勒伯朗士在心身問題上的觀點是很奇特的。一方面他認為心靈和身體是兩個不同的實體，因此堅持了笛卡爾哲學的一個基本點。但是，另一方面，他認為心靈和身體之間並不存在著因果關係。實際上，身體的一切行為都可以完全用機械作用來解釋；我們看到的心靈和身體之間的諧調只不過是上帝預定的和諧，並不是真正的在心靈和身體之間有這因果的聯繫。這個解釋固然是一致的，但給人一種很牽強的感覺。笛卡爾的心身互動問題後來證明是笛卡爾哲學的一個致命弱點，沒有什麼好的解釋來完全解決這個問題。

後來，隨著經驗主義哲學的發展，笛卡爾的哲學面臨著越來越多的問題。尤其是自然科學的進一步發展，心身的神秘關係不但不能被新的發現所澄清，而自然科學的巨大成功使人們相信所有的經驗現象都可以用自然原因來解釋。因此，笛卡爾哲學的具體內容，在笛卡爾死去一百年後，基本上已經被人放棄了。當然，笛卡爾哲學的基本框架和核心問題，仍然是後來哲學討論的基礎。後來理性主義和經驗主義的長達二百年的爭論，正是在笛卡爾建立的框架裡進行的。即便是在今天，笛卡爾哲學也是必須邁過的一道門檻。

笛卡爾的機械哲學，在當時和稍後的一段時間，也是爭論的焦點之一。在物理學上，笛卡爾的理論要求所有的自然現象都應最終歸結到機械力學的解釋。這個觀點一開始受到科學家們廣泛的支持，以至於很多從事科學研究的人都奉笛卡爾的科學方法為神聖寶典，也為後來的科學家和哲學家進一步地發展和澄清，是十七世紀和十八世紀歐洲思想界的一個主流。後來的法國啟蒙運動把笛卡爾視作他們的英雄，但他們眼中的笛卡爾不僅僅是一個哲學家，而已經成為反對上帝信仰和反對專制政府的先驅。

但是笛卡爾的理論遠沒有啟蒙運動走得那麼遠。當時更有爭議的問題之一是機械力學對於人和動物的解釋。我們已經清楚笛卡爾在這個問題上的觀點。對於笛卡爾來說，人的身體和動物的一切行為都可以完全地用機械力學來解釋，因此我們可以說人的身體和動物只不過是一架構造精密的機器。但是笛卡爾同時認為人是心靈和身體結合而成的共同體，因此人和動物有著本質的不同。但當時和後來的很多人對這個理論有很多誤解。笛卡爾的反對者認為這種哲學顛覆了宗教信仰的基礎，威脅到靈魂的存在，因此對此大加鞭韃。同樣，後來的支持者有時只注意到笛卡爾對人體的機械解釋，而認為人就是一個機器。十九世紀的時候流行著一個關於笛卡爾的故事，說晚年的笛卡爾出於對他的女兒的思念，做了一個和法蘭西妮長得一模一樣的機器娃娃。據說這個機器娃娃和真人無法區別，形態舉止無不和法蘭西妮一樣。這個故事當然是後來的虛構，但對於論辯的雙方來說，都是一個不會多得的材料。反對者從中看到了笛卡爾的危險，而支持者則找到了最有力的證據。

後來有人從這個故事中看到的是笛卡爾對女性的態度。因為女性比男性更為偏重情感而不注重理性，因此笛卡爾實際上將女性與男性區別對待，女性與機器更為接近，而男性所代表的理性則是機器無法具有的。這種理解是對笛卡爾哲學的極大歪曲。實際上，笛卡爾的哲學對女性同樣有著極大的影響。在笛卡爾身後，有一些女性哲學家，其中包括笛卡爾的外甥女凱瑟琳（Catherine，笛卡爾很關心他姐姐的這個女兒），從笛卡爾哲學的角度來論證男女平等。可以看出，不同的時代不同的人對同一個哲學家經常會有不同的解釋，也就是說用六經注我，利用死去的哲學家來宣傳自己的理論。當然這從另一個方面說明了這些哲學家的深遠影響，他們的學說在不同的時代對人們仍然有很大的啟發。

隨著越來越多的自然現象被發現，機械力學的基礎開始受到挑戰。年輕的牛頓還是一個笛卡爾哲學的信徒，但後來卻堅決拋棄了笛卡爾的理論並在某種程度上成了笛卡爾的機械力學的終結者。牛頓力學假定了力的存在，例如萬有引力，而這些東西本身不是基本粒子性質的一部分。牛頓本人實際上仍然是一個機械力學的信奉者，自己也一直認為引力不是一個原初的概念，而試圖將它還原到基本的力學性質。但是，隨著對電磁現象的深入研究，機械力學的框架受到了強烈的挑戰，而今天，隨著量子力學的確立，機械力學已經真正地成為歷史。

牛頓也沒有採用笛卡爾的從基本原則出發的科學方法（實際上是從假設出發的方法），而回到培根的強調立足於觀察的歸納方法。由於牛頓力學的極大成功，牛頓成為啟蒙運動的代言人，而笛卡爾的科學理論實際上已經被他們放進了歷史的垃圾箱（或者說是養老院），同時歸納方法也被奉為科學方法的準則。後來在十九世紀，當道爾頓提出他的原子理論的時候，很多人指責他的理論不符合歸納的方法，因此不是科學的理論。道爾頓等其他科學家們因此必須為他們的新的方法來辯護，並說牛頓的引力理論等實際上也是從假定的原則出發的，而不是嚴格從觀察進行歸納而得到的。這樣從基本原則出發的科學方法重新得到重視。二十世紀初的科學革命導致了一批無法從經驗中直接歸納的理論（例如相對論和量子理論），結果是傑出科學家如愛因斯坦和彭加萊等大力維護從基本原則或假設出發的科學方法。從這個角度上說，笛卡爾是最後的勝利者。

附錄1　《沉思錄》的出版過程

《第一哲學沉思錄》的第一版於1641年在巴黎出版。

在寫作《沉思錄》的時候，笛卡爾已經定居荷蘭。笛卡爾在《沉思錄》的手稿完成之後，多處尋求當時的學者對該書的反應和批評。他先請他在荷蘭的朋友巴尼斯和布勒馬爾特（Jan Albert Bannius和Augustin Bloemaert）提出一些反對意見，而後者轉請著名的荷蘭神學家卡特魯斯（Johannes Caterus）來做此事。因此卡特魯斯的反駁是對《沉思錄》的第一組反駁。笛卡爾將他的手稿以及卡特魯斯的第一組反駁和他的答辯寄給他在巴黎的好朋友麥爾塞納（Marin Mersenne），由麥爾塞納負責它的出版，並同時請麥爾塞納徵集更多的反駁意見。當時的巴黎是歐洲的學術中心之一，因此麥爾塞納很快就徵集到更多的反駁寄給笛卡爾，而笛卡爾收到以後再一一答辯並寄給麥爾塞納。由於技術的限制，當時的印刷出版需要很長的時間，因此笛卡爾可以讓麥爾塞納把反駁和答辯與原書一起付印。笛卡爾特意告訴麥爾塞納，用「反駁」（objections）來稱這些反對意見，而他的回答應該被稱為「答辯」（responses）而不是「解答」（solutions），因為笛卡爾認為應該由讀者來判斷哪一個觀點擁有更多的真理。

這一版的《沉思錄》共包括了六組反駁。如上所述，第一組反駁的作者是荷蘭牧師卡特魯斯。由於這一組反駁及答辯是和《沉思錄》的原文一起傳播的，因此後來的反駁者們也都看到了這一組反駁和笛卡爾的答辯。有些反駁的作者，例如阿爾諾（Antoine Arnauld）還提到這組反駁和笛卡爾的答辯。第二組的反駁是由麥爾塞納自己和他的朋友做出的。麥爾塞納和他在巴黎的朋友對科學研究有著很強烈的興趣，同時對經院哲學也很熟悉。第三組反駁是英國哲學家霍布斯（Thomas Hobbes）所做。當時霍布斯出於政治原因逗留在法國（他於1640年到巴黎，11年後才返回英國），正好有機會看到笛卡爾的著作。這時的霍布斯已經小有名氣，不過他的留名之作《利維坦》還要等到10年後才能面世。霍布斯是一個徹底的唯物主義者，堅信只有物質才是這個世界上唯一的存在。霍布斯從這個角度對笛卡爾的二元論提出了批判，儘管很多批評都很有意思，但是笛卡爾對這一類的批評很不感冒，他的答辯也很簡短，甚至說「這個人使用卑鄙手段來利用我，試圖使他自己成名」[1]。

第四組反駁為阿爾諾所作。當時阿爾諾還只是巴黎大學的一個神學博士生，但他的反駁卻被笛卡爾認為是所有反駁之中最為敏銳的。實際上也是如此，直到今天阿爾諾的反駁和笛卡爾對它們的答辯仍然是我們研究笛卡爾哲學的重要環節。雖然阿爾諾修習神學，但他的反駁中包含了兩個部分；一部分是從神學家的角度來考慮的，但另一部分卻是完全從哲學的角度來考慮的。哲學批評佔了更主要的位置，而且是被阿爾諾首先陳述的。儘管笛卡爾當時並不認識阿爾諾，但笛卡爾對阿爾諾卻是大加讚賞。他對麥爾塞納說，這一組反駁意見是最好的，這個作者「比任何人都更加明白他所論述的東西」[2]。在他答辯阿爾諾的反駁之前首先寫道：「我無法想像能夠找到一個比你（指麥爾塞納，笛卡爾通信的中間人）寄給我的這些意見的作者更為睿智的，又同時對我的著作有更大度的觀點的，或者更有幫助的人了。因為他對我是這樣的體貼入微，我清楚地看到他支持我，支持我所從事的事業。而且，對他所反對的東西，他是這樣仔仔細細地斟酌考慮以至於我相信沒有什麼東西能逃出他敏銳的觀察。」[3]

伽桑狄

伽桑狄（Pierre　Gassendi）是第五組反駁的作者。儘管嚴格地講伽桑狄不是一個唯物論者，但在這裡的反駁中採取了和霍布斯類似的徹底的唯物主義的立場對笛卡爾的哲學進行批判。這一組反駁極其冗長，幾乎對《沉思錄》進行了一節一節的點評。後來伽桑狄將自己的反駁和笛卡爾的答辯於1644年單獨出版。笛卡爾對伽桑狄的反駁似乎也是不太耐煩，因而他的答辯常常甚為短促。第六組反駁包含了眾多的神學家和幾何學家的批評，也是由麥爾塞納收集整理的。這一組反駁中提出的問題較為雜亂無章，從對「我」的刻畫到上帝是否能夠欺騙，等等，既沒有中心的問題也沒有深入的討論。

在初次出版的時候，笛卡爾（或者準確地說，負責出版的麥爾塞納）並沒有專門徵得這些人的同意來發表這些反駁。笛卡爾大概認為這些反駁對理解他的著作會有幫助，而且這些作者既然已經寫了反駁並且交給了笛卡爾，則應該不介意它們的公開流通。同時在拉丁文的版本裡笛卡爾沒有給出所有作者的名字。對於第一組反駁而言，笛卡爾在給麥爾塞納的信中說卡特魯斯自己不願公開自己的名字；而其他反駁是麥爾塞納所收集的，笛卡爾並不一定知道實際的作者，或者麥爾塞納不願透露實際的作者。

由於第一版的《沉思錄》在荷蘭難以得到，笛卡爾於次年安排《沉思錄》在荷蘭出版。這就是《沉思錄》的第二版，於1642年在阿姆斯特丹（Amsterdam）出版。這一版的《沉思錄》和第一版有一些不同。第二版對第一版的文本作了一些很小的改動，主要是添加了一些文字，尤其是在對阿爾諾的第四組反駁的答辯裡，笛卡爾把在第一版裡沒有加入的幾段文字放在了第二版。這幾段文字是笛卡爾這組答辯的最後一部分，是關於聖餐的討論，當時由於擔心觸犯巴黎大學的神學家，因此麥爾塞納建議笛卡爾拿掉它們。在荷蘭出版第二版的時候這個擔心已經沒有必要，因此笛卡爾將它們又放了進去。還有一個不同出現在小標題上。在第一版，麥爾塞納在《第一哲學沉思錄》的大標題後面加上了一個小標題——「在其中證明了上帝的存在和靈魂的不朽」。這種加小標題的做法是當時通行的，不過笛卡爾看起來對這個小標題不太滿意，因此在第二版的時候更換為「在其中證明了上帝的存在和靈魂與身體的不同」。這個說法比第一版裡的說法更為符合《沉思錄》的內容，因此更為貼切。

在這一版裡加入了一組新的反駁，為當時負有聲望的耶穌會數學家布爾丹（Pierre Bourdin）所作。笛卡爾一直因為第一版的反駁中沒有耶穌會的聲音而遺憾（笛卡爾是很希望他的觀點為他的老師們所認同的），因此他很看重布爾丹的評價。但是在收到布爾丹的長篇大論之後，笛卡爾非常不喜歡。以至於笛卡爾還專門寫了一封信給耶穌會法國教區的總管狄奈神父抱怨布爾丹，說耶穌會應該和這樣的人劃清界限，並將這一封信和對布爾丹的反駁一起在這一版的《沉思錄》裡發表。

《沉思錄》一開始是用拉丁文寫作和出版的。後來一個年輕的法國貴族德呂納公爵（Duc de Luynes）對《沉思錄》大加推崇，並且認為為了讓一般的法國人都能瞭解書中的思想，應該把這本書翻譯成法文。他自己翻譯了六個沉思錄，後來克萊爾色列（Claude Clerselier）翻譯了反駁和答辯的部分。由於伽桑狄在此之前指責笛卡爾未經他的允許就將他的反駁出版，而且伽桑狄已經將自己的反駁和笛卡爾的答辯單獨出版，因此笛卡爾要求克萊爾色列不要翻譯伽桑狄的第五組反駁和他的答辯，而換上笛卡爾《關於第五組反駁的聲明》，並以一封信的形式（即《致克萊爾色列的信》）對伽桑狄的反駁擇要介紹並一一答辯。這個法文譯本於1647年出版，克萊爾色列最終還是在書的最後以附錄的形式將伽桑狄的反駁和笛卡爾的答辯列入。因為整個譯本經過笛卡爾自己的審閱和修訂，因此這個譯本公認是可靠的。由於法文的譯本後出，是不是說法文譯本比拉丁文本更有權威性呢？笛卡爾的傳記作者巴耶似乎是這麼認為的，甚至說笛卡爾在法文譯本裡做了相當多的改動來使它更加完善。但是並沒有什麼證據來支持這個說法，而我們更有理由相信拉丁文版本更有權威性，因為那是笛卡爾自己精心構作的。對於「反駁與答辯」的部分也是如此，這裡不論是笛卡爾還是他的反對者們使用的都是拉丁文。我們最多可以說法文譯本是較為忠實的，而且由於笛卡爾自己確認了這個本子，因此可以與拉丁文相對照使用，但不能說法文版本更有權威性。今天，拉丁文的本子仍然是標準版本。英美學者所依據的主要是拉丁文本，或者是依據拉丁文版本翻譯的英文版。

後來，在笛卡爾死後11年，克萊爾色列重新翻譯了德呂納譯出的沉思錄部分，對自己先前的翻譯也作了相當的修改，於1661年出版了《沉思錄》法文第二版。但這個本子沒有經過笛卡爾本人的審核，因此其可靠性沒有保證。後來亞當和塔納里（Charles Adam&Paul Tannery）編輯的《笛卡爾全集》裡收入了拉丁版和法文版的《沉思錄》，法文版用的便是第一版而不是第二版。亞當和塔納里編輯的《笛卡爾全集》到現在為止仍然是當前笛卡爾研究公認的權威版本。他們編輯的《笛卡爾全集》的第一版於1897—1913年完成出版，共有13卷（最後兩卷是補充材料），拉丁版的《沉思錄》出現在其中的第七卷，法語版在第九卷。第二版的《笛卡爾全集》於1964—1973年完成，共有11卷。在這個版本裡把補充材料放到了相應的卷目之後。目前的笛卡爾研究對笛卡爾的哲學又有了很多新的認識，也發現了一些新的文獻（如笛卡爾在普瓦捷大學的法學論文），因此有必要對亞當和塔納里的本子再作修訂，不過這顯然不是一兩天能完成的事。

最完整的《沉思錄》中文譯本是龐景仁翻譯的《第一哲學沉思集》，於1986年由商務印書館出版。龐景仁的譯本是從亞當和塔納里編輯的《笛卡爾全集》第一版中的法文第一版（第九卷的第一部分）譯出的。

亞當和塔納里所編輯的《笛卡爾全集》

註釋：

[1]亞當和塔納里：《笛卡爾全集》，第三卷，第320頁。

[2]亞當和塔納里：《笛卡爾全集》，第三卷，第331頁。

[3]亞當和塔納里：《笛卡爾全集》，第三卷，第218—219頁

附錄2　笛卡爾年譜

1596 年 3 月 31 日	生於圖賴訥拉海 (La Haye of Touraine)
1606—1614 年	就讀於拉弗萊什學院
1616 年	從普瓦捷大學法學院畢業，並取得從業執照
1618 年	夏天：作爲自願兵加入(Prince Maurice of Nassau)軍隊前往荷蘭； 11月10日：相識以撒・貝克曼（Isaac Beeckman）；於新年之前完成《音樂概論》，獻給貝克曼作爲新年禮物
1619 年 11 月 10 日	三個啓示性的夢；確定人生的方向
1625 年	在巴黎加入麥爾塞納的科學研究的圈子；思想逐漸系統化
1628 年底	前往荷蘭居住
1628—1629 年	完成《指導心智的規則》(Rules for the Directions of the Mind)；死後出版
1632—1633 年	完成《世界》(The world) 但因得到伽利略受教廷審判的消息後放棄出版；死後出版
1637 年	《談談方法》(Discourse on Method)用法語寫作並出版；附有三篇科學論文 :《光學》《幾何學》《氣象學》
1641 年	出版《第一哲學沉思錄》,含「反駁與答辯」，以拉丁語出版
1642 年	《第一哲學沉思錄》第二版在荷蘭出版
1643 年	開始與伊莉莎白公主通信，一直持續到笛卡爾過世

參考書目

笛卡爾的著作

Adam, Charles & Tannery, Paul (eds.) Oeuvres de Descartes, 2nd edition. Paris: Presses Universitaires de France, 1964-1976，這是亞當和塔納里編輯的笛卡爾著作的標準版本，共11卷，在本書中簡稱為AT。

Adam, C. & Milhaud, G. (eds.) Descartes, Correspondence. Paris: Presses Universitaires de France, 1936-63，這是笛卡爾通信集的標準版本，簡稱為AM。

Cottingham, J.G., Stoothoff, R., and Murdoch, D. (eds.) The Philosophical Writings of Descartes.1985，劍橋大學出版社。兩卷本；後又增加了一卷，第三卷，是笛卡爾的通信，基於Anthony Kenny早期的譯本，於1991年出版。這是目前最廣為接受的權威英語譯本。在本書的引用中簡稱為CSMK。

Haldane, Elizabeth Sanderson & Ross，G.T. (trans.) The Philosophical Works of Descartes.1912，劍橋大學出版社。這是一個在二十世紀中期流行的英文譯本。

Ariew, Roger (trans.) Rene Descartes: Philosophical Essays and Correspondence.Hackett Publishing, 2000，這是一個較新的譯本，包括了笛卡爾的主要哲學著作，但是有節選。

Ariew, Roger & Cress Donald (trans.) Meditations, Objections, and Replies.Hackett Publishing, 2006，這也是一個較新的譯本。

Kenny, Anthony (trans. & ed.) Descartes, Philosophical

Letters，牛津大學出版社，1970年出版。其中包括了笛卡爾重要的哲學通信。

Gaukroger, Stephen (trans. & ed.) The World and Other Writing，劍橋大學出版社，1998、這裡包括了笛卡爾的早期著作《世界》、《論人》和相關的一些著作。

Olscamp, Paul. Discourse on Method, Optics, Geometry, and Meteorology，這是英文版的《談談方法》，並含有三篇科學論文，由Bobbs-Merrill 於 1965年出版。

Miller, R. P & Miller, V. R. René Descartes: Principles of Philosophy，這是《哲學原理》的全本英譯本，由Reidel於1983年出版，後由Springer在2004年再版。

龐景仁（譯）：《第一哲學沉思集》，商務印書館，1986年。

王太慶（譯）：《談談方法》，商務印書館，2000年。

傳記類

Adam, Charles. Vie et oeures de Descartes，巴黎，1910。

Baillet, Adrien. La Vie De Monsieur Descartes，兩卷本。巴黎，1691。

Cottingham, John. Descartes. Blackwell Publishing. 1986.

Gaukroger, Stephen. Descartes: An Intellectual Biography，牛津大學出版社，1995。

Leroy, Maxime. Descartes, le philosophe au masque，兩卷本。巴黎，1929。

Nye, Andrea. The Princess and the Philosopher. Rowman & Littlfield.1999.

Rodis-Lewis, Genevieve. Descartes: His Life and Thought. 1995年以法語出版，1998年由Jane Marie Todd譯成英文，由康奈爾大學出版社出版。

Vrooman, Jack Rochford. Rene Descartes: A Biography. G. P. Putnam's Sons. 1970年在紐約出版。

研究文獻

Alanen, Lilli. Descartes's Philosophy of Mind. Harvard University Press, 2003.

Chalmers, David. The Conscious Mind，牛津大學出版社，1996。

John Cottingham (ed.) The Cambridge Companionto Descartes。劍橋大學出版社，1992年出版。

Rozemond, Marleen. Descartes's Dualism. Harvard University Press, 1998.

Sesonske, A. & Fleming, N. (eds.) Meta-Meditations: Studies in Descartes. Wadsworth Publishing Company. 1965.

Shea, William R. The Magic of Numbersand Motio--The Scientific Career of Rene Descartes. Science History Publications. 1991.

Watson, Richard A. The Breakdown of Cartesian Metaphysics. Humanities Press International. 1987.

Wilson, Margaret Dauler. Descartes. Routledge & Kegan Paul. 1978.

國家圖書館出版品預行編目(CIP)資料

笛卡爾 : 近代哲學之父 / 孫衛民 著. -- 第一版.
-- 臺北市 : 崧燁文化, 2018.12

面； 公分

ISBN 978-957-681-681-9(平裝)

1.笛卡爾(Descartes, Rene, 1596-1650) 2.學術思想 3.哲學

146.31 107022009

書　名：笛卡爾：近代哲學之父
作　者：孫衛民 著
發行人：黃振庭
出版者：崧燁文化事業有限公司
發行者：崧燁文化事業有限公司
E-mail：sonbookservice@gmail.com
粉絲頁　　網　址：
地　址：台北市中正區重慶南路一段六十一號八樓815室
8F.-815, No.61, Sec. 1, Chongqing S. Rd., Zhongzheng Dist., Taipei City 100, Taiwan (R.O.C.)
電　話：(02)2370-3310 傳　真：(02) 2370-3210
總經銷：紅螞蟻圖書有限公司
地　址：台北市內湖區舊宗路二段121巷19號
電　話:02-2795-3656　傳真:02-2795-4100　網址：
印　刷　：京峯彩色印刷有限公司(京峰數位)

定價：550 元
發行日期：2018年 12 月第一版
◎ 本書以POD印製發行